HERMANN JANNING

Räumliche und trägerschaftliche Alternativen zur Organisation der Regionalplanung

Schriften zum Öffentlichen Recht

Band 409

Räumliche und trägerschaftliche Alternativen zur Organisation der Regionalplanung

Die Kreise als Träger der Regionalplanung

Von

Dr. Hermann Janning

DUNCKER & HUMBLOT / BERLIN

Gedruckt 1982 bei Buchdruckerei A. Sayffaerth - E. L. Krohn, Berlin 61
Printed in Germany
ISBN 3 428 05062 2

Vorwort

Die Raumplanung für Teilräume eines Landes — im BROG als „Regionalplanung“ bezeichnet — ist im System der Raumordnung unter rechtlichen und planungswissenschaftlichen Aspekten die wohl interessanteste Planungsebene mit einer Vielzahl verschiedenster Planungsmodelle in der Praxis. Ein breites wissenschaftliches Interesse findet die Regionalplanung zunehmend nicht nur aufgrund ihres Standortes im Spannungsfeld von kommunalen und staatlichen Interessen, sondern besonders auch im Gefolge der in den Bundesländern vollzogenen Territorialreform. Niedersachsen hat durch die Verlagerung der Regionalplanung auf die Kreise und kreisfreien Städte einen in der Wissenschaft bisher kaum beachteten Schritt vollzogen. Auf der Grundlage einer allgemeinen Darstellung der trägerschaftlichen und räumlichen Alternativen zur Organisation der Regionalplanung werden im Rahmen der vorliegenden Arbeit die rechtsdogmatischen, rechtspolitischen und verwaltungswissenschaftlichen Aspekte einer Kreis-Regionalplanung dargestellt.

Diese Arbeit hat im Wintersemester 1980/81 der Rechtswissenschaftlichen Fakultät der Universität Bielefeld als Dissertation vorgelegen. Das Manuskript wurde im August 1980 abgeschlossen. Danach erschienenes Schrifttum wurde nur zum Teil in das Manuskript eingearbeitet.

Ganz besonderen Dank sagen möchte ich meinem Doktorvater, Herrn Prof. Dr. Udo Steiner, für seine engagierte und jederzeit freundliche Unterstützung in den vergangenen Jahren. Mein Dank gilt auch Herrn Prof. Dr. H. J. Papier für die Übernahme des Zweitgutachtens und Herrn Senator E. h. Prof. Dr. J. Broermann für die Aufnahme der Arbeit in die Reihe „Schriften zum Öffentlichen Recht“.

Oktober 1981

Hermann Janning

Inhaltsverzeichnis

Abkürzungsverzeichnis

a. A.	= anderer Ansicht
AbfG	= Abfallbeseitigungsgesetz
ABl.	= Amtsblatt
AfK	= Archiv für Kommunalwissenschaft
AG	= Ausführungsgesetz
Allg.	= Allgemein (er, es, e)
Alt.	= Alternative
AöR	= Archiv des öffentlichen Rechts
Bad.-Württ.	= Baden-Württemberg
bad.-württ.	= baden-württembergisch (e, er, es)
Bay.	= Bayern
BayVBl.	= Bayerisches Verwaltungsblatt
BBauG	= Bundesbaugesetz
Bek.	= Bekanntmachung
BFStrG	= Bundesfernstraßengesetz
BGBl.	= Bundesgesetzblatt
BReg.	= Bundesregierung
BROG	= Bundesraumordnungsgesetz
BT	= Bundestag
BVerfG	= Bundesverfassungsgericht
BVerwG	= Bundesverwaltungsgericht
BWaStrG	= Bundeswasserstraßengesetz
Diss.	= Dissertation
DJT	= Deutschen Juristentag
DöV	= Die öffentliche Verwaltung
DVBl.	= Deutsches Verwaltungsblatt
DVO	= Durchführungsverordnung
E.	= Entscheidung, amtliche Sammlung
EDV	= Elektronische Datenverarbeitung
EG	= Europäische Gemeinschaft
E-LROP	= Entwurf Landesraumordnungsprogramm
FlurberG	= Flurbereinigungsgesetz
FN	= Fußnote
GesBl.	= Gesetzblatt
ggf.	= gegebenenfalls
GG	= Grundgesetz
GV	= Gesetz- und Verordnungsblatt (Nordrhein-Westfalen)
GVBl.	= Gesetz- und Verordnungsblatt (Niedersachsen)
GVOBl.	= Gesetz- und Verordnungsblatt (Schleswig-Holstein)
Hess.	= Hessen
HKWP	= Handwörterbuch der kommunalen Wissenschaft und Praxis
HWB	= Handwörterbuch
i. d. F.	= in der Fassung
i. V. m.	= in Verbindung mit
JuS	= Juristische Schulung

LPlG	=	Landesplanungsgesetz
LReg.	=	Landesregierung
LROP	=	Landesraumordnungsprogramm
LT	=	Landtag
LuftVG	=	Luftverkehrsgesetz
LVerf.	=	Landesverfassung
MBl.	=	Ministerialblatt
MI	=	Minister des Innern
m. w. N.	=	mit weiteren Nachweisen
NBauO	=	Niedersächsische Bauordnung
Nds.	=	Niedersachsen
nds.	=	niedersächsisch (e, er, es)
NGO	=	Niedersächsische Gemeindeordnung
NJW	=	Neue Juristische Wochenschrift
NLO	=	Niedersächsische Landkreisordnung
NNatSchG	=	Niedersächsisches Naturschutzgesetz
NROG	=	Niedersächsisches Raumordnungsgesetz
NRW	=	Nordrhein-Westfalen
OVG	=	Oberverwaltungsgericht
pass.	=	passim
RdErl.	=	Runderlaß
Rdnr.	=	Randnummer
RdSchr.	=	Rundschreiben
Reg.Bez.	=	Regierungsbezirk
RF	=	Raumforschung
Rhld.-Pf.	=	Rheinland-Pfalz
RO	=	Raumordnung
ROP	=	Raumordnungsprogramm
Saarl.	=	Saarland
Schl.-H.	=	Schleswig-Holstein
SchulG	=	Schulgesetz
SKV	=	Staats- und Kommunalverwaltung
SozW	=	Sozialwissenschaften
Tz.	=	Textziffer
Urt.	=	Urteil
Verw.Arch.	=	Verwaltungsarchiv
VerwR	=	Verwaltungsrecht
vorl.	=	vorläufig
VVDStRL	=	Veröffentlichungen der Vereinigung der Deutschen Staatsrechtslehrer
VwVfG	=	Verwaltungsverfahrensgesetz
WiVerw.	=	Wirtschaft und Verwaltung
WP	=	Wahlperiode

Einführung

Durch das Achte Gesetz zur Verwaltungs- und Gebietsreform vom 28. 6. 1977[1] wurde in Niedersachsen den Landkreisen und kreisfreien Städten die Aufgabe der Regionalplanung übertragen. Mit der Kommunalisierung der bisher von den Regierungspräsidenten wahrgenommenen Regionalplanung ist in Niedersachsen ein völlig neuer Weg beschritten worden, der zur Zeit in keinem anderen Bundesland Nachahmung findet[2]. Die niedersächsische Neuregelung der Regionalplanung ergänzt die bereits bisher sehr vielgestaltige Regionalplanungspraxis der Bundesländer um ein weiteres Planungsmodell[3]. Sicher ist, daß die niedersächsischen Erfahrungen mit einer „Kreis-Regionalplanung" ganz wesentlich sowohl die zukünftige Entwicklung der Regionalplanung insgesamt wie auch den weiteren Fortgang der Funktionalreform in der mittleren Verwaltungsebene[4] beeinflussen werden.

Die Bedingungen einer Kommunalisierung der Regionalplanung auf der Ebene der Kreise sind bisher weder verwaltungswissenschaftlich noch rechtlich ausreichend erörtert worden. Eine wissenschaftliche Beurteilung der niedersächsischen Regionalplanung zum heutigen Zeitpunkt steht allerdings unter dem Vorbehalt, daß empirische Untersuchungen auf der Grundlage der zukünftigen „Kreis-Regionalpläne" zur Zeit noch nicht möglich sind, denn derzeit befinden sich die Regionalpläne bei allen Kreisen noch im Aufstellungsverfahren[5]. Außerdem ist zu vermuten, daß sich die Kreise entsprechend den Empfehlungen des Nds. Landkreistages[6] für die erste Aufstellung im wesentlichen auf eine bloße Fortschreibung der alten Bezirksraumordnungsprogramme beschränken werden, um zunächst ausreichende Erfahrungen mit dem

---

1 Art. VII des Achten Gesetzes zur Verwaltungs- und Gebietsreform vom 28. 6. 1977 (Nds. GVBl. S. 233).

2 Nur in Hessen war bis 1970 die Aufstellung der regionalen Raumordnungspläne den Landkreisen zugewiesen (§ 3 Abs. 1 Hess. LPlG vom 4. 7. 1962 [GVBl. S. 311], geändert durch Gesetz vom 1. 6. 1970 [GVBl. S. 360]). Allerdings wurde damals in keinem Kreis von dieser Ermächtigung Gebrauch gemacht, vgl. *Sesselmann*, Übergang der Regionalplanung, S. 7.

3 *Niemeier* (Regionalplanung, in: Raumplanung, Festschrift für W. Ernst, S. 335 [342]) bezeichnet die nds. Neuregelung als „revolutionär".

4 Dazu *Roters / Ballke*, Funktionalreform, S. 52 ff.

5 Zum derzeitigen Stand des Aufstellungsverfahrens bei den Kreisen vgl. die Anlage 2.

6 Nds. Landkreistag, Anlage zum RdSchr. Nr. 34/1978, S. 14 ff.

neuen Planungsinstrumentarium zu sammeln. Daher ist davon auszugehen, daß erst die Planergebnisse der zweiten Generation der Regionalen Raumordnungsprogramme auf Kreisebene Aufschluß darüber vermitteln werden, wie sich die veränderten Planungsbedingungen auf die Planinhalte auswirken[7].

Unabhängig von dieser Einschränkung sollen im Rahmen der vorliegenden Arbeit die allgemeinen verwaltungs- und rechtswissenschaftlichen Aspekte einer kommunalisierten Regionalplanung untersucht werden. Dazu soll einleitend die Entwicklung des Rechts der Regionalplanung in Niedersachsen dargestellt werden (A). Es werden dann die trägerschaftlichen und planungsräumlichen Alternativen für eine Organisation der Regionalplanung herausgearbeitet (B). In einem weiteren Schritt sind die durch die Gebietsreform in Niedersachsen eingetretenen räumlichen Veränderungen im Hinblick auf die Regionalplanung zu überprüfen (C). Ein Schwerpunkt ist dann der Frage zu widmen, ob die Verlagerung der Regionalplanung auf die Kreise unter rechtlichen Gesichtspunkten zulässig ist (D). Im weiteren soll die Kreis-Regionalplanung unter institutionellen Aspekten (E) sowie ihre inhaltliche Einbindung im Spannungsfeld zwischen Landesplanung, gemeindlicher Bauleitplanung und Fachplanung dargestellt werden (F). Letztlich werden die besonderen Probleme zu erörtern sein, die sich aus der Verlagerung der Regionalplanung auf die Kreise für die kreisfreien Städte ergeben (G). Die folgende Untersuchung beschränkt sich dabei weitgehend auf die raumplanerischen Gegebenheiten in Niedersachsen, soweit nicht die Rechtslage in den anderen Bundesländern zu Vergleichszwecken herangezogen wird. Eine solche Beschränkung ist auch deswegen geboten, weil das Organisationsrecht der Landkreise in den Bundesländern stark voneinander abweicht[8].

---

[7] Dafür spricht auch, daß z. Z. parallel neben den laufenden Aufstellungsverfahren in den Kreisen ebenfalls das Planverfahren für ein neues LROP betrieben wird, mit dessen Abschluß aber nicht vor 1981 zu rechnen ist, vgl. dazu die Bekanntgabe der allgemeinen Planungsabsichten gem. § 5 NROG vom 30. 6. 1975 (Nds. MBl. S. 870) sowie den Entwurf des neuen LROP vom Juni 1980, der sich derzeit gem. § 5 Abs. 3 NROG in der Anhörung befindet. Aus dem Dilemma der zeitlichen Parallelität in der Aufstellung von LROP und Kreis-Regionalplänen wird sich sehr bald nach 1981 die Notwendigkeit ergeben, die auf das alte LROP ausgerichteteten Regionalen Raumordnungsprogramme an die veränderten Strukturen des neuen LROP anzupassen, so auch die Begründung zum Entwurf einer Verordnung über das Verfahren zur Aufstellung und Abstimmung der Regionalen Raumordnungsprogramme gem. § 8 Abs. 8 NROG vom 30. 5. 1978, S. 2 (unveröffentlichte Fassung).

[8] *von der Heide*, AfK 1967, S. 47.

A. Die Entwicklung des Rechts der Regionalplanung in Niedersachsen

Die Regionalplanung hat sich in den Bundesländern vor ihrer Normierung in den Landesplanungsgesetzen[1] weitgehend auf freiwilliger Basis entwickelt[2]. Aus dem Erfordernis einer überörtlichen Koordination gemeindlicher Aktivitäten entstanden Formen regionaler Planung, insbesondere in den Landesplanungsgemeinschaften[3].

Doch weder in der ersten Periode der Landesplanung (1910 - 1935)[4] noch in der etatistisch geprägten Phase von 1935 bis 1945[5] wurden die Voraussetzungen für eine flächendeckende regionale Raumplanung geschaffen. Dies war auch deshalb nicht zu erwarten, weil die regionale Gliederung weitgehend dem Einfluß der Landesplanungsbehörden entzogen war[6].

Die Entwicklung in den Jahren nach 1945 verlief in den Bundesländern recht unterschiedlich. Zwischen der Verabschiedung des ersten Landesplanungsgesetzes in Nordrhein-Westfalen im Jahre 1950[7] und den erst 1966 erlassenen Gesetzen in Niedersachsen[8] und Rheinland-Pfalz[9] lag immerhin ein Zeitraum von sechzehn Jahren.

In Niedersachsen wurde bald nach 1945 die landesplanerische Tätigkeit wieder aufgenommen, indem die Nachfolge-Dienststellen der Landesplanungsgemeinschaften in den Bezirken in die staatliche Verwal-

---

1 Überblick bei *Evers*, Regionalplanung, S. 100.

2 *Zinkahn / Bielenberg*, BROG, § 5 Rdnr. 9, b; ebenso *Evers*, Recht der Raumordnung, S. 117.

3 Da die heutige Regionalplanung ursprünglich als „Landesplanung" galt, wurden die regionalen Planungsgemeinschaften auch als Landesplanungsgemeinschaft bezeichnet, vgl. *Umlauf*, Landesplanungsgemeinschaften, in: Stadtplanung, Landesplanung, Raumordnung, S. 30 ff. Der Wandel zur heutigen Terminologie, die zwischen Landesplanung und Regionalplanung unterscheidet, vollzog sich erst zu Anfang der 60er Jahre, vgl. *Halstenberg*, Planung, in: Stadtplanung, Landesplanung, Raumordnung, S. 46 (47).

4 Vgl. dazu *Bielenberg*, in: Ernst / Zinkahn / Bielenberg, BBauG, § 1 Rdnr. 15 ff.; *Hohberg*, Recht der Landesplanung, S. 2 ff.

5 Dazu *Götz*, Staat und Kommunalkörperschaften, in: Festschrift für W. Weber, S. 979 (984).

6 *Evers*, Regionalplanung, S. 101.

7 LPlG NRW vom 11. 3. 1950 (GVBl. S. 41).

8 NROG vom 30. 3. 1966 (GVBl. S. 69).

9 LPlG vom 14. 6. 1966 (GVBl. S. 177).

tung integriert wurden[10]. Ohne bereits eine flächendeckende regionale Raumplanung zu realisieren, wurden aber — noch vor der Verabschiedung des Landesplanungsgesetzes im Jahre 1966 — für einzelne Räume Raumordnungspläne erstellt[11] und sondergesetzliche Regelungen für die Raumplanung im Großraum Hannover geschaffen[12]. Das Verhältnis der Landesplanung zur gemeindlichen Planung wurde durch das Niedersächsische Aufbaugesetz von 1949[13] geregelt. Als Abstimmungsinstrument zwischen Landesplanung und kommunaler Bauleitplanung dienten das „landesplanerische Gutachten"[14] und das „landesplanerische Verfahren"[15]. Gem. § 2 Abs. 2 S. 2 des Nds. Aufbaugesetzes war bestimmt, daß die gemeindliche Planung der übergeordneten Landesplanung zu entsprechen habe[16].

I. Das Nds. Raumordnungsgesetz von 1966

Die erste Nachkriegsphase in der Landesplanung wurde in den meisten Bundesländern noch vor dem Inkrafttreten des Bundesraumordnungsgesetzes (BROG) vom 8. 4. 1965[17] abgelöst durch die Verabschiedung eigener Landesplanungsgesetze[18].

Die etwa zehn Jahre dauernde Auseinandersetzung um das BROG[19] hatte den Landesgesetzgeber in Niedersachsen dazu veranlaßt, das Inkrafttreten des bundesrechtlichen Rahmengesetzes abzuwarten.

---

10 Raumordnungsbericht Niedersachsen 1978, S. 13.

11 Der Raumordnungsbericht (Niedersachsen 1978) verweist als Beispiel auf den Raumordnungsplan für das Hannoversche Emsland von 1950, erstellt von dem Nds. Amt für Landesplanung und Statistik. Dieser Plan wurde Grundlage für die spätere Schaffung der Emsland GmbH.

12 Gesetz über den Verband Großraum Hannover vom 14. 12. 1962 (GVBl. S. 235).

13 Gesetz zur Durchführung der Ortsplanung und des Aufbaues in den Gemeinden (Aufbaugesetz) vom 9. 5. 1949 (GVBl. S. 107).

14 § 7 Abs. 1 Aufbaugesetz vom 9. 5. 1949, § 3 Erste DVO zum AufbauG vom 17. 6. 1949 (GVBl. S. 126); vgl. dazu *Sesselmann*, Übergang der Regionalplanung, S. 5.

15 Gem. § 7 Abs. 1 Aufbaugesetz waren die gemeindlichen Pläne in einem landesplanerischen Verfahren zu überprüfen. Mit Änderung des Aufbaugesetzes vom 17. 5. 1955 (GVBl. S. 195) und vom 20. 12. 1957 (GVBl. S. 135) durften die Ortspläne nur noch im Benehmen mit den Landesplanungsbehörden aufgestellt werden.

16 Zur Rechtmäßigkeit dieser Anpassungsklauseln der Aufbaugesetze im Hinblick auf die gemeindliche Selbstverwaltung vgl. *Bielenberg*, in: Ernst / Zinkahn / Bielenberg, BBauG, § 1 Rdnr. 16 b. Zur Verbindlichkeit des Aufbaugesetzes in Schleswig-Holstein vgl. BVerwGE 6, 342 (344) Urt. vom 20. 5. 1958.

17 BGBl. I S. 306.

18 Übersicht über die ersten Landesplanungsgesetze der Länder bei *Evers*, Regionalplanung, S. 100; diese Übersicht bedarf der Ergänzung bezüglich des ersten LPlG für NRW vom 11. 3. 1950 (GVBl. S. 41).

19 *Evers*, Regionalplanung, S. 100.

Das Nds. Gesetz über Raumordnung und Landesplanung vom 30. 3. 1966[20] (NROG 1966) schuf die Voraussetzungen für eine flächendeckende Raumordnungsplanung in Teilräumen des Landes. Gem. § 8 Abs. 2 NROG 1966 hatte der Regierungspräsident als höhere Landesplanungsbehörde die Aufgabe, Bezirksraumordnungsprogramme aufzustellen. Der Begriff „Regionalplanung" tauchte allerdings im Gesetz überhaupt nicht auf. Das NROG 1966 etablierte als Mitwirkungsgremien für das Verfahren zur Aufstellung und Änderung von Raumordnungsprogrammen die sog. Landesplanungsbeiräte[21]. Den sowohl auf der Landes- wie auch auf der Bezirksebene zu „berufenden" Beiräten standen nur beratende Funktionen (Empfehlungen, Informationsrecht, Stellungnahmen), nicht aber entscheidende Aufgaben zu[22]. Die Berufung auch von kommunalen Vertretern in die Landesplanungsbeiräte sollte dem Gegenstromprinzip[23] Rechnung tragen.

Diese staatliche Dominanz in der regionalen Planung ließ wenig Möglichkeiten für raumplanerische Aufgaben der Landkreise und kreisfreien Städte. Ihre Beteiligung an der Raumordnung als untere Landesplanungsbehörde[24] erfolgte durch einige im übertragenen Wirkungskreis[25] wahrzunehmende Aufgaben, wie die Erstellung von Raumbestandsaufnahmen, die Mitwirkung bei der Aufstellung des Raumordnungskatasters und die Durchführung von Raumordnungsverfahren auf Weisung des Regierungspräsidenten[26]. Die Kreise beschränkten sich folglich in der Praxis auf einzelne punktuelle raumplanerische Aktivitäten. Die im NROG 1966 enthaltenen Ansatzmöglichkeiten für eine umfassende Überwachungs- und Koordinationsfunktion der Kreise[27] wurden von diesen kaum genutzt[28]. Insgesamt läßt sich feststellen, daß die Beteiligungsrechte der Gemeinden und Landkreise nach dem NROG 1966 sehr begrenzt waren.

Ansätze für eine Kommunalisierung der Regionalplanung, wie sie § 12 NROG 1966 in Form von Planungsgemeinschaften vorsah, wurden nicht realisiert. Denn Planungsgemeinschaften der Landkreise und Gemeinden zur Wahrnehmung der Aufgabe der Regionalplanung konnten

---

20 Nds. GVBl. S. 69.

21 § 10 NROG 1966.

22 § 9 NROG 1966; Überblick über die Planungsbeiräte in den anderen Bundesländern bei *Buchsbaum*, Informationen zur Raumentwicklung 1976, S. 263 (267).

23 *Zinkahn / Bielenberg*, BROG, § 1 Rdnr. 7.

24 § 7 Abs. 1 NROG 1966.

25 § 7 Abs. 2 NROG 1966.

26 § 8 Abs. 3 NROG 1966.

27 Gem. § 8 Abs. 3 Buchst. c NROG 1966 war es Aufgabe der Kreise, „dafür zu sorgen, daß die Raumordnungsprogramme sowie das Raumordnungskataster bei Planungen und Maßnahmen in ihrem Bereich beachtet werden."

28 *Sesselmann*, Übergang der Regionalplanung, S. 5.

sich nur bilden, wenn das Landesraumordnungsprogramm „besondere Planungsräume ohne Rücksicht auf Bezirks- oder Gebietsgrenzen" bestimmte[29]. Das Landesraumordnungsprogramm vom 18. 3. 1969 hatte jedoch im Hinblick auf die beabsichtigte Verwaltungs- und Gebietsreform in Niedersachsen ausdrücklich davon abgesehen, diese Voraussetzungen für die Bildung regionaler Planungsgemeinschaften zu schaffen[30].

II. Das Nds. Raumordnungsgesetz von 1974

Die Grundlage für die dritte Phase im Landesplanungsrecht von Niedersachsen wurde mit dem NROG 1974[31] eingeleitet. In der Erkenntnis, daß Raumplanung auch wesentliche politische Entscheidungen bedingt[32], wurde für die Ebene der Landesraumordnung das Landesparlament in die Entscheidungen einbezogen[33].

Eine ähnliche Grundentscheidung wurde für die Regionalplanung getroffen, denn gem. § 8 Abs. 5 NROG 1974 ist das Regionale Raumordnungsprogramm durch Satzung festzustellen, soweit eine kommunale Körperschaft durch Gesetz zum Träger der Regionalplanung bestimmt ist. Solche kommunalen Körperschaften sollen „großräumige Teile des Landes mit schwerpunktmäßigen Entwicklungen" umfassen und die Aufgaben der Regionalplanung als Angelegenheiten des eigenen Wirkungskreises wahrnehmen[34]. Allerdings war die Wahrnehmung der Regionalplanung durch kommunale Körperschaften im Jahre 1974 noch beschränkt auf die Großraumverbände Hannover[35] und Braunschweig[36]. In der Begründung zum Gesetzentwurf des NROG 1974 wird

[29] § 4 Abs. 1 Ziff. 1 Buchst. d und § 12 NROG 1966.

[30] Landesraumordnungsprogramm vom 18. 3. 1969, S. 3 Ziff. 7: „Von der Bestimmung besonderer Planungsräume im Sinne des § 4 Abs. 1 Buchst. d NROG wird im Hinblick auf die im Lande Niedersachsen vorgesehene Verwaltungs- und Gebietsreform zu diesem Zeitpunkt abgesehen."

[31] Gesetz zur Änderung des NROG vom 6. 12. 1973 (GVBl. S. 495) und Nds. Gesetz über Raumordnung und Landesplanung i. d. F. vom 24. 1. 1974 (GVBl. S. 49, berichtigt GVBl. 1974, S. 396).

[32] Raumordnungsbericht Niedersachsen 1978, S. 14.

[33] Gem. § 4 Abs. 2 und § 5 Abs. 4 NROG 1974 ist der Teil I des LROP durch Gesetz zu verabschieden, Teil II wird vom Landesministerium durch Beschluß festgestellt (§ 5 Abs. 5 NROG 1974). Bis heute ist ein entsprechender gesetzlicher Teil I noch nicht in Kraft.

[34] § 7 Abs. 2 NROG 1974.

[35] Gesetz über den Verband Großraum Hannover vom 14. 12. 1962 (GVBl. S. 235) i. d. F. vom 2. 11. 1977 (GVBl. S. 569), geändert durch Art. 3 des Gesetzes vom 31. 5. 1978 (GVBl. S. 467). Der Verband Großraum Hannover wurde aufgelöst durch Gesetz vom 24. 3. 1980 (GVBl. S. 65).

[36] Gesetz über die Errichtung eines Verbandes Großraum Braunschweig vom 16. 10. 1973 (GVBl. S. 363). Der Großraumverband Braunschweig ist gem. § 5 des Gesetzes vom 26. 5. 1978 (GVBl. S. 420) zum 31. 12. 1978 wieder aufgelöst worden.

aber bereits darauf hingewiesen, daß die Novellierung des Gesetzes eine Kommunalisierung der Kompetenz für die Regionalplanung erleichtern sollte[37]. Der Gesetzgeber hatte sich im NROG 1974 also vorbehalten, die Regionalplanung sukzessive auf kommunale Körperschaften zu verlagern[38]. Eine Kommunalisierung der Regionalplanung war damit bereits 1974 gesetzlich vorgezeichnet, wurde aber wegen der nicht abgeschlossenen Gebietsreform[39] noch nicht vollzogen. Träger der Regionalplanung waren ansonsten nach dem NROG 1974 unverändert die oberen Landesplanungsbehörden (Regierungs- und Verwaltungspräsidenten)[40].

Mit dem NROG 1974 wurden ferner die 1966 geschaffenen Landesplanungsbeiräte zur Mitwirkung der Gemeinden und Landkreise an der Landes- und Regionalplanung ersatzlos abgeschafft[41]. Als Äquivalent wurde mit § 8 Abs. 3 S. 2 NROG 1974 den Gemeinden und Landkreisen das Recht der Stellungnahme und der Anhörung zum Entwurf des Regionalen Raumordnungsprogramms eingeräumt. Angesichts der ohnehin nur sehr geringen Beteiligungsrechte der Landesplanungsbeiräte bedeutete dieser Schritt eher eine Verstärkung gemeindlicher Mitwirkungsrechte[42]. Denn während in den nach § 10 Abs. 2 NROG 1966 gebildeten Planungsbeiräten auf Bezirksebene die kreisangehörigen Gemeinden nur mittelbar über ihre kommunalen Spitzenverbände vertreten waren[43], räumt das NROG 1974 jeder Gemeinde unmittelbar ein Recht zur Stellungnahme und Anhörung ein[44].

Inhalt und Aufstellung der Regionalen Raumordnungsprogramme wurden im NROG 1974 erstmalig detailliert gesetzlich geregelt[45]. Die Konturen der Regionalplanung wurden damit insgesamt gegenüber dem NROG 1966 sehr viel deutlicher.

---

37 Begründung zum Entwurf eines Gesetzes zur Änderung des Niedersächsischen Gesetzes über Raumordnung und Landesplanung, LT-Drucksache 7/2000 (Vorblatt).

38 Dazu *Götz*, Staat und Kommunalkörperschaften, in: Festschrift für W. Weber, S. 979 (989).

39 Die Gebietsreform wurde erst abgeschlossen mit dem Achten Gesetz zur Verwaltungs- und Gebietsreform vom 28. 6. 1977 (GVBl. S. 233).

40 § 7 Abs. 1 NROG 1974.

41 In der Regierungsvorlage, die zum NROG 1974 führte, waren die Planungsbeiräte allerdings noch vorgesehen, vgl. Nds. Landtagsdrucksache 7/2000 vom 18. 5. 1973.

42 *Niemeier*, Kreise in der Raumplanung, in: Der Kreis, Bd. 2, S. 128 (144).

43 Zur Mitwirkung der kommunalen Spitzenverbände an höherstufigen Planungsverfahren vgl. *Roters*, Kommunale Mitwirkung, S. 199 ff.; und *ders.*, DVBl. 1976, S. 359 ff.

44 Zu den unterschiedlichen Formen gemeindlicher Beteiligung an der Landes- und Regionalplanung im Hinblick auf ihre verfassungsrechtliche Zulässigkeit vgl. *Schmidt-Aßmann*, AÖR Bd. 101 (1976), S. 520 ff.

45 §§ 6 und 8 NROG 1974.

III. Das Nds. Raumordnungsgesetz von 1977

Der bereits mit dem NROG 1974 sich abzeichnende Trend zur Stärkung der kommunalen Stellung in der Regionalplanung fand dann endgültig seinen Ausdruck im Achten Gesetz zur Verwaltungs- und Gebietsreform vom 28. 6. 1977[46], wodurch die Trägerschaft für die Regionalplanung von der Bezirksebene auf die Landkreise und kreisfreien Städte verlagert wurde. Diese Kommunalisierung der Regionalplanung wird dabei nicht auf dem Umweg über staatliche Aufsichtsmittel wieder eingeschränkt, sondern die neue Aufgabe ist von den Landkreisen und kreisfreien Städten als Angelegenheit des eigenen Wirkungskreises wahrzunehmen[47].

Gleichzeitig mit der Verlagerung der Regionalplanung erfolgte durch das Achte Gesetz zur Verwaltungs- und Gebietsreform vom 28. 6. 1977[48] auch die territoriale Neugliederung der Kreise und kreisfreien Städte.

IV. Zusammenfassung

Die gesetzliche Entwicklung der Regionalplanung in Niedersachsen bis in die Gegenwart läßt sich zusammenfassend durch die folgenden Merkmale beschreiben:

— Die Regionalplanung in Niedersachsen war in ihrer ersten gesetzlichen Entwicklungsphase rein staatlich organisiert (NROG 1966)[49]. Mit dem NROG 1974 und der Änderung vom 28. 6. 1977 wurde die Kommunalisierung der Regionalplanung eingeleitet und vollzogen. Dieser Entwicklungstrend von der ursprünglich staatlichen zur kommunalen Regionalplanung ist weitgehend atypisch für die Situation in den anderen Bundesländern, in denen die in den 60er Jahren anfängliche Tendenz zur kommunalisierten Regionalplanung inzwischen weitgehend überlagert wird durch zunehmende Verstaatlichungstendenzen[50].

— Das Prinzip der Anlehnung des Zuschnitts der regionalen Planungsräume an die allgemeine Verwaltungsgliederung ist in Niedersachsen seit 1966 stets eingehalten worden. Die Deckungsgleichheit der regionalen Raumeinheiten mit den Verwaltungsräumen wurde entweder auf der Bezirksebene (so NROG 1966) oder auf der Ebene der

[46] GVBl. S. 233.

[47] § 7 NROG i. d. F. vom 2. 1. 1978 (GVBl. S. 1).

[48] GVBl. S. 233.

[49] Mit Ausnahme der Großraumverbände Hannover und Braunschweig, vgl. dazu FN 35 und 36.

[50] *Wahl*, Rechtsfragen der Landesplanung, Bd. I, S. 235.

Landkreise und kreisfreien Städte (so NROG 1977) erreicht. Von der allgemeinen Verwaltungsgliederung losgelöste sozioökonomische Raumeinheiten wurden ausnahmsweise mit den Großraumverbänden Hannover und Braunschweig geschaffen[51]. Der Großraumverband Braunschweig wurde allerdings durch Gesetz vom 26. 5. 1978 wieder aufgelöst[52]. Gleiches ist nunmehr auch mit dem Großraumverband Hannover geschehen[53]. Diese Entwicklung dokumentiert den Willen des niedersächsischen Gesetzgebers, für die Regionalplanung keine zusätzliche Verwaltungsebene zu schaffen, sondern die Aufgabe der Regionalplanung in die bestehende Verwaltungsgliederung zu integrieren.

V. Politische Stellungnahmen zum Nds. Raumordnungsgesetz von 1977

Die Kommunalisierung der Regionalplanung auf der Ebene der Landkreise ist in der politischen Diskussion in Niedersachsen sehr unterschiedlich beurteilt worden. Erstaunlicherweise ist die Frage aber unter den Parteien im Grundsatz nicht streitig gewesen. Politisch beschlossen wurde die Verlagerung der Regionalplanung auf die Landkreise bereits von einer CDU/SPD-Koalition im Jahre 1969[54]. Dieser Vorschlag basierte auf einem räumlichen Neugliederungskonzept von 37 Landkreisen[54]. Der erste Gesetzentwurf zur Realisierung der Verlagerung von 1975 ging dann von einer SPD/FDP-Landesregierung aus auf der Grundlage von 32 Kreisen[55]. Nachdem die SPD/FDP-Koalition u. a. wegen Meinungsverschiedenheiten über die Gebietsreform gescheitert war, einigte sich die neue Koalition aus CDU und FDP über ein Kreisreformkonzept mit nunmehr 37 Landkreisen[56]. Der Gesetzentwurf der CDU/FDP-Koalition vom 1. 6. 1977 realisierte dann letztlich die Verlagerung der Regionalplanung auf die Kreise[56].

---

[51] Vgl. FN 35 und 36.

[52] GVBl. 1978, S. 420; vereinbart wurde die Auflösung des Großraumverbandes Braunschweig bereits in der Koalitionsvereinbarung zwischen CDU und F.D.P. vom 5. 12. 1976, Ziff. A. 3 (unveröffentlichtes Manuskript).

[53] Gesetz über die Auflösung des Verbandes Großraum Hannover vom 24. 3. 1980 (Nds. GVBl. S. 65). Gem. § 3 Abs. 1 des Gesetzes wird nur für die Rechtsnachfolge im Bereich des öffentlichen Nahverkehrs ein Zweckverband zwingend vorgeschrieben.

[54] Vgl. dazu die Niederschrift über die 24. Sitzung des Landtagsausschusses für Innere Verwaltung vom 1. 10. 1975, S. 33. Ein entsprechender Gesetzentwurf wurde im Landtag damals aber nicht eingebracht.

[55] Entwurf eines Achten Gesetzes zur Verwaltungs- und Gebietsreform vom 7. 8. 1975, Landtags-Drucksache 8/1000, S. 49 (32 Landkreise als Neugliederungsvorschlag), S. 233 (zur Verlagerung der Regionalplanung).

[56] Entwurf eines Achten Gesetzes zur Verwaltungs- und Gebietsreform vom 1. 6. 1977, Landtags-Drucksache 8/1000 (ursprüngliche Vorlage vom 7. 8. 1975) mit den Änderungen laut Drucksache 8/2620, 8/2622 und 8/2651.

Alle drei Parteien haben damit unabhängig von den jeweiligen politischen Mehrheitsverhältnissen zum Ausdruck gebracht, daß sie für eine Regionalplanung auf Kreisebene eintreten. Obwohl es in Niedersachsen von 1969 bis 1977 fünf verschiedene Landesregierungen mit wechselnden Koalitionen gab[57], war unter den Parteien die Übertragung der Regionalplanung auf die Landkreise im Prinzip unumstritten. Bei der abschließenden Beratung des Achten Gesetzes zur Verwaltungs- und Gebietsreform im Niedersächsischen Landtag im Juni 1977 versagte allerdings die SPD — inzwischen in der Rolle der Opposition — der Verlagerung der Regionalplanung ihre Zustimmung[58], weil sie die neu gebildeten Kreise zur Wahrnehmung der Regionalplanung räumlich für zu klein hielt.

Die Einstellung des Nds. Landkreistages zur Verlagerung der Regionalplanung auf die Kreise war angesichts der mit ihr verbundenen Stärkung der Kreisebene verständlicherweise positiv[59]. Dagegen sprachen sich der Niedersächsische Städteverband und der Niedersächsische Städte- und Gemeindebund gegen die Verlagerung aus. Die ablehnende Haltung des Städteverbandes resultierte aus der Befürchtung, daß die Landkreise die Regionalplanung extensiv im Sinne einer noch weitergehenden Kreisentwicklungsplanung nutzen würden. Der Städteverband machte den Vorschlag, die Regionalplanung Planungsverbänden in einer Größenordnung von mindestens 400 000 Einwohnern zu übertragen. Mitglieder dieser Planungsverbände sollten die Landkreise, kreisfreien Städte und Gemeinden sein, um eine echte Mitwirkung der Betroffenen zu gewährleisten[60]. Auch der Städte- und Gemeindebund sah mit der Übertragung die Gefahr verbunden, daß sich aus der Regionalplanung auf Kreisebene eine die Gemeinden sehr einschränkende Entwicklungsplanung ergeben werde. Ferner befürchtete er Bestrebungen der Landkreise, aus der Planungskompetenz nach und nach Durchführungskompetenzen abzuleiten[61].

---

[57] Bei Beginn der Reform im Jahre 1965 gab es eine SPD/F.D.P.-Koalition; 1970 - 1974 SPD-Alleinregierung; 1974 - 1976 SPD/F.D.P.-Koalition; 1976 bis 1977 CDU-Alleinregierung; 1977 - 1978 Koalition CDU/F.D.P.; seit 1978 CDU-Alleinregierung; vgl. dazu *Götz / Petri*, Die Verwaltung 1980, S. 37 (FN 6).

[58] Vgl. Verhandlungen des Nds. Landtages, 8. WP 1974, Stenographische Berichte, Sp. 7015.

[59] Landtags-Drucksache 8/1000, S. 236.

[60] Vgl. Landtags-Drucksache 8/1000, S. 236; siehe auch die Stellungnahme des Vertreters des Städteverbandes bei den Beratungen des Gesetzentwurfs im Landtagsausschuß für Innere Verwaltung, vgl. Niederschrift über die 24. Sitzung des Ausschusses für Innere Verwaltung vom 1. 10. 1975, S. 24 f.

[61] So die Ausführungen des Städte- und Gemeindebundes, vgl. Niederschrift über die 24. Sitzung des Ausschusses für Innere Verwaltung vom 1. 10. 1975, S. 28 f.

B. Die Alternativen
für eine Organisation der Regionalplanung

Im Vergleich zu anderen Fragen der Raumplanung sind Organisation und Struktur der Raumordnung auf Regionalebene in Wissenschaft und Politik besonders heftig umstritten.

Die wissenschaftlichen Bemühungen der vergangenen Jahre, das Bundesgebiet für Zwecke der Raumordnung in geeignete Planungsregionen aufzuteilen, haben bisher nicht dazu geführt, politische Maßnahmen vorzubereiten[1]. Dies wird auch für die Zukunft kaum zu erwarten sein. Denn die Kontroversen entzünden sich nicht nur an der Frage der effizientesten Organisationsstruktur[2], sondern bereits an dem unterschiedlichen Verständnis von Raumordnung und ihrer Zielfunktion[3].

Ferner wird die Diskussion einer bestmöglichen Organisation berührt von der zunehmend aufgestellten politischen Prämisse nach einer „Demokratisierung der Planung"[4]. Nicht nur für die Regionalplanung, auch

---

1 Erstmals *Isbary* (DÖV 1963, S. 793 ff.), der neun Grundsätze als Maßstab für die Bildung von Planungsregionen entwickelt. Vgl. ebenso *Lehmann*, Planungsräume, in: Theorie und Praxis, S. 31 (48); *Lange*, Stichwort „Regionen", in: HWB der RF u. RO, Sp. 2714; *Wagener*, Informationen zur Raumentwicklung 1976, S. 57.

2 Dazu jeweils m. w. N. *Landwehr*, Gliederung des Raumes, S. 56 ff.; *Lange*, Organisation der Region, S. 59 ff.; *Meinke*, Raumforschung und Raumordnung 1970, S. 1 ff.

3 Wirtschaftlicher und sozialer Wandel, Gutachten, S. 329: Darin wird in Abkehr von dem bisher überwiegend anerkannten Oberziel der „Schaffung gleichwertiger Lebensverhältnisse" ein Konzept der „räumlich funktionalen Aufgabenteilung" vorgeschlagen; ähnlich *Hübler*, Großräumige Vorranggebiete, in: Ausgeglichene Funktionsräume, S. 73 (80 f.). Auch der Sachverständigenrat zur Begutachtung der gesamtwirtschaftlichen Entwicklung hat in seinem Jahresgutachten 1968 (BT-Drucksache V/3550, Tz. 344) die Konzentration der Infrastrukturinvestitionen in den Verdichtungsräumen empfohlen und in Gebieten ohne Wachstumschancen eine „passive Sanierung" durch Abwanderung befürwortet. Kritisch hierzu und damit für das Ziel „gleichwertiger Lebensverhältnisse": *Haack*, Bulletin der BReg. 1978, S. 911 (912); *Ernst*, Gleichwertige Lebensbedingungen, in: Ausgeglichene Funktionsräume, S. 9 ff.; *Marx*, Funktionsräume, in: Ausgeglichene Funktionsräume, S. 59 (64). Speziell zur materiellen Zielsetzung der Regionalplanung vgl. *Ritter*, Innere Kolonisation — Land und Gemeinde 1978, S. 130.

4 Aus der umfangreichen Literatur vgl. u. a.: *Böckenförde*, Der Staat 1972, S. 429; *Borghorst*, Bürgerbeteiligung in der Regionalplanung, 1976; *Ernst*, Der Landkreis 1974, S. 455 (458 f.); *Heigl*, WiVerw. 1976/2, S. 1 (13); *Hollihn*, Partizipation und Demokratie, 1978; *Knoepfel*, Demokratisierung der Raumpla-

auf anderen Ebenen der Raumordnung führt diese Entwicklung dazu, daß Raumordnungspläne dem Parlament nicht mehr nur zur Stellungnahme vorgelegt, sondern in ihren Grundsatzentscheidungen gesetzlich normiert werden und damit eine demokratische Legitimation finden[5]. Die rechtspolitischen und rechtsdogmatischen Probleme dieser Entwicklung sind auf dem 50. Deutschen Juristentag[6] und auch im Zwischenbericht der Enquete-Kommission „Verfassungsreform" erörtert worden[7].

Die Notwendigkeit einer „Demokratisierung"[8] auch der Regionalplanung ergibt sich aus ihrem gesellschaftspolitischen Stellenwert. Denn in der Regionalplanung geht es um die Konkretisierung abstrakter, oft verschieden interpretierbarer Oberziele durch regionale Einzelziele. Regionalplanung erschöpft sich somit nicht in einer schematischen Maßstabsvergrößerung landesplanerischer Aussagen oder in einer Addition von verschiedenen Fachplanungen. Regionalplanung erfordert auf der Grundlage von konkurrierenden Raumansprüchen wertende politische Entscheidungen[9] zur Bestimmung von Entwicklungszielen, die nicht mehr ausschließlich der Exekutive überlassen werden dürfen.

Infolge dieser kontroversen wissenschaftlichen Diskussion sind in den Bundesländern sehr unterschiedliche Organisationsmodelle zur Regionalplanung entstanden[10]. Unter „Organisation der Regionalplanung" ist dabei zweierlei zu verstehen:

— Der trägerschaftliche Aspekt: die Einordnung der Aufgabe Regionalplanung in die staatliche oder kommunale Planungsverantwortung (Abschnitt I)

— und der planungsräumliche Aspekt: die Bestimmung und Abgrenzung von Planungsräumen für die Regionalplanung (Abschnitt II).

Die Bestimmungsfaktoren für den „Planungsträger" einerseits und den „Planungsraum" andererseits können sehr unterschiedlich sein. So

nung, 1977; kritisch dazu *Blümel*, Demokratisierung, in: Festschrift für Forsthoff, S. 9 ff.

5 *Ernst*, Der Landkreis 1974, S. 455 (458).

6 Umfassende Nachweise bei *Ossenbühl*, Gutachten B zum 50. DJT. S. B 53 ff.

7 Vgl. den Zwischenbericht der Enquête-Kommission für Fragen der Verfassungsreform, BT-Drucksache VI/3829, S. 45 ff.

8 Kritisch zum Begriff der „Demokratisierung" im Planungsrecht *Blümel*, vgl. FN 4.

9 *Böckenförde*, Der Staat 1972, S. 429 (437) zählt zur „politischen Planung" insbesondere die Merkmale der Zielsuche, der Zielabwägung und der Zielverknüpfung.

10 Zum Überblick über die Lösungen der Bundesländer vgl. *Erbguth*, Probleme des Landesplanungsrechts, S. 54; *Ernst*, Verfassungsrechtliche Vorgaben, S. 31 ff.; *Buchsbaum*, Informationen zur Raumentwicklung 1976, S. 263 (265); *Pühl*, Organisation der Regionalplanung, S. 25 ff.

geht es bei der Abgrenzung des Planungsraumes um die Bildung von Raumeinheiten nach raumordnerischen Gesichtspunkten (geographische, sozioökonomische o. ä. Merkmale), während bei der Entscheidung für einen kommunalen oder staatlichen Planungsträger vorrangig verfassungsrechtliche (Art. 28 II GG), verwaltungsorganisatorische und verwaltungspolitische Fragestellungen zu berücksichtigen sind.

I. Die Aufgabenstruktur der Regionalplanung unter dem Aspekt der staatlichen oder kommunalen Planungsverantwortung

Das Verhältnis von staatlicher und kommunaler Aufgabenerfüllung ist insbesondere im Bereich der Raumplanung von erheblicher Relevanz. Die faktische Aufgabenverflechtung[11] zwischen den verschiedenen Verwaltungsebenen, die sich widerspiegelt in einer auf Komplexität angelegten Raumplanung, findet in der geltenden Rechtsordnung keine entsprechende Ausprägung.

Das normative Grundmuster öffentlicher Aufgabenverteilung, wie es im Art. 28 Abs. 2 GG mit dem Prinzip der gemeindlichen Allzuständigkeit[12] zum Ausdruck kommt, geht von einer klaren Trennung zwischen staatlichen und kommunalen Aufgaben aus. Die Probleme, die sich aus der zunehmenden Diskrepanz zwischen diesem verfassungsrechtlichen Verteilungsmuster und der tatsächlichen Aufgabenverflechtung ergeben, haben zu einer breiten und sehr grundsätzlichen Diskussion über die Gefährdung der kommunalen Selbstverwaltung geführt[13].

1. Die Regionalplanung in staatlicher und kommunaler Aufgabenverantwortung

Auch der Bundesgesetzgeber hat sich im § 5 Abs. 3 BROG einer Entscheidung darüber entzogen, ob die Regionalplanung staatlich oder kommunal organisiert werden soll. Vielmehr werden in § 5 Abs. 3

---

11 *Wahl*, Rechtsfragen der Landesplanung, Bd. I, S. 132, FN 1: im Bund-Länder-Verhältnis wurden die Fragen der Aufgabenverflechtung unter dem Begriff des „kooperativen Föderalismus“ zuerst im Bereich gemeinsamer Einrichtungen und in der Fondsverwaltung aktuell. Die Aufgabenverflechtung findet im kommunalen Bereich auch ihren Ausdruck in dem hohen Anteil der Mischfinanzierung gemeindlicher Projekte, vgl. dazu *Petri*, Zweckzuweisungen, S. 58 ff.

12 *Kühn*, Allzuständigkeit der Gemeinden, S. 33 - 58.

13 *Blümel*, VVDStRL Bd. 36 (1978), S. 171 ff.; *ders.*, Das verfassungsrechtliche Verhältnis, S. 12 ff.; *Hoffmann*, Städte- und Gemeindebund 1977, S. 132 ff.; *Knemeyer*, NJW 1980, S. 1140; *Korte*, Verw.Arch. Bd. 61 (1970), S. 3 ff.; *Rothe*, Die demokratische Gemeinde 1974, S. 353 ff.; *Ullrich*, DöV 1978, S. 73; *von Unruh*, DVBl. 1973, S. 1 ff.; *Wahl*, Rechtsfragen der Landesplanung, Bd. I, S. 132.

BROG den Ländern alternativ zwei Organisationsmodelle angeboten: Regionalplanung entweder durch regionale Planungsgemeinschaften, die aus Gemeinden und Gemeindeverbänden bestehen oder Regionalplanung durch sonstige Planungsstellen unter kommunaler Beteiligung.

Die Tatsache, daß der § 5 Abs. 3 BROG den Ländern unterschiedliche Modelle zur Organisation der Regionalplanung eröffnet, ist im Schrifttum immer wieder Anlaß gewesen, die Überlegung anzustellen, ob § 5 Abs. 3 BROG im Hinblick auf den Aufgabencharakter der Regionalplanung einschränkend zu interpretieren ist[14]. Daher soll im folgenden die Frage untersucht werden, ob es sich bei der Regionalplanung um eine kommunale oder staatliche Aufgabe handelt. Diese Fragestellung kann sowohl unter rechtsdogmatischen wie auch unter verwaltungswissenschaftlichen Aspekten untersucht werden. Beide Ansatzpunkte finden in der wissenschaftlichen Diskussion nebeneinander Berücksichtigung, wobei dies jedoch in der Argumentation nicht immer deutlich zum Ausdruck gebracht wird. Im folgenden soll der Meinungsstand unter beiden Aspekten dargestellt werden, um dann abschließend eine eigene verwaltungswissenschaftliche Strukturbestimmung des kommunalen oder staatlichen Aufgabencharakters der Regionalplanung vorzunehmen.

a) Regionalplanung als kommunale Aufgabe

Allein aus der gesetzlichen Vorschrift des § 5 Abs. 3 BROG läßt sich eine rechtliche Einordnung der Regionalplanung als kommunale Aufgabe nicht ableiten. Dies ergibt sich bereits aus der Tatsache, daß § 5 Abs. 3 BROG nur eine Aussage zur Organisationsstruktur der Regionalplanung trifft (wobei diese auch noch offengelassen wird) und damit nicht zwingend die materielle Aufgabennatur der Regionalplanung festlegt. Denn die Organisationsstruktur einer Institution ist immer nur *ein* Indiz für die rechtliche Einordnung der wahrgenommenen Aufgabe[15]. Auch die Tatsache, daß im § 5 Abs. 3 BROG die kommunale Lösung sprachlich vorangestellt wird, ist kein ausreichender Anhaltspunkt für eine Vorrangigkeit des kommunalen Organisationsmodells und eine dementsprechende Aufgabenbestimmung[16].

Klotz versucht daher aufgrund einer verfassungsrechtlichen Argumentation den § 5 Abs. 3 BROG einschränkend zu interpretieren. Nach seiner Auffassung ist § 5 Abs. 3 BROG im Hinblick auf Art. 28 Abs. 2 GG verfassungskonform so auszulegen, daß die Regionalplanung vorrangig kommunal organisiert werden müsse[17]. Er versucht zur Begrün-

---

[14] Am weitestgehenden *Klotz*, DöV 1967, S. 184 (186, 188).

[15] *Schmidt-Aßmann*, AöR Bd. 101 (1976), S. 520 (535).

[16] So ebenfalls *Erbguth*, Probleme des Landesplanungsrechts, S. 110.

dung dieser These den verfassungsrechtlichen Begriff der „Angelegenheiten der örtlichen Gemeinschaft" (Art. 28 Abs. 2 GG) erweiternd auszulegen, indem er die Regionalplanung als „überörtliche Aufgabe der örtlichen Gemeinschaft" qualifiziert[18], die folglich als Selbstverwaltungsaufgabe den Gemeinden zustehe.

Einer solchen Interpretation der gemeindlichen Aufgabenzuordnung kann nicht zugestimmt werden[19]. Sie beruht auf einer verfassungsrechtlichen Überdehnung des Art. 28 Abs. 2 GG[20] und widerspricht dem Wortsinn des Begriffes „örtliche Angelegenheiten". Denn sie führt dazu, letztlich ale staatlichen Aufgaben mit nur örtlichem Bezug zum verfassungsrechtlich garantierten Bestand kommunaler Aufgaben zu zählen. Daher wird zu Recht die Kritik erhoben, diese Auffassung resultiere weniger aus einer Exegese des Art. 28 Abs. 2 GG[21], sondern stelle vielmehr die rechts- und verwaltungspolitische Meinung des Autors dar[22]. Die Beschränkung der Verfassungsgarantie auf „alle Angelegenheiten der örtlichen Gemeinschaft" macht es zwingend notwendig, solche Aufgaben — wie die Regionalplanung — davon auszugrenzen, die weder einen ausschließlich räumlich-örtlichen[23] Charakter haben, noch von der örtlichen Gemeinschaft eigenverantwortlich und selbständig bewältigt werden können[24]. Die Regionalplanung, angesiedelt im Schnittpunkt überörtlicher und örtlicher Interessen, kann nicht ausschließlich für den gemeindlichen Bereich reklamiert werden. Ihr Wesen ist gerade in der überörtlichen Koordination begründet[25].

---

17 *Klotz*, DöV 1967, S. 184 (186 f.); *Conrady*, DVBl. 1970, S. 408 ff. Unzutreffend wird *Götz* (Staat- und Kommunalkörperschaften, in: Festschrift für W. Weber, S. 979 [984]) von *Stüer* (Verfassungsrechtliche Maßstäbe, S. 356, FN 1039) ebenfalls als Vertreter dieser Position eingeordnet, vgl. dazu *Götz*, S. 984 und S. 996.

18 *Klotz*, DöV 1967, S. 184 (188).

19 Ebenso ablehnend *Götz*, Staat und Kommunalkörperschaften, in: Festschrift für W. Weber, S. 979 (996); *Lange*, Organisation der Region, S. 64 FN 4; *Stüer*, Verfassungsrechtliche Maßstäbe, S. 356.

20 *Wahl*, Rechtsfragen der Landesplanung, Bd. II, S. 184; *ders.*, Bd. I, S. 150, warnt davor, aus hochstufigen und generellen Verfassungsprinzipien sehr konkrete Folgerungen und Einzelergebnisse als zwingend geboten abzuleiten.

21 *Bielenberg*, DöV 1967, S. 190 (192) in unmittelbarer Erwiderung auf den Beitrag von *Klotz*.

22 *Bielenberg*, DöV 1967, S. 190.

23 *Stern*, in: Bonner Kommentar, Art. 28 Rdnr. 86: „Die universale Verbandskompetenz knüpft an eine räumliche Komponente an."

24 BVerfGE 8, 122 (123) vom 30. 7. 1958: danach sind örtliche Angelegenheiten solche, die „in der örtlichen Gemeinschaft wurzeln oder auf die örtliche Gemeinschaft einen spezifischen Bezug haben und von dieser örtlichen Gemeinschaft eigenverantwortlich und selbständig bewältigt werden können". Kritisch dazu *Roters*, Kommunale Mitwirkung, S. 7 ff., sowie *Richter*, Verfassungsprobleme, S. 52 ff.

25 *Lange*, Organisation der Region, S. 64 FN 4.

Auch die institutionelle Verfassungsgarantie der überörtlichen Gemeindeverbände (Art. 28 Abs. 2 S. 2 GG) zwingt nicht zur „überörtlich-kommunalen" Organisation der Regionalplanung. Dies folgt aus der unterschiedlichen Reichweite gemeindlicher und gemeindeverbandlicher Selbstverwaltungsgarantie. Denn den Gemeindeverbänden wird im Gegensatz zu den Gemeinden — wie sich aus einem Vergleich von Art. 28 Abs. 1 S. 1 und Art. 28 Abs. 2 S. 2 GG ergibt — verfassungsrechtlich kein fest umrissener überörtlicher Aufgabenbestand zugewiesen[26]. Die Aufgabenzuweisung an die Kreise erfolgt also nur auf gesetzlicher Ebene (so in § 2 Abs. 1 NLO). Art. 28 Abs. 2 S. 2 GG läßt daher mangels einer bestimmten Aufgabengarantie keine zwingende Schlußfolgerung auf eine gemeindeverbandliche Organisation der Regionalplanung zu.

Auch der vereinzelt gebliebene Versuch, eine Verpflichtung zur vorrangig kommunalen Organisation der Regionalplanung bereits aus § 5 Abs. 1 BROG abzuleiten[27], kann angesichts der klaren und gleichrangigen Alternativregelung des § 5 Abs. 3 BROG nicht überzeugen[28].

b) Regionalplanung als staatliche Aufgabe mit verfassungsrechtlich garantierter kommunaler Beteiligung

Aus Art. 28 Abs. 2 GG kann — wie festgestellt — nicht abgeleitet werden, daß es sich bei der Regionalplanung um eine vorrangig kommunale Angelegenheit handelt[29]. Zum Teil wird daraus die entgegengesetzte Konsequenz gezogen, daß die Regionalplanung eine *ausschließlich* staatliche Aufgabe sei[30]. Dies wird mit dem Argument belegt, daß die Garantie der kommunalen Selbstverwaltung gar nicht berührt sein könne, da sich Art. 28 Abs. 2 GG nur auf die „Angelegenheiten der örtlichen Gemeinschaft" erstreckt, während die Regionalplanung angesichts ihrer Funktion ausschließlich überörtliche Raumplanung sei. Die Regionalplanung habe daher ihre Bestimmung in einem Raum, der

---

[26] Dies entspricht wohl der h. M., vgl. dazu: *Blümel*, Das Verfassungsrechtliche Verhältnis, S. 27 f.; *Grawert*, VVDStRL 36 (1978), S. 278 (281); *Richter*, Verfassungsprobleme, S. 89 f.; *Stern*, Bonner Kommentar, Art. 28, Rdnr. 168. Dagegen a. A. *Pappermann / Roters / Vesper*, Maßstäbe für die Funktionalreform, S. 19, und *Ernst*, Verfassungsrechtliche Vorgaben, S. 190 ff. Zum Selbstverwaltungsrecht der Kreise vgl. neuerdings der Nds. Staatsgerichtshof vom 14. 2. 1979 (NJW 1979, 2301), der auch den Landkreisen einen Kernbereich der Selbstverwaltung einräumt.

[27] *Weidemann*, Bindung und Freiheit, S. 157 f.

[28] Ausführlich darauf eingehend *Erbguth*, Probleme des Landesplanungsrechts, S. 110.

[29] Siehe B. I. 1. a).

[30] *Haarmann*, DVBl. 1963, S. 833 (840); *Scheuner*, Regionalverbände, in: Die Verwaltungsregion, S. 11 (27); a. A. wohl *ders.*, AfK 1973, S. 1 (14) unter Betonung des „Verbundsystems" örtlicher und überörtlicher Aufgaben.

nicht mehr zum gegenständlichen Bereich der Selbstverwaltung gehöre[31].

Dieser Beurteilung ist zumindest insoweit zuzustimmen, als es sich bei der Regionalplanung um überörtliche Raumplanung handelt. Regionalplanung soll dabei nicht nur überörtliche Planung sein im Sinne einer Summierung (teil-)örtlicher Raumvorstellungen, sondern sie soll in dem ihr zugewiesenen Planungsraum ein regionales Gesamtinteresse artikulieren.

Dieser unbestritten überörtliche Charakter der Raumplanung muß aber nicht zwangsläufig dazu führen, die Organisation und Durchführung der Regionalplanung jeglicher verfassungrechtlichen Einwirkung im Hinblick auf Art. 28 Abs. 2 S. 1 GG zu entziehen. Denn eine Interpretation der gemeindlichen Selbstverwaltungsgarantie, die sich für die Zuordnung von öffentlichen Aufgaben allein auf die Abgrenzung örtlich-überörtlich unter räumlichen Aspekten stützt[32], kann inzwischen als überholt angesehen werden[33]. Es gibt heute angesichts zunehmender Aufgabenverflechtung kaum eine Angelegenheit der örtlichen Gemeinschaft, die nicht zugleich einen überörtlichen Bezug hätte[34]. Entläßt man somit jede Aufgabe mit überörtlichen Bezügen dem Anwendungsbereich der Selbstverwaltungsgarantie, so beschränkt dies den kommunalen Wirkungsbereich auf eine so geringe Substanz[35], wie sie weder dem faktischen Stellenwert der Gemeinde als wesentlicher Faktor der planenden und leistenden Daseinsvorsorge gerecht wird[36] noch dem Leitbild der gemeindlichen Selbstverwaltung unter verfassungsrechtlichen Gesichtspunkten entspricht. Das Festhalten an dem traditionellen Leitbild klar trennbarer Aufgabenblöcke von örtlicher und überörtlicher Natur führt daher letztlich zu einer fortschreitenden Aushöhlung der kommunalen Selbstverwaltung[37].

---

31 *Scheuner*, Regionalverbände, in: Die Verwaltungsregion, S. 11 (27). Die Erklärung der Tatsache, daß der Bundesgesetzgeber in § 5 Abs. 3 BROG ausdrücklich eine kommunale Beteiligung fordert, kann konsequenterweise nach dieser Auffassung nicht auf Art. 28 Abs. 2 GG gestützt werden. Sie könnte folglich nur als eine vom Gesetzgeber „ex gratia" zugestandene Erweiterung des Selbstverwaltungsbereiches gesehen werden, dazu *Götz*, Staat und Kommunalkörperschaften, in: Festschrift für W. Weber, S. 979 (993).

32 So *Stern* (in: Bonner Kommentar, Art. 28 Rdnr. 86) zu dem räumlichen (gebietsbezogenen) Aspekt des Begriffes der örtlichen Angelegenheiten; vgl. ferner *Richter*, Verfassungsprobleme, S. 134 ff.

33 *Stüer*, Verfassungsrechtliche Maßstäbe, S. 331 m. w. N.

34 *Götz*, Staat und Kommunalkörperschaften, in: Festschrift für W. Weber, S. 979 (993); ebenso *Roters*, Kommunale Mitwirkung, S. 129.

35 *Grawert*, VVDStRL 36 (1978), S. 278 (287); ebenso *Burmeister*, Selbstverwaltungsgarantie, S. 22.

36 *Wahl*, Rechtsfragen der Landesplanung, Bd. I, S. 138.

37 Weitere Aspekte zur Aushöhlung der kommunalen Selbstverwaltung bei *Blümel*, Das verfassungsrechtliche Verhältnis, S. 12 ff.; *ders.*, VVDStRL 36 (1978), S. 188; *Schmidt-Jortzig*, DVBl. 1977, S. 801; *Grawert* (VVDStRL 36

Sowohl die Rechtsprechung[38] wie auch das Schrifttum[39] plädieren daher mit unterschiedlichen Akzenten[40] dafür, den Verlust von autonomer gemeindlicher Substanz zu kompensieren durch Beteiligungsrechte an höherstufigen Entscheidungsprozessen, soweit die Gemeinde von diesen betroffen wird[41]. Danach steht der Gemeinde ein Recht auf Beteiligung an solchen Verfahren zu, bei denen die überörtliche Planung Auswirkungen auf den örtlichen Bereich zum Gegenstand hat. Die Regionalplanung hat, da sie die Vorstellungen der Landesraumordnung für ihren Planungsraum bindend konkretisiert, unmittelbar rechtliche Wirkung für die gemeindliche Bauleitplanung (§ 1 Abs. 4 BBauG) und damit erheblich Einfluß auf deren Planinhalte[42].

Die gemeindliche Beteiligung stellt somit den Ausgleich dar für die Einbindung der örtlichen in die überörtliche Planung. Ein solchermaßen „dynamisches" Verständnis der Selbstverwaltung[43] „verfolgt"[44] nach oben abwandernde Aufgaben und unterwirft sie damit weiterhin dem Selbstverwaltungsgedanken. Diese gegenseitige Ergänzung von kommunaler Ortsplanung und staatlicher Planung findet im Planungsrecht ihren Niederschlag im sog. Gegenstromprinzip[45]. Soweit aus der

---

[1978], S. 278 [288]) weist zu Recht hin auf die Schwierigkeit bei der Aktualisierung der Verfassungsgarantie des Art. 28 Abs. 2 GG, daß die Gerichte immer nur punktuell den Schutz der Selbstverwaltung prüfen und dieser nicht im Zusammenhang mit anderen (nicht rechtshängigen) Einschränkungen erfaßt wird.

[38] BVerwG DVBl. 1969, S. 362, Urt. vom 14. 2. 1969; Blümel, DVBl. 1973, S. 436 (437) m. w. N. bezeichnet dieses Urteil als „Markstein".

[39] Mitwirkungsmodelle entwirft *Roters*, Kommunale Mitwirkung, S. 55 ff.; *Schmidt-Aßmann*, AöR 101 (1976), S. 520 ff.; *Blümel* (VVDStRL 36 [1978], S. 172 [248]) unterscheidet zwischen einem Kompensationsmodell im weiteren und im engeren Sinne. Zur Kritik am Kompensationsmodell vgl. *Wahl*, Rechtsfragen der Landesplanung, Bd. I, S. 143 ff.

[40] Überwiegend wird die Beteiligung der Gemeinde an höherstufigen Entscheidungsprozessen als *Erweiterung* der Selbstverwaltungsrechte über den unantastbaren Kernbestand örtlicher Angelegenheiten hinaus angesehen, so *Blümel*, VVDStRL 36 (1978), S. 171 (246 f.); *ders.*, Das verfassungsrechtliche Verhältnis, S. 24 f.; *Siedentopf*, Gemeindliche Selbstverwaltungsgarantie, S. 16 f.; *Grawert*, VVDStRL 36 (1978), S. 278, 298 (FN 47); *Stüer*, Verfassungsrechtliche Maßstäbe, S. 326 u. 348; *Brohm*, JuS 1977, S. 500 (505). Dagegen wird zum Teil die Ansicht vertreten, die Mitwirkung sei ein vollständiger *Ersatz* für eigene gemeindliche Aufgaben. Art. 28 II S. 1 GG gewährleistet demnach nicht mehr isolierte, eigenverantwortliche Aufgabenerfüllung, sondern nur noch eine gemeinsame, arbeitsteilige Erfüllung der kommunalen Aufgaben unter Beteiligung der Gemeinden, so *Pappermann / Roters / Vesper*, Maßstäbe für die Funktionalreform, S. 24; *Roters*, Kommunale Mitwirkung, S. 30, 34, 35.

[41] *Grawert* (VVDStRL 36 [1978], S. 278 [291]) stellt für die Art der Mitwirkung auf das Maß der Betroffenheit ab. Differenzierter dagegen *Schmidt-Aßmann*, AöR 101 (1976), S. 520, 526, 530, 543.

[42] *Rutkowski*, Einfluß der Regionalplanung, S. 61 ff.

[43] *Göb / Laux / Salzwedel / Breuer*, Kreisentwicklungsplanung, S. 53.

[44] *Wahl*, Rechtsfragen der Landesplanung, Bd. I, S. 139.

gemeindlichen Betroffenheit diesen ein Beteiligungsrecht zuerkannt wird und damit der Art. 28 Abs. 2 S. 1 GG über den örtlichen Wirkungsbereich hinaus Anwendung findet, ist diese Auffassung heute weitgehend unbestritten[46].

Meinungsverschiedenheiten bestehen allerdings in der Frage, ob der gesamte Bestand gemeindlicher Selbstverwaltungsaufgaben diesem Kompensationsgedanken unterliegt[47] oder ob es trotz allem einen Kernbestand gemeindlich-autonomer Aufgabenbereiche gibt[48]. Für die Klassifizierung der Regionalplanung ist dieser Meinungsstreit jedoch unbeachtlich, da die regionale überörtliche Planung unter keinem denkbaren Aspekt zum Kernbestand gemeindlicher Aufgaben[49] zu zählen ist.

c) Regionalplanung als kondominale Aufgabe von Staat und Gemeinden

Die Regionalplanung bedarf — wie dargestellt wurde — auch in staatlicher Trägerschaft aus verfassungsrechtlichen Gründen (Art. 28 Abs. 2 GG) einer gemeindlichen Mitwirkung. Das kommunale Mitwirkungserfordernis führt jedoch nicht zwangsläufig zur Annahme einer gemeinschaftlichen Aufgabe von Staat und Gemeinden in Form eines Kondominiums[50]. Denn zwischen einer staatlichen Aufgabe unter verfassungsrechtlich garantierter gemeindlicher Beteiligung und der Annahme einer echten kondominalen Aufgabenverantwortung liegt zumindest ein gradueller Unterschied, der gelegentlich übersehen wird[51].

---

45 Das Gegenstromprinzip (Ausdruck nach *Umlauf*, Wesen der Landesplanung, S. 50) ist in § 1 Abs. 4 BROG ausdrücklich normiert; vgl. dazu *Bielenberg*, in: Ernst / Zinkahn / Bielenberg, BBauG, § 1 Rdnr. i; *Motyl*, Gemeinden in der Landesplanung, S. 67; *Zinkahn / Bielenberg*, BROG, § 1 Rdnr. 7.

46 *Stüer*, Verfassungsrechtliche Maßstäbe, S. 356, FN 1039, mit zahlreichen Nachweisen.

47 So insbesondere die Vertreter des sog. funktionalen Selbstverwaltungsverständnisses: vgl. *Pappermann / Roters / Vesper*, Maßstäbe für die Funktionalreform, S. 24; *Pappermann*, DöV 1975, S. 181 ff.; *Roters*, Kommunale Mitwirkung, S. 35 ff.; *Ernst / Suderow*, Zulässigkeit, S. 23.

48 Siehe dazu bereits FN 40; nicht ganz klar bei *Wahl* (Rechtsfragen der Landesplanung, Bd. I), der zwar einerseits eine Kernzone gemeindlicher Aufgaben (Art. 28 II S. 1 GG) für nicht bestimmbar hält (S. 135 f.), andererseits aber von der Existenz „eindeutig und voll örtlicher Angelegenheiten“ ausgeht (S. 138 u. 148, FN 50).

49 *Siedentopf* (Gemeindliche Selbstverwaltungsgarantie, S. 44) zählt zum essentiellen Kernbereich der gemeindlichen Selbstverwaltung die Personalhoheit, die Rechtsetzungs- und Organisationshoheit und die Planungshoheit.

50 Dieses Rechtsinstitut ist im wesentlichen geprägt worden von: *Köttgen*, Wesen und Rechtsform, in: HKWP, Bd. 1, S. 219 ff.; *Weber*, Kommunalaufsicht, in: Probleme der Kommunalaufsicht, S. 17 (27, 30 ff.); *Schmidt-Aßmann*, Grundfragen des Städtebaurechts, S. 129 ff.

51 So *Stüer* (Verfassungsrechtliche Maßstäbe, S. 356), der für die Begründung des kondominalen Aufgabencharakters der Regionalplanung diesen Unterschied nicht genügend deutlich macht.

Für staatliche Aufgaben, die aus Gründen der kommunalen Betroffenheit einer gemeindlichen Mitwirkung bedürfen, gibt es auch außerhalb der Regionalplanung zahlreiche Beispiele. Zu den sehr vielfältigen Typen kommunaler Beteiligung an staatlichen Planungen zählen u. a. die Mitwirkung der Gemeinden an den Vorhaben der Gebietsreform[52] und die kommunale Beteiligung an Festlegungen verschiedener Fachplanungsträger[53], wie sie z. B. in § 18 Abs. 2 S. 2 BFStrG, § 17 Abs. 2 BWaStrG und in § 10 Abs. 2 LuftVG zum Ausdruck kommt. Aber auch ohne entsprechende Beteiligungsvorschriften in einfachen Gesetzen ist heute weitgehend anerkannt, daß ein gemeindliches Beteiligungsrecht in Fällen kommunaler Betroffenheit aus Art. 28 Abs. 2 GG zu folgern ist[54].

In den obengenannten Fällen ist jedoch unbestritten, daß der staatliche Charakter des Entscheidungsprozesses durch eine gemeindliche Partizipation nicht geschmälert wird. Denn die Aufgabe entstammt nicht dem Rechtskreis des Beteiligungsberechtigten, sondern erwächst aus der alleinigen staatlichen Aufgabenverantwortung. Im Bereich der Raumordnung zeigt dies auch der § 5 Abs. 2 BROG, der für die Ebene der gesamträumlichen Landesplanung eine gemeindliche Beteiligung in Fällen der Betroffenheit postuliert, ohne daß an dem staatlichen Charakter der Landesplanung zu zweifeln wäre[55].

Während die kommunale Partizipation an staatlichen Aufgaben folglich primär unter dem Gesichtspunkt der Betroffenheit verfassungsrechtlich gewährleistet ist, bedarf es zur Begründung der kondominalen Aufgabe über die kommunale Betroffenheit hinaus der Bejahung einer Aufgabenstruktur, die eine gemeinsame Verantwortung von Staat und kommunaler Selbstverwaltung erkennen läßt[56]. Der kondo-

---

[52] Vgl. dazu *Hoppe / Rengeling*, Rechtsschutz, S. 149 ff.; *Stüer*, Verfassungsrechtliche Maßstäbe, S. 184 ff.

[53] Weitergehend dazu *Schmidt-Aßmann*, Fortentwicklung des Rechts, S. 44 f.

[54] So insbesondere das grundlegende Urteil BVerwG DVBl. 1969, S. 362 (363 f.) vom 14. 2. 1969; weitere Nachweise zur Rechtsprechung und Literatur bei *Blümel*, VVDStRL 36 (1978), S. 171 (245 f.) und *ders.*, DVBl. 1973, S. 436 (437).

[55] *Niemeier*, Entwicklungstendenzen, in: Raumplanung — Entwicklungsplanung, S. 1 (17); auch für NRW kann hier nichts anderes gelten trotz des weitergehenden Wortlautes in § 1 Abs. 3 LPlG, der die Landesplanung als eine „gemeindschaftliche Aufgabe von Staat und Selbstverwaltung" bezeichnet; dazu *Schmidt-Aßmann*, Fortentwicklung des Rechts, S. 47 und FN 206; a. A. allerdings *Blümel* (VVDStRL 36 [1978], S. 171 [260 f.]), der auch die hochstufige Landesplanung als Gemeinschaftsaufgabe von Staat und Gemeinden bezeichnet.

[56] Nachweise zur Begründung des Kondominiums vgl. FN 50; die Vorstellung vom Kondominium hat in der Folgezeit viele Befürworter gefunden, vgl. dazu vor allem (jeweils m. w. N.): *Salzwedel*, AfK 1962, S. 203 (205); *Wolff / Bachof*, VerwR II, § 77 II c 4 (S. 106 f.), § 86 IX b (S. 222); *Ernst / Sude-*

minale Bereich ist dadurch gekennzeichnet, daß sich hier Staat und Gemeinden mit eigenen Bestimmungsinteressen gegenübertreten, wobei die Aufgabe nach ihrer Natur sowohl der staatlichen wie auch der gemeindlichen Verantwortungssphäre angehört[57].

Die verwaltungswissenschaftliche Einordnung der Regionalplanung entweder als staatliche Aufgabe (mit gemeindlicher Partizipation) oder als staatlich-gemeindliche Angelegenheit in Form eines Kondominiums erfordert eine nähere Beschäftigung mit ihrer Struktur zwecks Unterscheidung der in ihr enthaltenen staatlichen und kommunalen „Verantwortungsanteile". Sieht man die Funktion der Regionalplanung nur darin, die staatlichen Vorgaben der hochstufigen Landesplanung[58] nach unten zu regionalisieren[59], so würde ein solches Verständnis keinen Raum lassen für eine kondominale Aufgabenbestimmung. In diesem Sinne wird zum Teil mit[60], teilweise auch ohne[61] nähere Begründung der staatliche Aufgabencharakter der Regionalplanung betont[62].

Eine solche Argumentation greift jedoch zu kurz, denn sie betrachtet die Gemeinden in dem Prozeß der Regionalplanung lediglich als Objekt einer staatlichen Planung. Sie bedeutet außerdem eine Unterschätzung des Entscheidungsanteils, der in jeder Konkretisierung allgemeiner Vorgaben steckt. Dagegen sprechen mehrere Anhaltspunkte für das gemeindliche Aufgabenelement in der Regionalplanung. So weist die geschichtliche Entwicklung der regionalen Raumplanung eindeutig auf deren kommunalen Ursprung, indem von „unten nach oben"[63] durch Formen der interkommunalen Zusammenarbeit[64] ortsübergreifende Räume erschlossen wurden. Dabei ist es naheliegend, daß derartige kommunale Aktivitäten „von unten" auf staatliche Raumplanungsvorgaben „von oben" stießen[65]. Die Regionalplanung in

---

row, Zulässigkeit, S. 30 f.; *Blümel*, VVDStRL 36 (1978), S. 171 (249); ablehnend *Ernst*, Verfassungsrechtliche Vorgaben, S. 218 ff.

57 *Siedentopf*, Gemeindliche Selbstverwaltungsgarantie, S. 15.

58 „Hochstufige Landesplanung" ist die auf der gesamträumlichen Ebene des Landes wahrgenommene Raumplanung, in diesem Sinne *Schmidt-Aßmann*, Fortentwicklung des Rechts, S. 46.

59 So *Bielenberg / Erbguth*, BROG, § 5 Rdnr. 54: „Regionalplanung dient der Konkretisierung grobmaschiger Zielvorstellungen auf Landesebene."

60 *Bielenberg / Erbguth*, BROG, § 5 Rdnr. 53; *Erbguth*, Probleme des Landesplanungsrechts, S. 39.

61 *Zinkahn / Bielenberg*, BROG, § 5 Rdnr. 9 d (S. 91); *Niemeier*, Das Recht der Raumordnung, S. 45; *Heigl*, WiVerw. 1976/2, S. 1 (15).

62 Einschließlich der verfassungsrechtlich gebotenen kommunalen Mitwirkung, vgl. *Bielenberg / Erbguth*, BROG, § 5 Rdnr. 59 ff.

63 *Schmidt-Aßmann*, Fortentwicklung des Rechts, S. 49.

64 *Götz*, Staat und Kommunalkörperschaften, in: Festschrift für W. Weber, S. 979 (984).

65 *Becker-Marx*, Regionalplanung, in: Verfassungs- und Verwaltungsprobleme, S. 54 (62): „Auf der regionalen Ebene vollzieht es sich, daß die Interessen von unten und von oben aufeinander zuwachsen ..."

Teilräumen des Landes liegt damit gerade im Schnittpunkt staatlicher und kommunaler Raumaktivitäten, also in einer Übergangszone zwischen der rein staatlichen Gestaltungsverantwortung für den Raum im Rahmen der hochstufigen Landesplanung und der ortsbezogenen gemeindlichen Bauleitplanung[66]. In diesem Sinne hat *Werner Weber* bereits 1964 den Standort der Regionalplanung umschrieben als „de facto eine Angelegenheit eines staatlich-kommunalen Kondominiums“[67].

Der gemeindliche Verantwortungsanteil[68] an der Regionalplanung läßt sich aber ebenso aus der Funktion der Regionalplanung selbst begründen. Denn unter raumplanerischen Aspekten hat die Regionalplanung zwei wesentliche Aufgaben zu erfüllen: sie soll die Planungsvorstellungen des Landes konkretisieren und an die Gemeinden weitergeben; sie soll aber ebenso die Raumvorstellungen der Gemeinden aufnehmen und im Ergebnis beide Gesichtspunkte zu einem eigenen regionalen Entwicklungskonzept verbinden[69]. Die gemeindliche Mitverantwortung erwächst dabei aus der räumlichen und inhaltlichen Nähe der Regionalplanung zur eigenen gemeindlichen Raumverantwortung. Denn der Regelungsgehalt der Regionalplanung beschränkt sich nicht mehr auf gemeindeübergreifende Raumdispositionen, sondern erschließt sich in räumlicher Nähe zur Bauleitplanung auch zunehmend den innergemeindlichen Bereich[70]. Die gemeindliche Planungshoheit läßt sich demnach nur dann wirksam entfalten, wenn die gemeindliche *Mit*verantwortung auch für die Regionalplanung anerkannt wird. Gemeindliche Gestaltungsverantwortung für den Raum ist dementsprechend nicht begrenzt auf den eigenen Raum, sondern sie umfaßt ebenso die Mitverantwortung für eine arbeitsteilige Zuweisung von Raumfunktionen der in der Region wirkenden Kommunen[71].

---

66 *Stüer*, Verfassungsrechtliche Maßstäbe, S. 356 m. w. N.

67 *Weber*, Kommunale Struktur, Gutachten 45. DJT, S. 56.

68 Kommunale Mitverantwortung bedeutet dabei mehr als nur die gemeindliche Betroffenheit, so auch *Schmidt-Aßmann*, AöR 101 (1976), S. 520 (537).

69 *Ritter*, Innere Kolonisation — Land und Gemeinde 1978, S. 130 (132).

70 Die Zulässigkeit innergemeindlicher Funktionszuweisungen durch die Regionalplanung wird bejaht von *Ernst / Suderow*, Zulässigkeit, S. 15 ff.; a. A. *Siedentopf*, Gemeindliche Selbstverantwortungsgarantie, S. 23 ff.

71 Im Ergebnis bejahen ebenfalls den kondominalen Aufgabencharakter der Regionalplanung: *Becker-Marx*, Regionalplanung, in: Verfassungs- und Verwaltungsprobleme, S. 54 (63); *Brentano*, Verfassungsrechtliche Probleme, S. 52 ff.; *Breuer*, Die Verwaltung 1978, S. 100 (103); *Evers*, Berichte zur Raumforschung und Raumplanung 1975, Heft 3, S. 3 (4); wohl auch *Götz*, Staat und Kommunalkörperschaften, in: Festschrift für W. Weber, S. 979 (991 ff.); *Hendler*, Gemeindliches Selbstverwaltungsrecht, S. 42; *Lange*, Organisation der Region, S. 156; *Schmidt-Aßmann*, Fortentwicklung des Rechts, S. 48 f.; *ders.*, Der Staat 1980, S. 108 (109); *ders.*, Grundfragen, S. 132; *ders.*, AöR 101 (1976), S. 520, 533 f.; *Stüer*, Verfassungsrechtliche Maßstäbe, S. 356 f.; *Wahl*, Rechtsfragen der Landesplanung, Bd. II, S. 184 ff.; *Weber*, Kommunale Strukturen, Gutachten 45. DJT, S. 56; *Schröder*, Die Verwaltung 1979, S. 1 (16); noch wei-

Ob die kondominale Aufgabe der Regionalplanung nun konstruktiv eine eigenständige Aufgabenkategorie in Form einer Gemeinschaftsaufgabe darstellt[72] oder ob sie nur die unterschiedlichen Verantwortungsanteile verdeutlichen hilft[73], bedarf in diesem Zusammenhang keiner abschließenden Klärung. Dies ist auch deswegen nicht notwendig, weil es sich hier um eine verwaltungswissenschaftliche und nicht um eine rechtsdogmatische Aufgabenqualifizierung handelt. Zumindest muß aber aus Gründen der Rechtsklarheit gewährleistet sein, daß im Rahmen dieser gemeinschaftlichen Aufgabe die jeweiligen Anteile von Staat und Gemeinden bei der Aufgabenerfüllung auseinandergehalten werden[74]. Als Ergebnis bleibt somit festzuhalten, daß die Regionalplanung staatliche und gemeindliche Aufgabenverantwortung in Form eines Kondominiums miteinander verbindet.

2. Das Verhältnis von Staat und Gemeinden in der Regionalplanung der Bundesländer

Maßstäbe für eine sachgerechte Beurteilung der unterschiedlichen Anteile von Gemeinden und Staat an der Regionalplanung müssen folgende Faktoren sein:

— die Ausgestaltung der Trägerschaft (kommunal oder staatlich)

— die Intensität der unterschiedlichen Mitwirkungsanteile (trägerschaftliche und/oder prozedurale Beteiligung am Verfahren)

— die rechtliche Ausgestaltung der Aufsicht über den Träger der Regionalplanung.

Eine rein staatliche Trägerschaft der Regionalplanung finden wir in *Schleswig-Holstein*[75]. Alle fünf regionalen Raumordnungspläne[76] werden hier von der Landesplanungsbehörde[77] aufgestellt. Im Aufstel-

---

tergehend *Blümel*, VVDStRL 36 (1978), S. 171 (260 f.), der auch die hochstufige Landesplanung als Gemeinschaftsaufgabe einstuft.

72 So *Blümel*, VVDStRL 36 (1978), S. 171, 249; *Stüer*, Verfassungsrechtliche Maßstäbe, S. 348 f.

73 In diesem Sinne eher zurückhaltend *Götz*, Staat und Kommunalkörperschaften, in: Festschrift für W. Weber, S. 979 (991).

74 So auch *Hendler*, Gemeindliches Selbstverwaltungsrecht, S. 42 f.; insgesamt ablehnend zum Institut des Kondominiums *Ernst* (Verfassungsrechtliche Vorgaben, S. 224 f.) mit dem Argument der Verletzung des Prinzips der eindeutigen Verantwortlichkeit.

75 Landesplanungsgesetz vom 13. 4. 1971 (GVOBl. S. 152) i. d. F. der Änderungsgesetze vom 13. 5. 1974 (GVOBl. S. 128) und vom 31. 3. 1976 (GVOBl. S. 112).

76 § 13 des Gesetzes über Grundsätze zur Entwicklung des Landes i. d. F. vom 11. 12. 1973 (GVOBl. S. 425) und § 3 Abs. 1 LPlG.

77 Das ist gem. § 8 Abs. 1 LPlG der Ministerpräsident.

lungsverfahren sind die Kreise und kreisfreien Städte zu beteiligen durch Einholung von Stellungnahmen[78], wobei die Kreise wiederum die Gemeinden ihres Gebietes zu beteiligen haben[79]. Die betont staatliche Ausrichtung der Regionalplanung in Schleswig-Holstein wird nicht wesentlich modifiziert durch die den Kreisen gesetzlich zugewiesene Kreisentwicklungsplanung[80]. Denn die Kreisentwicklungsplanung ist kein Instrument im Sinne einer verfeinerten Raumplanung, sondern als Maßnahmeplanung vielmehr ein Mittel zur Verwirklichung der Ziele der Raumordnung[81].

Im *Saarland* wird weder im alten Landesplanungsgesetz vom 24. Mai 1964 noch in der Neufassung des Landesplanungsgesetzes vom 17. Mai 1978 von Regionalplanung gesprochen[82]. Allerdings erlaubt § 4 Abs. 2 u. 3 LPlG 1978 die Aufstellung von Landesentwicklungsteilplänen. Ob diese Teilpläne als Regionalpläne anzusehen sind, ist zweifelhaft[83]. § 10 LPlG 1978 gestattet es, die Aufstellung dieser Landesentwicklungsteilpläne den Gemeindeverbänden als staatliche Aufgabe zu übertragen. Soweit eine solche Übertragung nicht erfolgt, werden auch die Teilpläne von der Landesplanungsbehörde erstellt. Damit ist im Saarland die Regionalplanung — soweit man sie überhaupt als Regionalplanung qualifiziert — weitgehend staatlich zentralisiert. Eine ausdrückliche Beteiligung der Gemeinden an der Aufstellung der Landesentwicklungspläne sieht §7 Abs. 3 LPlG 1978 vor, soweit diese Pläne für die gemeindliche Entwicklung von Bedeutung sind[84].

In *Nordrhein-Westfalen* wurde die Regionalplanung durch die Novelle zum Landesplanungsgesetz vom 3. 6. 1975 völlig neu geordnet[85]. Die Gebietsentwicklungsplanung, bisher wahrgenommen von den

---

[78] § 7 Abs. 1 LPlG.

[79] So § 7 Abs. 1 LPlG; Bedenken gegen die Beteiligung der Gemeinden über die Kreise bei *Erbguth*, Probleme des Landesplanungsrechts, S. 119; a. A. *Zinkahn / Bielenberg*, BROG, § 5 Rdnr. 8.

[80] §§ 11 - 13 LPlG.

[81] Gem. § 12 Abs. 2 Schl.-H. LPlG haben die Gemeinden bei ihren eigenen Planungen den Kreisentwicklungsplan zu beachten. Speziell zur Kreisentwicklungsplanung in Schleswig-Holstein vgl. *Breusing*, der Landkreis 1974, S. 461.

[82] § 2 Abs. 4 LPlG 1964 (ABl. S. 525) spricht von der Möglichkeit der Aufstellung von Raumordnungsteilplänen, § 4 Abs. 2 u. 3 LPlG 1978 von Landesentwicklungsplänen.

[83] Bejahend *Niemeier*, Raumordnungsrecht, S. 51; a. A. wohl *Pühl*, Organisation der Regionalplanung, S. 32.

[84] Zur Kritik an der Beschränkung des Beteiligungsrechts auf die Fälle der Betroffenheit vgl. *Erbguth*, Probleme des Landesplanungsrechts, S. 121 m. w. N.

[85] In NRW nicht Regionalplanung, sondern Gebietsentwicklungsplanung genannt; § 14 ff. LPlG NRW vom 3. 6. 1975 (GV S. 450) mit Änderung vom 7. 6. 1976 (GV S. 416) und vom 28. 11. 1979 (GV S. 878); zur letzten Novellierung

Landesplanungsgemeinschaften Rheinland, Westfalen und dem Siedlungsverband Ruhrkohlenbezirk[86], wird seit dem 1. 1. 1976 auf der Ebene der Regierungsbezirke von der staatlichen Bezirksplanungsbehörde, einer Abteilung des Regierungspräsidenten[87] und dem neugebildeten Bezirksplanungsrat wahrgenommen, dessen Mitglieder durch die Vertretungen der kreisfreien Städte und Kreise gewählt werden[88]. In den Bezirksplanungsrat gewählt werden können gem. § 5 Abs. 4 LPlG nur Mitglieder der Vertretungen der Gemeinden.

Der mit kommunalen Vertretern besetzte Bezirksplanungsrat trifft nur den formellen Eröffnungs- und den abschließenden Aufstellungsbeschluß. Im übrigen wird die Planerstellung durchgeführt von der staatlichen Bezirksplanungsbehörde[89]. Bei der Erarbeitung des Gebietsentwicklungsplanes sind die Gemeinden nach Erstellung des ersten Planentwurfs unmittelbar zu beteiligen[90]. Sie können Bedenken und Anregungen gegen den Planentwurf vorbringen, die bei Nichtberücksichtigung in einem ergänzenden Bericht offenzulegen sind[91]. Der staatlichen Aufsichtsbehörde (Landesplanungsbehörde) stehen für das Aufstellungsverfahren verschiedene Eingriffsrechte zu, wie die Entscheidung von Meinungsverschiedenheiten zwischen den Bezirksplanungsräten[92] oder die Durchsetzung der regionalen Planungspflicht gegenüber dem Bezirksplanungsrat[93]. Ferner bedarf der Gebietsentwicklungsplan der Genehmigung der Landesplanungsbehörde[94]. Das Gesetz bestimmt dabei nicht die Genehmigungsversagungsgründe und läßt damit offen, ob über die Rechtmäßigkeitsprüfung hinaus auch aus Gesichtspunkten der Zweckmäßigkeit die Genehmigung versagt werden kann[95].

Träger der Regionalplanung sind in *Bayern*[96] regionale Planungsverbände entsprechend der 1. Alternative des § 5 Abs. 3 S. 2 BROG. Mitglieder des Planungsverbandes sind sowohl die Landkreise wie auch alle in der Region gelegenen Gemeinden[97]. Mangels eines eigenen Ver-

---

des Landesplanungsgesetzes vom 28. 11. 1979 vgl. *Dahlke*, Verwaltungsrundschau 1980, S. 145.

86 Dazu *Götz*, Staat und Kommunalkörperschaften, in: Festschrift für W. Weber, S. 979 (989 f.).

87 § 3 LPlG NRW.

88 § 5 Abs. 1 LPlG NRW.

89 § 7 LPlG NRW.

90 § 15 Abs. 1 LPlG NRW.

91 § 15 Abs. 2 u. 3 LPlG NRW.

92 § 2 Ziff. 4 LPlG.

93 § 17 Abs. 1 LPlG.

94 § 14 Abs. 3, § 17 Abs. 2 LPlG NRW.

95 *Niemeier / Dahlke / Lowinski*, Landesplanung in NRW, § 14 Anm. 14.

96 Bayerisches Landesplanungsgesetz vom 6. 2. 1970 (GVBl. S. 9).

waltungsapparates bedienen sich die kommunalen Planungsträger zur Ausarbeitung und Änderung der Regionalpläne der bei den Landesplanungsbehörden eingerichteten Bezirksplanungsstellen[98]. Zusätzlich zur trägerschaftlichen Beteiligung der Gemeinden sieht Art. 8 Abs. 5 S. 2 BayLPlG eine Beteiligung der Gemeinden im Planaufstellungsverfahren vor[99]. Diese formal-institutionelle Beteiligung der Gemeinden kann nicht darüber hinwegtäuschen, daß ansonsten die staatliche Dominanz in der Regionalplanung stark ausgeprägt ist[100]. So bestimmt Art. 1 LPlG, daß die Landesplanung — wozu auch die Regionalplanung zählt — „Aufgabe des Staates" ist. Dementsprechend sind auch die Möglichkeiten der staatlichen Einflußnahme dem Wesen einer staatlichen Aufgabe angepaßt, indem die Regionalplanung eine Angelegenheit des übertragenen Wirkungskreises darstellt[101] und die Regionalpläne nur durch die oberste Landesbehörde in Kraft gesetzt werden können[102].

Auch der von der bayerischen Landesregierung jüngst vorgelegte „Entwurf eines Gesetzes zur Änderung des Landesplanungsgesetzes" vom 22. 1. 1981[103] vollzieht keine wesentliche Änderung hinsichtlich der rechtlichen Einordnung der Regionalplanung als eine rein staatliche Aufgabe[104]. Zwar werden die instrumentellen Handlungsmöglichkeiten der regionalen Planungsverbände geringfügig erweitert — so sieht der Entwurf z. B. im Art. 18 Abs. 1 LPlG vor, daß die regionalen Planungsverbände berechtigt sind, auch außerhalb der staatlichen Planungsstellen gutachtliche Aufträge zu vergeben — jedoch steht ein solches Vorgehen ausdrücklich unter dem gesetzlichen Vorbehalt der Zustimmung durch die oberste Landesplanungsbehörde[105]. Auch andere Neuerungen,

---

[97] Art. 6 BayLPlG.

[98] Art. 5 Abs. 2 BayLPlG.

[99] Beschränkt die Beteiligungspflicht aber auf die Fälle, in denen eine Anpassungspflicht begründet wird. Die Art der Beteiligung wird allerdings nicht näher konkretisiert.

[100] *Götz*, Staat und Kommunalkörperschaften, in: Festschrift für W. Weber, S. 979 (987): „... Bayerns etatistisches Konzept der Regionalplanung ..."; *Scheuner*, Regionalverbände, in: Die Verwaltungsregion, S. 11 (18); *Wahl*, Rechtsfragen der Landesplanung, Bd. I, S. 237.

[101] Art. 6 Abs. 2 BayLPlG; vgl. auch Art. 9 BayLPlG.

[102] Art. 18 Abs. 6 i. V. m. Art. 16 Abs. 4 LPlG.

[103] Landtags-Drucksache 9/7160.

[104] Die Regionalplanung bleibt weiterhin eine Angelegenheit des übertragenen Wirkungskreises und auch das Erfordernis einer Verbindlichkeitserklärung der Regionalpläne durch die oberste Landesplanungsbehörde wird unverändert übernommen. Vgl. dazu ebenfalls die Begründung zum Gesetzentwurf, Landtags-Drucksache 9/7160, S. 13.

[105] Vgl. Art. 18 Abs. 1 E-LPlG. Als Prüfungsmaßstab für die Erteilung der Zustimmung zur Auftragsvergabe geht der Gesetzentwurf dabei von einer uneingeschränkten Zweckmäßigkeitsüberprüfung durch die oberste Landesplanungsbehörde aus, vgl. Landtags-Drucksache 9/7160, S. 13.

die der Gesetzentwurf vorsieht, wie z. B. die Umbenennung der „Bezirksplanungsstelle“ in „Regionalplanungsstelle“[106], ändern wenig an dem Verhältnis Staat — Kommunen in der Regionalplanung, sondern beschränken sich auf die Modifizierung der innerverbandlichen Entscheidungsstrukturen der regionalen Planungsverbände[107] und auf eine verfahrensmäßige Straffung des Planaufstellungsverfahrens[108].

Rheinland-Pfalz[109] überträgt die Regionalplanung ebenfalls regionalen Planungsgemeinschaften, zu deren Mitgliedern die Landkreise und kreisfreien Städte zählen[110], nicht aber die kreisangehörigen Gemeinden[111]. Die Verwaltungsaufgaben der Planungsgemeinschaften (Ausarbeitung, Änderung und ständige Überprüfung der Regionalpläne) werden den bei den Regierungen eingerichteten staatlichen Bezirksplanungsstellen zugewiesen[112].

Die Rechtsnatur der Aufgabenwahrnehmung wird gesetzlich als „Pflichtaufgabe der kommunalen Selbstverwaltung“[113] qualifiziert, wodurch eine stärkere Eigenständigkeit des kommunalen Planungsträgers betont wird. Trotzdem steht der staatlichen Aufsicht gem. § 13 Abs. 3 Satz 2 LPlG das Recht der Versagung der Genehmigung des Regionalplanes aus Zweckmäßigkeitsgründen zu. Ob dies bereits als eine fachaufsichtliche Befugnis zu qualifizieren ist[114] oder ob eine solche Zweckmäßigkeitsprüfung noch als Rechtsaufsicht einzuordnen ist[115], wird unterschiedlich beurteilt.

Zumindest dürfte aber angesichts des genannten Aufgabencharakters unstreitig sein, daß der Planträger in der Phase der Planaufstellung keinem uneingeschränkten staatlichen Weisungsrecht unterliegt. Dieses

---

106 Abs. 5 Abs. 2 E-LPlG, Landtags-Drucksache 9/7160, auch die Regionalplanungsstellen bleiben wie bisher hinsichtlich der Personal- und Sachausstattung den „Regierungen“ (Bezirken) zugeordnet.

107 So soll als Ziel die Stellung der kreisangehörigen Gemeinden bei der Willensbildung der Verbandsorgane gestärkt werden, vgl. Landtags-Drucksache 9/7160, S. 7.

108 Zu den Einzelheiten (wie z. B. die Abschaffung der Bezirksplanungsbeiräte) vgl. Landtags-Drucksache 9/7160.

109 Landesgesetz über Raumordnung und Landesplanung (Landesplanungsgesetz) i. d. F. vom 8. 2. 1977 (GVBl. S. 6).

110 § 15 I LPlG.

111 Große kreisangehörige Städte können gem. § 15 Abs. 3 LPlG auf Antrag als Mitglieder in die Planungsgemeinschaft aufgenommen werden.

112 Gem. § 15 Abs. 2 LPlG wird bei den oberen Landesplanungsbehörden (gem. § 5 die Bezirksregierung) ein leitender Planer für die Regionalplanung bestellt.

113 § 15 Abs. 2 Satz 1 LPlG.

114 *Wahl*, Rechtsfragen der Landesplanung, Bd. I, S. 237 FN 7; *Götz*, Staat und Kommunalkörperschaften, in: Festschrift für W. Weber, S. 979 (990).

115 So mit ausführlicher Begründung *Knecht*, Landesplanungsrecht Rheinland-Pfalz, S. 107 f.

wird faktisch jedoch dadurch entbehrlich, daß die Planerstellung ohnehin durch die staatlichen Bezirksplanungsbehörden erfolgt[116].

Die gemeindliche Beteiligung bei Aufstellung der regionalen Raumordnungspläne beinhaltet das Recht, *vor* Aufstellung des Regionalplanes die gemeindlichen Planungsvorstellungen dem Planträger mitzuteilen und *nach* Fertigstellung des Planentwurfs dazu Stellung zu nehmen[117]. Zusätzlich ist bei Abweichung des Regionalplanes von einer gemeindlichen Stellungnahme diese Tatsache im Regionalplan selbst begründungspflichtig[117].

Träger der Regionalplanung sind in *Hessen*[118] ebenfalls regionale Planungsgemeinschaften mit den kreisfreien Städten und Landkreisen als Mitgliedern[119]. Die Planungsgemeinschaften verfügen allerdings über eigenes Personal und können somit die Planerstellung von eigenen Planungsstellen vornehmen lassen[120]. Sie unterliegen einer weitgehenden staatlichen Fachaufsicht, da die Regionalplanung gem. § 4 HessLPlG als Aufgabe zur Erfüllung nach Weisung eingeordnet wird. Die Beteiligung der Gemeinden im Aufstellungsverfahren beschränkt sich auf ein verfahrensmäßig nicht näher ausgestaltetes Anhörungsrecht[121].

Baden-Württemberg[122] hat mit dem Regionalverbandsgesetz vom 26. 7. 1971[123] elf Regionalverbände als eigenständige Körperschaften des öffentlichen Rechts[124] geschaffen. Die Regionalverbände haben eigenes Personal und eigene Planungsstellen. Die Mitglieder der Verbandsversammlung, des Hauptorgans des Regionalverbandes, werden von den Kreisverordneten und den Gemeinderäten gewählt[125]. Gemäß § 30 Abs. 1 LPlG sind u. a. die Gemeinden bei der Ausarbeitung der Regionalpläne zu beteiligen. Wie aus § 30 Abs. 3 S. 1 LPlG deutlich wird,

---

116 § 15 Abs. 2 LPlG.

117 § 13 Abs. 2 LPlG vom 8. 2. 1977. Das Beteiligungsrecht der Gemeinden war bis Ende 1976 gem. § 13 LPlG vom 16. 6. 1966 (GVBl. S. 177) schwächer ausgestaltet. Danach gab es nur das Recht der Gemeinden, vor Aufstellung der Pläne ihre Planvorstellungen der Planbehörde mitzuteilen.

118 Hessisches Landesplanungsgesetz (HessLPlG) vom 4. 7. 1962 (GVBl. I S. 311) i. d. F. vom 1. 6. 1970 (GVBl. I S. 360) mit Änderung vom 28. 1. 1975 (GVBl. I S. 19) und vom 24. 6. 1978 (GVBl. I S. 396).

119 § 4 Abs. 1 HessLPlG.

120 Vgl. *Pühl*, Organisation der Regionalplanung, S. 29; zu den Bestrebungen zur „Verstaatlichung" der Regionalplanung in Hessen (Zuordnung der Regionalplanung zur staatlichen Mittelinstanz) vgl. *Borchmann / Riffel*, der Landkreis 1980, S. 631 (635).

121 § 5 HessLPlG.

122 Landesplanungsgesetz vom 25. 7. 1972 (GesBl. S. 461) mit Änderung vom 6. 5. 1975 (GesBl. S. 257).

123 GesBl. S. 336, vgl. § 7 LPlG.

124 Entgegen der Normierung im § 8 LPlG hält *Erbguth* (Probleme des Landesplanungsrechts, S. 116) die Regionalverbände nicht für Körperschaften.

125 § 12 Abs. 2 LPlG.

besteht diese Beteiligung in einem Anhörungsrecht erst nach Abschluß des Planentwurfs. Der staatlichen Aufsichtsbehörde stehen sowohl in der Aufstellungsphase des Planes[126] wie auch bei seiner späteren Genehmigung[127] erhebliche über die Rechtsaufsicht hinausgehende Einwirkungsmöglichkeiten zu.

In *Niedersachsen* wurde bis 1977 die staatliche Regionalplanung von den Regierungspräsidenten durchgeführt[128]. Mit dem Achten Gesetz zur Verwaltungs- und Gebietsreform vom 28. 6. 1977[129] ist die Regionalplanung nunmehr den Landkreisen und kreisfreien Städten als Aufgabe des eigenen Wirkungskreises[130] zugewiesen worden. Der Staat will sich danach lediglich auf eine Rechtsaufsicht beschränken[131] und somit eine „Vollkommunalisierung"[132] der Regionalplanung garantieren. Die Gemeinden sind gem. § 8 Abs. 3 NROG im Rahmen der Planaufstellung in der Weise zu beteiligen, daß ihnen der Entwurf des Regionalen Raumordnungsprogramms zur Stellungnahme zugeleitet wird und Anregungen und Bedenken mit den Gemeinden zu erörtern sind.

Vergleicht man die Regelungen der Bundesländer zum staatlich-gemeindlichen Zusammenwirken in der Regionalplanung, so ermöglicht dies folgende Schlußfolgerungen:

— Die Regionalplanung ist, soweit sie in kommunaler Trägerschaft wahrgenommen wird, fast durchgehend gekennzeichnet von einer deutlichen Diskrepanz zwischen ihrer kommunalen Organisation einerseits und der starken inhaltlichen Determination durch den Staat andererseits[133]. Die intensive staatliche Beeinflussung wird rechtlich bewirkt durch weitreichende staatliche Aufsichts-[134] und Mitwirkungsrechte (Inkraftsetzen, Genehmigungsvorbehalt). Hinzu kommt, daß der Staat in einigen Fällen faktisch Einfluß nimmt durch seine Herrschaft über das Planverfahren, indem die Bezirksplanungsbehörde im Wege der Verwaltungshilfe die Planerstellung vornimmt. Die materielle Tragweite einer solchen technischen Hilfeleistung wird vielfach unterschätzt. Denn die entscheidenden inhalt-

---

126 § 28 Abs. 1 Satz 2 LPlG.

127 § 31 Abs. 1 LPlG.

128 Zur Entwicklung des Rechts der Regionalplanung in Niedersachsen bis 1977 vgl. Kap. A.

129 GVBl. S. 233.

130 § 7 NROG i. d. F. vom 2. 1. 1978 (GVBl. S. 1).

131 So ausdrücklich Ziff. 2.10. im RdErl. d. MI vom 26. 6. 1978 (Nds. MBl. 1978, S. 922, 927).

132 „Vollkommunalisierung" bezeichnet die Regionalplanung durch kommunale Träger mit Beschränkung des Staates auf die Rechtsaufsicht, vgl. dazu *Schmidt-Aßmann*, Fortentwicklung des Rechts, S. 50, FN 240 m. w. N.

133 *Wahl*, Rechtsfragen der Landesplanung, Bd. I, S. 235.

134 *Klüber*, Gemeinden im Verfassungsrecht, S. 115.

lichen Einflußmöglichkeiten auf den Plan werden weit mehr durch die Herrschaft über das Planverfahren ermöglicht als durch einen punktuellen Beschluß über den Plan[135].

— Der Aufgabencharakter der Regionalplanung wird in den Fällen mit kommunaler Trägerschaft überwiegend als Angelegenheit des übertragenen Wirkungskreises mit staatlichem Weisungsrecht qualifiziert. Lediglich in Rheinland-Pfalz und Niedersachsen gilt die Regionalplanung als „Aufgabe der kommunalen Selbstverwaltung"[136] bzw. als Angelegenheit des „eigenen Wirkungskreises"[137].

— Die Mitwirkung der Gemeinden im Planaufstellungsverfahren geht in keinem Bundesland über eine qualifizierte Anhörung hinaus[138]. Eine weitgehende institutionalisierte Beteiligung der Gemeinden an der Trägerschaft der Regionalplanung finden wir nur in Bayern[139] und in Nordrhein-Westfalen[140].

Die genannten Faktoren lassen in allen Bundesländern — mit Ausnahme Niedersachsens — einen relativ starken staatlichen Einfluß auf die Regionalplanung erkennen. Diese starke inhaltliche Einbindung der Regionalplanung zeigt sich zum einen in beträchtlich über die Rechtsaufsicht hinausgehenden Genehmigungsvorbehalten und in der weitgehenden Weisungsbefugnis gegenüber den regionalen Planungsträgern. Als weitere Möglichkeit der inhaltlichen Bindung der regionalen Planung wird zunehmend die Aussagedichte der hochstufigen Landesplanung erhöht, in dem darin auch umfassende und detaillierte Ziele für die einzelnen Regionen vorgegeben werden[141].

---

135 *Brohm*, VVDStRL Bd. 30 (1972), S. 245 (289 f.); ebenso *Schmidt-Aßmann*, DVBl. 1975, S. 4 (10).

136 § 15 Abs. 2 S. 1 LPlG Rhld.-Pf.; in Rhld.-Pf. besteht allerdings ein über die Rechtsaufsicht hinausgehendes Aufsichtsrecht, vgl. dazu Ausführungen zu B. I. 2.

137 § 7 NROG i. d. F. vom 2. 1. 1978 (GVBl. S. 1).

138 Qualifizierte Form der Anhörung z. B. durch Begründungszwang bei Abweichung des Regionalplanes von gemeindlichen Vorstellungen, so z. B. § 13 Abs. 2 LPlG Rhld.-Pf.

139 Alle Gemeinden sind neben den Landkreisen Mitglieder des Planungsverbandes, vgl. Art. 6 BayLPlG.

140 In den Bezirksplanungsrat in NRW können gem. § 5 Abs. 4 LPlG nur Mitglieder der Vertretungen der Gemeinden gewählt werden. In Baden-Württemberg gilt diese gemeindefreundliche Einschränkung nicht (vgl. § 12 Abs. 5 LPlG). In Rheinland-Pfalz und in Hessen gilt die trägerschaftliche gemeindliche Mitwirkung nur für die kreisfreien Städte (vgl. § 15 Abs. 1 LPlG Rhld.-Pf. und § 4 Abs. 1 HessLPlG).

141 *Wahl*, Rechtsfragen der Landesplanung, Bd. I, S. 237.

II. Merkmale zur Bestimmung der Größe des regionalen Planungsraumes

Die Größe und die Art der Abgrenzung der Planungsräume werden im Fachschrifttum als wesentliche Faktoren für Erfolg und Wirksamkeit der Regionalplanung angesehen[142]. Die Regionalabgrenzung ist somit nicht nur eine rein technische Frage. Die Art der Grenzziehung kann die späteren Planinhalte erheblich determinieren und ist folglich von beträchtlicher raumordnungspolitischer Bedeutung. Die Auffassung, die Diskussion über die Abgrenzung von Planungsregionen sei „fruchtlos" und „wenig lohnend"[143], berücksichtigt zu wenig die Interdependenz von Entscheidungen über Organisationsstrukturen einerseits und den Ergebnissen der Willensbildung innerhalb der Organisation andererseits.

Tatsächlich ist eine unter wissenschaftlichen Aspekten befriedigende Regionenabgrenzung eine der schwierigsten Aufgaben praktischer Raumordnungspolitik. Die Schwierigkeiten beginnen bereits bei den vielfältigen Versuchen einer Definition der Region[144]. Bezeichnet man die Region sehr allgemein als „eine irgendwie abgegrenzte Raumeinheit"[145] oder konkreter als einen „geographisch bestimmbaren Raum mittlerer Größenordnung, der als zusammengehörig anzusehen ist"[146], so ist ein solcher Begriffsinhalt für Wissenschaft und Praxis noch nicht ausreichend operational. Auf der gleichen Ebene sind Versuche anzusiedeln, eine nach allgemeingültigen Kriterien abgegrenzte Raumeinheit („die wahre Region") zu ermitteln, wie sie von *Isard* vorgenommen worden sind[147]. *Isard* ist der Ansicht, daß es möglich sei, Raumeinheiten abzugrenzen, die Gegenstand einheitlicher wissenschaftlicher Forschung und regionaler Planung sein könnten. Er glaubt, die allgemeinen Probleme gesellschaftlichen Wohlstands und Wachstums mit einer allgemeinen Theorie der Gesellschaft erfassen zu können, auf deren Grundlage die beste „wahre" Regionaleinteilung möglich sei.

Eine solche Möglichkeit der Bildung natürlicher oder wahrer Regionen wird heute zu Recht überwiegend verneint[148]. Denn die Vielfalt

---

142 *Petersen*, Regionale Planungsgemeinschaften, S. 56.

143 So *Niemeier / Dahlke / Lowinski*, Landesplanungsrecht NRW, Anm. 1.734.

144 *Heiland*, Informationen des Instituts für Raumordnung 1968, S. 657; *Knecht*, Landesplanungsrecht Rheinland-Pfalz, S. 84 m. w. N.; eine Zusammenstellung verschiedener Definitionen der Region bei *Boustedt*, Raumstrukturen, S. 83 f.

145 *Meinke*, Raumforschung und Raumordnung 1970, S. 1.

146 *Lange*, Stichwort „Regionen", in: HWB der Raumforschung und Raumordnung, Sp. 2705.

147 *Isard*, Regional Science, S. 20.

148 *Brede / Ossorio*, Abgrenzung der Region, S. 3 ff. m. w. N.; *Landwehr*, Gliederung des Raumes, S. I; *Thelen*, Jahrbuch für SozW 1972, S. 227 (237).

und Komplexität der geographischen und sozio-ökonomischen Erscheinungen kann nicht in ein einziges räumliches Konzept integriert werden. Vielmehr sind Auswahl und Abgrenzung der Region abhängig von der beabsichtigten jeweiligen Fragestellung[149]. Generell gibt es so viele verschiedene Regionen wie Kriterien zur Abgrenzung zur Verfügung stehen[150]. Vorrangig die Auswahl der Abgrenzungskriterien bestimmt somit den Zuschnitt der zu bildenden Planungsräume.

In der Literatur hat sich noch keine allgemeingültige Typisierung der Abgrenzungskriterien für die „Region" durchgesetzt. Es mangelt insbesondere an einer speziell für die Zwecke der Regionalplanung entwickelten Abgrenzung von Raumeinheiten. Aus der Vielfalt der im Schrifttum angebotenen Regionstypen[151] lassen sich aber drei Gruppen herausbilden, die für die Regionalplanung zum Zwecke einer näheren Untersuchung herangezogen werden können. Es handelt sich dabei um die homogene[152], die funktionale[152] und die Verwaltungsregion[153].

Die für die Regionsabgrenzung relevanten Abgrenzungskriterien lassen sich diesen Grundtypen wie folgt zuordnen:

Regionstyp:	*Abgrenzungskriterium:*
homogene Region	gleiche Strukturmerkmale
funktionale Region	Verflechtungsmerkmal
Verwaltungsregion	administratives Merkmal

Alle drei Regionstypen finden in der Planungspraxis der einzelnen Bundesländer ihren Niederschlag[154]. Diese Offenheit bei der Regionsabgrenzung findet ihre rechtliche Grundlage in § 5 Abs. 3 BROG, der den Ländern für Teilräume des Landes die Regionalplanung eröffnet, ohne zu konkretisieren, nach welchen Merkmalen die Teilräume abzugrenzen sind.

Die Eignung der genannten Regionstypen für die Regionalplanung ist daher im folgenden zu untersuchen.

---

149 *Brede / Ossorio* (S. 5) machen darauf aufmerksam; daß *G. Fürst* schon 1930 Auswahl und Abgrenzung der Regionen von der jeweiligen Fragestellung abhängig gemacht hat, vgl. *Fürst*, Allg. Statistisches Archiv, 1930, S. 484 (498).

150 *Boustedt / Ranz*, Regionale Struktur- und Wirtschaftsforschung, S. 33.

151 Überblick bei *Brede / Ossorio*, Abgrenzung der Region, S. 17 m. w. N.

152 *Brede / Ossorio*, S. 18.

153 *Landwehr*, Gliederung des Raumes, S. 67; *Menges*, Allg. Statistisches Archiv 1962, S. 1 ff.; *Müller*, Regionalplanung — Standort, in: Regionalplanung, S. 9 (10).

154 a. A. wohl *Pühl* (Organisation der Regionalplanung, S. 46), der für die Planungspraxis von einer ausschließlichen Berücksichtigung der funktionalen Raumordnungseinheit ausgeht.

1. Abgrenzung der Region nach dem von Verwaltungsgrenzen unabhängigen Homogenitäts- und Funktionalitätsprinzip

a) Das Homogenitätsprinzip

Diese Regions-Theorie stellt als Abgrenzungsmerkmal auf das Kriterium der „Homogenität" ab. Eine homogene Region ist dadurch gekennzeichnet, daß sie in bezug auf ein oder mehrere Merkmale gleichartig strukturiert ist[155]. Bei Anwendung des Homogenitätsprinzips werden tendenziell strukturgleiche Räume mit übereinstimmenden Entwicklungstrends zu Planungsräumen zusammengefaßt[156]. Als Kriterium zur Abgrenzung homogener Regionen können physiographische (geologische Formationen, Klima, Vegetation), kulturgeographische (historische Aspekte, Religionszugehörigkeit, Sprache usw.) oder auch wirtschaftsgeographische Merkmale herangezogen werden. Bei Berücksichtigung mehrerer dieser Merkmale ergeben sich entsprechend unterschiedlich geschnittene Planungsräume. Die Typisierungsversuche der amtlichen Statistik sind ein Beispiel für die Bildung homogener Raumeinheiten nach einzelnen Merkmalen, wie sie u. a. mit den Begriffen „städtisch", „ländlich", „industriell" und „agrarisch" dargestellt werden[157]. Auch die Regionalplanung selbst berücksichtigt für ihre Zwecke der Raumtypisierung Merkmale, die sich aus dem Homogenitätsprinzip ergeben. Die Unterscheidung von Ordnungs- und Entwicklungsräumen ist ein Beispiel dafür[158].

Methodisch wirft eine am Kriterium der „Homogenität" orientierte Raumgliederung eine ganze Reihe von Problemen auf. Dazu zählt zunächst eine den Zwecken der Regionalplanung angepaßte Auswahl der Abgrenzungsmerkmale[159]. Die Notwendigkeit einer Mehrzahl von Abgrenzungsmerkmalen ergibt sich aus der Aufgabenstellung der Regionalplanung, die als räumliche *Gesamt*planung für die raumbeeinflussenden Aktivitäten ein Koordinationsinstrument darstellt. Diese Funktion der Regionalplanung verbietet die Heranziehung nur eines Abgrenzungsmerkmals, wie dies bei der Abgrenzung von Fachplanungsräumen denkbar wäre[160].

---

155 *Landwehr,* Gliederung des Raumes, S. 59, bezeichnet die homogene Region als „Strukturregion".

156 *Boustedt / Ranz,* Regionale Struktur- und Wirtschaftsforschung, S. 47 ff.; *Lange,* Stichwort „Regionen", in: HWB der Raumforschung und Raumordnung, Sp. 2706; *Lauschmann,* Grundlagen der Regionalpolitik, S. 16.

157 *Brede / Ossorio,* Abgrenzung der Region, S. 26; ein sozioökonomischer Strukturvergleich der nds. Landkreise nach dem Homogenitätsprinzip findet sich bei *Rohmeier,* in: Archiv für Nds. 1977, S. 192 ff.

158 Zum Unterschied von Ordnungs- und Entwicklungsraum vgl. *Lange,* Organisation der Region, S. 23 u. 27.

159 *Landwehr,* Gliederung des Raumes, S. 40.

160 *Hottes,* Planungsräume, in: Theorie und Praxis, S. 1 (5).

Neben der somit relevanten Frage, welche Abgrenzungsmerkmale für die homogene Regionsbildung herangezogen werden sollen, müssen des weiteren die einzelnen Merkmale entsprechend ihrer Bedeutung gewichtet werden. Erst mit Hilfe der selektierten und bewerteten Merkmale lassen sich dann Schwellenwerte[161] bilden, die als Grenzwerte Determinanten für die Regionsabgrenzung liefern. In den Planungswissenschaften werden für diese drei Phasen des Planungsprozesses — Selektion, Bewertung und Schwellenwertbildung — verschiedene methodische Instrumente angeboten[162]. Ihr instrumentell-formaler Charakter bietet aber keine Lösung für den eigentlichen Bewertungsvorgang, der bei der Auswahl und Gewichtung der Abgrenzungsmerkmale zu leisten ist[163]. Eine aus der Funktion der Regionalplanung abgeleitete und allgemein anerkannte Praxis für diesen Bewertungsvorgang ist nicht ersichtlich[164]. Sie würde zudem eine — tatsächlich nicht vorhandene[165] — Übereinstimmung hinsichtlich der Ziele der Regionalplanung voraussetzen, wobei die Ziele ihrerseits wieder ausreichend operational sein müßten.

b) Das Funktionalitätsprinzip

Für die Regionalabgrenzung kann außerdem das Funktionalitätsprinzip herangezogen werden. Strukturprinzip der sog. funktionalen Region ist nicht die Gleichförmigkeit bestimmter Merkmale, sondern die Intensität der Beziehungen zwischen den einzelnen räumlichen Einheiten innerhalb des zur Region zusammengefaßten Raumes[166]. Funktionale Regionen werden abgegrenzt nach dem Verflechtungsmerkmal. Dies bedeutet, daß die einzelnen räumlichen Einheiten innerhalb der Region im Hinblick auf bestimmte Merkmale besonders enge Beziehungen zueinander haben. Funktionale Raumeinheiten erfassen somit räumliche Wirkungszusammenhänge[167], indem sie räumliche Abhängigkeitsverhältnisse darstellen.

---

161 Zur Schwellenwertmethode und weiteren Abgrenzungstechniken vgl. *Frank*, Der Umlandkreis, S. 121 ff.; ebenso *Lauschmann*, Theorie der Regionalpolitik, S. 16 ff.

162 *Landwehr*, Regionalanalyse, S. 107 ff.; vgl. auch *Meinke*, Raumforschung und Raumordnung, S. 1 ff.

163 Zur Gewichtung der Merkmale siehe *Lauschmann*, Theorie der Regionalpolitik, S. 15.

164 Vertiefend zu diesem Problem *Brede / Ossorio*, Abgrenzung der Region, S. 22.

165 Siehe z. B. die Kritik am Ziel der „Schaffung gleichwertiger Lebensverhältnisse" als Leitprinzip der Raumordnung, vgl. Ausführungen zu B. FN 3.

166 *Brede / Ossorio*, Abgrenzung der Region, S. 59; *Lange*, Stichwort „Regionen", in: HWB der Raumforschung und Raumordnung, Sp. 2706.

167 *Landwehr*, Gliederung des Raumes, S. 61; vgl. auch *Boustedt / Ranz*, Regionale Struktur- und Wirtschaftsforschung, S. 78 ff.

Als Abgrenzungskriterien kommen bei der funktionalen Region verschiedene Merkmale in Betracht, wie etwa die Verkehrsverflechtung[168], die Pendlerbeziehungen[169] oder die Versorgung mit zentralen Einrichtungen[168].

Auch hier gilt ebenso wie bei der homogenen Region die Feststellung, daß die Erfassung *aller* Beziehungen zwischen den einzelnen Raumeinheiten (Allzweckregionen[170]) theoretisch zwar denkbar, praktisch aber nicht lösbar ist[171].

Eine Kombination der wichtigsten funktionalen Bezugsmerkmale stellt das von *Christaller* begründete System der zentralen Orte dar[172], das in seiner praktischen Anwendung inzwischen wesentlich verfeinert wurde[173] und eine wesentliche Entscheidungshilfe bietet für die Zuordnung zentralörtlicher Funktionen in der Landesplanung[174].

Dabei darf jedoch nicht übersehen werden, daß die zentralörtliche Bestimmung von Orten noch keinen unmittelbaren Schluß zuläßt auf die Regionsgrenzen. Denn eine gleichzeitige Berücksichtigung mehrerer funktionaler Merkmale führt zu nicht eindeutig festlegbaren Grenzen („Grenzgürteln")[175].

c) Beurteilung des Funktionalitäts- und des Homogenitätsprinzips

Der Vorteil der funktionalen Region für die Zwecke der Regionalplanung liegt in der Abbildung räumlicher Abhängigkeitsverhältnisse. Denn Aufgabe der Regionalplanung ist es u. a., die unterschiedlichen Ansprüche an den Raum aufeinander abzustimmen und sie in ein eigenes Entwicklungskonzept einzubinden.

---

168 *Petersen*, Regionale Planungsgemeinschaften, S. 58.

169 *Schmitz*, Planungsraum Ruhrgebiet, in: Theorie und Praxis, S. 51 (54).

170 *Thelen*, Jahrbuch für SozW 1972, S. 227 (238).

171 *Brede / Ossorio*, Abgrenzung der Region, S. 59; ebenso *Thelen*, S. 227 (238).

172 *Christaller*, Die zentralen Orte in Süddeutschland, Jena 1933.

173 Darstellung einschließlich eines „Fragebogens zur Abgrenzung zentralörtlicher Bereiche" bei *Kluczka*, Zentrale Orte, in: Grundlagen, S. 66 ff.; vgl. auch *Kluczka*, Zentrale Orte und zentralörtliche Bereiche, 1970.

174 Siehe dazu § 2 Abs. 1 Ziff. 3 BROG, der eine zentralörtliche Raumgliederung vorsieht. Gem. § 9 und 6 NROG werden sowohl durch das Landesraumordnungsprogramm wie auch durch das Regionale Raumordnungsprogramm zentrale Orte bestimmt. Die zentralörtliche Funktion von Orten führt in einigen Bundesländern z. B. zur Bevorzugung der Gemeinden im Rahmen des kommunalen Finanzausgleichs, dazu vgl. *Patzig*, DVBl. 1974, S. 485 (489 f.).

175 *Meinke*, Raumforschung und Raumordnung 1970, S. 1 (3); *Thelen*, Jahrbuch für SozW 1972, S. 227 (240).

Solche unterschiedlichen Raumansprüche (z. B. Arbeit, Wohnung, Erholung, Bildung, Versorgung, Verkehr[176]) sind in ihrer Intensität abhängig von dem Ausmaß der funktionellen Beziehungen zwischen den einzelnen Raumeinheiten. Je mehr konkurrierende Raumansprüche die Region aber integriert, um so weniger Raumkonflikte ergeben sich im Verhältnis zu den angrenzenden Planungsräumen und dementsprechend geringer ist auch der Koordinationsaufwand zwischen den Regionen. Der funktionale Planungsraum reduziert somit die regionsübergreifenden Raumkonflikte, indem er sie planungsräumlich integriert und nach Maßgabe eines eigenen Entwicklungskonzepts auszugleichen versucht.

Das Funktionalitätsprinzip ist für die Regionenabgrenzung am ehesten geeignet bei der räumlichen Gliederung von Verdichtungsräumen[177] und städtischen Agglomerationen[178], weil gerade hier die Verflechtungsintensität besonders groß ist. Dagegen wird eine klare funktionale Grenzziehung um so schwieriger, je weniger der Raum auf einen markanten Schwerpunkt ausgerichtet ist[179]. Daher wird im ländlichen Bereich mit weniger ausgeprägten Zentralitätspunkten eher dem Homogenitätsprinzip der Vorzug zu geben sein. Denn aufgrund der strukturellen Homogenität kann auf eine ähnliche Entwicklungsperspektive geschlossen werden, so daß für den gesamten homogenen Raum eine einheitliche Entwicksungsstrategie (gleiches Instrumentarium, gleiche Dosierung usw.) verfolgt werden kann[180].

Die Struktur des Planungsraumes kann jedoch nur *ein* Anhaltspunkt sein für die Entscheidung zugunsten des Funktionalitäts- oder des Homogenitätsprinzips. Denn insgesamt ist die Frage, welches Abgrenzungsmodell Anwendung finden soll — oder ob beide Prinzipien miteinander kombiniert werden können[181] — durchaus noch streitig[182]. *Püttner* macht dies an folgendem Beispiel deutlich: Soll zwei Großstädten, zwischen denen sich ein großes Erholungsgebiet erstreckt[183],

---

[176] *Lange,* Stichwort „Regionen“, in: HWB der Raumforschung und Raumordnung, Sp. 2714.

[177] *Boustedt / Müller / Schwarz,* Abgrenzung von Verdichtungsräumen, S. 13 ff.; *David,* Verdichtungsräume, S. 15 ff. zur Verwaltungsorganisation in den Verdichtungsräumen.

[178] *Brede / Ossorio,* Abgrenzung der Region, S. 63.

[179] *Steinberg,* Begriff Region, in: Grundfragen der Gebiets- und Verwaltungsreform, S. 12 (19).

[180] Deutsche Gesellschaft für Landesentwicklung, Möglichkeiten zur Abgrenzung arbeitsmarktpolitischer Aktionsräume, S. 61.

[181] So *Petersen,* Regionale Planungsgemeinschaften, S. 57 f.

[182] *Lange,* Stichwort „Regionen“, in: HWB der Raumforschung und Raumordnung, Sp. 2708 ff.; *Thelen* (Jahrbuch für SozW 1972, S. 227 [239]) versucht eine Gegenüberstellung der Vor- und Nachteile beider Abgrenzungsmethoden.

jeweils ihr eigener Erholungsanteil planerisch zugewiesen werden, oder soll man das Erholungsgebiet insgesamt aufgrund seiner homogenen land- und forstwirtschaftlichen Struktur zu einem eigenständigen Planungsgebilde entwickeln? Für beide Lösungen sprechen gewichtige Gründe[184]. Der Stellenwert der Argumente für die alternativen Lösungen wird auch davon abhängen, welche Funktion man einer solchen Planungsregion zubilligt. Relevant ist somit die Frage, ob die Region ausschließlich Planungsaufgaben wahrnehmen oder — ggf. durch demokratisch legitimierte Volksvertreter — auch Durchführungs- und Finanzierungsaufgaben erfüllen soll. Soweit letzteres angestrebt wird, hat die politische Vertretung die Aufgabe, die besonderen örtlichen oder regionalen Interessen zur Geltung zu bringen. Dies wird in der Regel in einem homogenen Gebilde besser geschehen können[185].

In den Planungswissenschaften wird für die Zwecke der Regionenbildung vorrangig das Funktionalitätsprinzip befürwortet[186]. Allerdings stellt in der Planungspraxis jede planungsräumliche Abgrenzung einen Kompromiß[187] verschiedener Methoden dar. Homogenitätsprinzip und Funktionalitätsprinzip können demnach nur Orientierungshilfen bei dieser Aufgabe sein[188].

Kritisch bleibt anzumerken, daß die Grenzziehung nach dem Funktionalitätsprinzip — dies gilt entsprechend auch für das Homogenitätsprinzip — bei Beschränkung auf nur *einen* Verflechtungsaspekt zwar einerseits zu wenig aussagekräftigen Regionen, andererseits aber zu klaren Grenzziehungen führt. Dagegen sinkt bei Berücksichtigung *mehrerer* Abgrenzungsmerkmale die Möglichkeit einer eindeutigen Grenzziehung. Der Wunsch nach möglichst wirklichkeitsnaher Einbeziehung der tatsächlichen Strukturen durch Berücksichtigung möglichst vieler Abgrenzungsmerkmale steht somit im Widerspruch zu dem Ziel der Erreichung einer klaren Grenzziehung. Homogene und funktionale Regionen können daher immer nur einen Ausschnitt des komplexen Wirtschafts- und Sozialgefüges darstellen, verbunden mit Unsicherheiten bei der Grenzziehung in den sog. „Grenzgürteln"[189].

---

183 *Püttner* (Verwaltungswissenschaft, in: Grundfragen der Gebiets- und Verwaltungsreform, S. 24 [33]) bezeichnet als einen solchen Erholungsraum das Gebiet der Eifel zwischen Aachen und Köln.

184 *Püttner* (S. 24 ff.) nennt insbesondere wichtige Gründe zugunsten einer homogenen Gliederung.

185 *Püttner*, S. 24 ff.

186 *Steinberg*, Begriff Region, in: Grundfragen der Gebiets- und Verwaltungsreform, S. 12 (16); *Petersen*, Regionale Planungsgemeinschaften, S. 58; *Klemmer*, Information zur Raumentwicklung 1976, S. 51; *Pühl*, Organisation der Regionalplanung, S. 46 ff.

187 *Petersen*, S. 58; ebenso *Brösse*, Ziele in der Regionalpolitik, S. 130.

188 *Steinberg*, S. 23.

Hinsichtlich der praktischen Eignung von Homogenitäts- und Funktionalitätsprinzip für die Bildung von Regionalplanungsräumen muß ferner berücksichtigt werden, daß die sozioökonomischen Abgrenzungsmerkmale zeitlichen Veränderungen unterliegen, d. h., der Umfang einer Region bleibt nicht konstant, sondern bedarf einer regelmäßigen Anpassung[190]. Eine ständige Veränderung der gebildeten Planungsräume entsprechend dem Wandel der sozioökonomischen Merkmale wird jedoch in der Praxis[191] kaum realisierbar sein, da dies gleichzeitig eine dauernde Verlegung der administrativen Infrastruktur des Planungsträgers erforderlich machen würde[192]. Daher wird sich die homogene oder die funktionale Region in der Regel mit zunehmendem Zeitablauf immer mehr von ihrem ursprünglichen planungsgerechten Leitbild entfernen.

Ungelöst ist ferner die Frage, ob die Abgrenzung der Planungsräume deskriptiven oder normativen Charakter tragen soll. Die deskriptive Region — gleichgültig ob homogen oder funktional bestimmt — ist nach *Lange* ein Raum, der in seinen Abgrenzungsmerkmalen auf die Gegenwart bezogen ist, also beschreibenden Charakter hat[193]. Dagegen ist die normativ abgegrenzte Region final in dem Sinne, daß nicht die bestehenden, sondern erst die angestrebten Raumeinheiten homogenen bzw. funktionalen Gesichtspunkten entsprechen[194].

Tatsächlich sind die Planinhalte der Regionalplanung zu einem erheblichen Teil final auf die Erreichung von Zielen angelegt, wie sich dies z. B. bei der Festlegung von Einwohnerrichtzahlen[195] zeigt. Der Charakter der Regionalplanung geht insoweit über eine reine Bestandsaufnahme hinaus. Demgegenüber würde eine nach normativen Merkmalen vorzunehmende Regionsabgrenzung den Prozeß der Grenzziehung um ein weiteres erschweren, da die Merkmale, nach denen abgegrenzt werden soll, durch raumbeeinflussende Maßnahmen erst geschaffen

---

[189] *Meinke*, Raumforschung und Raumordnung 1970, S. 1 (3); *Thelen*, Jahrbuch für SozW 1972, S. 227 (240).

[190] *Brede / Ossorio*, Abgrenzung der Region, S. 6; *Meinke*, Raumforschung und Raumordnung 1970, S. 1 (3); *Rutkowski*, Einfluß der Regionalplanung, S. 11.

[191] *Wagener* (Informationsbriefe für Raumordnung, R. 2.2.3, S. 10) führt als Beispiel für die mangelnde räumliche Flexibilität der Planungsräume den Ruhrsiedlungsverband an, der in seinem vierzigjährigen Bestehen kaum geändert worden ist.

[192] *Hottes*, Planungsräume, in: Theorie und Praxis, S. 12.

[193] *Lange*, Organisation der Region, S. 8.

[194] Für eine normative Abgrenzung *Lange*, Organisation der Region, S. 12; ähnlich *Brösse*, Ziele in der Regionalpolitik, S. 120 ff.; a. A. *Thelen*, Jahrbuch für SozW 1972, S. 227 (242, FN 48).

[195] Zu den Einwohnerrichtzahlen in der Regionalplanung vgl. *Rutkowski*, Einfluß der Regionalplanung, S. 84.

werden sollen[196]. Zudem wird zu beachten sein, daß eine ausschließlich normative Regionsabgrenzung zusätzlich eine „Demokratisierung der Planung"[197] erschwert. Denn wenn die Ziele der Regionalplanung durch gewählte Organe in der Region demokratisch legitimiert werden sollen, dann dürfen diese Ziele nicht bereits durch das Verfahren zur Regionsabgrenzung präjudiziert werden. Die Ziele der Regionalplanung können somit nur das Ergebnis politischer Entscheidungen sein. Folglich muß der Raum vorher bestimmt sein, in dem die politische Instanz „ihre Ziele" der Regionalplanung festlegt. Greift man dagegen für die normative Regionsabgrenzung auf solche allgemeinen Ziele zurück, die bereits oberhalb der Regionsebene ihre demokratische Legitimation gefunden haben, so stellt sich das Problem ihrer mangelnden Operationalität[198]. Eine homogene bzw. funktionale Regionsabgrenzung wird sich daher vorwiegend an deskriptiven Merkmalen zu orientieren haben.

Zusammenfassend läßt sich zur Eignung der dargestellten Abgrenzungstheorien folgendes feststellen:

(1) Die funktionale Region bewirkt eine Reduzierung von Raumkonflikten zwischen benachbarten Planungsregionen. Dagegen ist der Vorteil der homogenen Region darin zu sehen, daß die vorhandene strukturelle Homogenität eine einheitliche Entwicklungsstrategie erlaubt.

(2) Die Merkmale Homogenität und Funktionalität können nur Orientierungshilfen für die Raumgliederung sein, da es mit wissenschaftlichen Methoden nicht möglich ist, entsprechend den unterschiedlichen Zwecken der Raumgliederung und angesichts der Vielfalt möglicher Abgrenzungskriterien allgemein gültige Planungsräume zu schaffen[199].

(3) Sowohl die homogene wie auch die funktionale Region führen bei Berücksichtigung mehrerer Abgrenzungsmerkmale zu Überschneidungen in den Grenzbereichen („Grenzgürtel"). Ein Konsens hinsichtlich Auswahl und Gewichtung der Abgrenzungsmerkmale für die Bestimmung der Regionsgrenzen bei der Regionalplanung besteht nicht.

(4) Eine ständige Veränderung der einmal gebildeten Planungsräume in Anpassung an die sich ständig verändernden sozioökonomischen

---

[196] Ebenso *Thelen*, Jahrbuch für SozW 1972, S. 227 (242), der deswegen für eine vorrangig deskriptive Abgrenzung plädiert.

[197] Zur „Demokratisierung" der Regionalplanung siehe bereits oben zu B.

[198] Zum Problem der Operationalität der Ziele in der Regionalplanung vgl. *Brösse*, Ziele in der Regionalpolitik, S. 44.

[199] Ebenso *Brösse*, Ziele in der Regionalpolitik, S. 130.

Abgrenzungsmerkmale hat sich in der Planungspraxis als unrealistisch erwiesen.

Unter Berücksichtigung der mangelnden wissenschaftlichen Klärung[200] der Abgrenzung von regionalen Planungsräumen ist es verständlich, daß der Bundesgesetzgeber in § 5 Abs. 3 BROG keine näheren Anhaltspunkte für die Regionsabgrenzung vorgegeben hat und daß die Bundesländer sehr unterschiedliche Wege gegangen sind.

2. Die Deckungsgleichheit von Planungs- und Verwaltungsraum

Die Verbindungslinien zwischen Verwaltungsaufbau und Planungsorganisation sind eindeutig entschieden für die Zuordnung der Bauleitplanung (Gemeinden) und der hochstufigen Landesplanung (oberste Landesbehörden). Dagegen ist das Verhältnis von Verwaltungsstruktur und Regionalplanung bis heute umstritten geblieben. Für die Kongruenz von Verwaltungs- und Planungsraum wurde der Begriff der Verwaltungsregion[201] geprägt. Abgrenzungskriterium ist hier die Reichweite der Zuständigkeit einer administrativen Institution. In Betracht kommen dabei nicht die Verwaltungsinstitutionen der Sonderverwaltungen (Arbeitsamtsbezirke, Gerichtsbezirke, Finanzbezirke)[202], sondern die Träger der allgemeinen Verwaltung.

a) Notwendigkeit einer „Flurbereinigung" der Planungsräume

Die traditionelle Auffassung, Raumplanung könne unabhängig von Verwaltungsgrenzen nach den wechselnden funktionalen Bedingungen erfolgen[203], befindet sich derzeit nach Auffassung von *Wahl* auf dem Rückzug[204]. So hat die Berücksichtigung ausschließlich planerischer Gesichtspunkte bei der Abgrenzung von Planungsräumen auf der regionalen Ebene zu einer Phase der „ungehemmten Erfindung"[205] neuartiger Gebietseinheiten geführt. So weist der Raumordnungsbericht des Bundes von 1974 allein zehn verschiedene Systeme von Raumgliederungen aus, die sich auf jeweils unterschiedliche Gebietsraster beziehen[206]. Eine horizontale und vertikale Koordination der regionalen

---

200 *Sesselmann*, Übergang der Regionalplanung, S. 25.

201 Nachweise vgl. FN 153.

202 Weitere Darstellung verschiedener Arten von Verwaltungsregionen bei *Landwehr*, Gliederung des Raumes, S. 67.

203 *Erbguth*, Probleme des Landesplanungsrechts, S. 52; *Knecht*, Landesplanungsrecht Rhld.-Pf., S. 87.

204 So *Wahl*, Rechtsfragen der Landesplanung, Bd. I, S. 240 f. m. w. N.

205 *Wagener*, Informationen zur Raumentwicklung 1976, S. 57 (58).

206 Erläuternd dazu *Wagener*, Informationen zur Raumentwicklung 1976, S. 57 (58); *Pühl* (Organisation der Regionalplanung, S. 57 ff.) untersucht einige der wichtigsten regionalen Gebietsraster, zu denen zählen:

Raumaktivitäten wird durch diese unterschiedlichen räumlichen Bezugseinheiten wesentlich erschwert[207].

Die Folgen einer solchermaßen unzureichend abgestimmten Planungsvielfalt sind enorme Reibungsverluste und ökonomische Ineffizienz[208]. Dieses Problem wird sich in absehbarer Zeit noch vergrößern, wenn die zunehmende Verfeinerung der europäischen Regionalpolitik und ihr Trend zur Regionalisierung zu weiteren Regionalrastern führen wird[209]. Die unorganische Vielfalt bestehender Raumeinheiten[210] macht eine „Flurbereinigung"[211] der Planungsräume dringend erforderlich. Die Kongruenz von Planungs- und Verwaltungsraum auf der Regionalebene wäre ein erster Schritt zur Vereinheitlichung bestehender Raumgliederungen.

b) Regionalplanung unter dem Aspekt der Plandurchführung

Die in der Diskussion zur Regionalplanung zunehmende Forderung nach einer Übereinstimmung von Planungs- und Verwaltungsraum[212]

— Entwicklungs-/Strukturregionen der Landesentwicklungsprogramme/-pläne
— Gebietseinheiten des Bundesraumordnungsprogrammes
— Regionseinteilung für die Gemeinschaftsaufgabe „Verbesserung der regionalen Wirtschaftsstruktur" (GRW)
— Statistische Raumeinheiten für die regionalen Prognosen zum Ausbauplan für die Bundesfernstraßen 1971 - 1985
— Verkehrsregionen im Zusammenhang mit dem Bundesverkehrswegeplan 1. Stufe
— Verkehrsbezirke der Güterverkehrsstatistik des Statistischen Jahrbuches
— Regionen im EG-Maßstab.

207 *Thoss*, Informationen zur Raumentwicklung 1976, S. 35.

208 Wirtschaftlicher und sozialer Wandel, Gutachten, S. 321.

209 *Götz*, Staat und Kommunalkörperschaften, in: Festschrift für W. Weber, S. 979 (998).

210 *von der Heide*, Informationen zur Raumentwicklung 1976, S. 1 (2).

211 *von der Heide*, S. 1.

212 Die Identität von Planungs- und Verwaltungsraum wird von folgenden Autoren als positiver Aspekt betont: *Beus*, Rechtsprobleme, S. 147; *Götz*, Staat und Kommunalkörperschaften, in: Festschrift für W. Weber, S. 979 (998); *Hottes*, Planungsräume, in: Theorie und Praxis, S. 1 (11); *Knemeyer*, BayVBl. 1980, S. 15 (16); *Kroner / Kessler*, Informationen zur Raumentwicklung 1976, S. 15 (17); *Lange*, Organisation der Region, S. 45 ff.; *Langer*, Abgrenzung von Planungsräumen, in: Theorie und Praxis, S. 67 (78); *Lehmann*, Planungsräume im Rheinland, in: Theorie und Praxis, S. 31 (49); *Schmidt-Aßmann*, DVBl. 1975, S. 4 (11); *Schmitz*, Abgrenzung Planungsraum Ruhrgebiet, in: Theorie und Praxis, S. 51 (57), *Schmitt Glaeser*, der Landkreis 1980, S. 130 (135); *Seele*, der Landkreis 1972, S. 429 (435 f.); *ders.*, der Landkreis 1974, S. 227 (234 f.); *Sesselmann*, Übergang der Regionalplanung, S. 27 f.; *Thoss*, Informationen zur Raumentwicklung 1976, S. 35 (36); *Wagener*, Informationen zur Raumentwicklung 1976, S. 57 (60); *ders.*, DöV 1976, S. 253 (259); *ders.*, Informationsbriefe für Raumordnung R. 2.2.3, S. 11; *ders.*, Neubau der Verwaltung, S. 174 ff.; *Wahl*, Rechtsfragen der Landesplanung, Bd. I, S. 240; *Wolff / Bachof*, VerwR I, § 38 III d (S. 275 f.).

resultiert ferner aus der Erkenntnis, daß eine wirksame Regionalplanung auch der Plan*durchführung* bedarf. Regionalplanung ist unter dem Aspekt der Umsetzung ihrer regionalen Zielvorstellungen unter zwei Aspekten zu betrachten:

(1) der ausschließlich *passive* Effekt im Sinne einer „Verhinderungs-Planung“[213]:

Den an die Festsetzungen der Regionalplanung gebundenen Körperschaften werden bestimmte Maßnahmen untersagt, z. B. der Gemeinde mit einer durch die Regionalplanung bestimmten Funktionszuweisung „Erholung“ wird die Genehmigung eines Flächennutzungsplanes versagt, der erhebliche Gewerbeansiedlungen vorsieht. Eine auf diese Funktion beschränkte Regionalplanung bedürfte keiner Durchführungskompetenzen.

(2) Durchführungskompetenzen sind dagegen in erheblichem Maße notwendig, wenn man das Ziel verfolgt, durch *aktive* raumwirksame Maßnahmen ein regionales Entwicklungskonzept zu verwirklichen[214]. In diesem Sinne gewinnt z. B. der Aspekt der gemeindlichen Funktionszuweisung „Erholung“ eine positive Komponente, da nur durch den Einsatz entsprechender raumwirksamer Maßnahmen (Investitionen zur Schaffung der entsprechenden Infrastruktur usw.) die beabsichtigte Entwicklung bewirkt werden kann.

Der Aspekt einer gezielten Beeinflussung des Raumes durch eine aktive Gestaltung gewinnt für die Regionalplanung dann an Bedeutung, wenn sie einen Beitrag leisten soll zur Schaffung gleichwertiger Lebensverhältnisse[215]. Die Regionalplanung wird folglich erst dann ihre volle Wirksamkeit entfalten können, wenn sie nicht nur auf Beachtung, sondern ebenso auf ihre Durchführung im Verwaltungshandeln angelegt ist[216].

Die Chancen der Realisierung und Umsetzung der regionalplanerischen Ziele werden wesentlich erhöht, wenn Planung und Ausführung beim gleichen Verwaltungsträger miteinander verbunden sind[217]. Denn wer Planungen selbst aufstellt, wird eher für eine plangerechte Umsetzung eintreten, als derjenige, der seine Planinhalte von einer außenstehenden Institution vorgegeben bekommt (Vorgang der faktischen Selbstbindung)[218].

213 *Pühl*, Organisation der Regionalplanung, S. 94.

214 *Ernst*, Verfassungsrechtliche Vorgaben, S. 126.

215 Dazu vgl. B. FN 3.

216 *Wagener*, DöV 1976, S. 253 (259); *Lange*, Organisation der Region, S. 47.

217 *Wagener*, Informationsbriefe für die RO, R. 2.2.3., S. 11; ebenso *Seele*, der Landkreis 1972, S. 429 (436); zu den Wechselbeziehungen zwischen Planungs- und Entscheidungsraum vgl. *Schnur*, in: Integrationsprobleme, S. 23 bis 27; ähnlich *Petersen*, Regionale Planungsgemeinschaften, S. 157.

Ähnliches gilt hinsichtlich der Finanzierung, denn Planung bedarf bereits bei Festlegung ihrer Inhalte der Überprüfung ihrer finanziellen Bedingungen[219]. Durchführungsmaßnahmen können ohne finanzielle Mittel nicht bewirkt werden. Eine Verwaltung, die in diesem Sinne Planung, Durchführung und Finanzierung von raumbeeinflussenden Maßnahmen vornimmt, arbeitet im Vergleich zur organisatorischen Trennung dieser Funktionen bedeutend effektiver[220].

Auch die laufende Plan-(Durchführungs-)Kontrolle ist bei Identität von Planungs- und Durchführungsraum wesentlich erleichtert. Denn die Änderung der bei der Planung zugrunde gelegten Plandaten erfordert eine periodische Überprüfung der Planziele und ihrer Prioritäten. Korrekturen bei der Plandurchführung infolge veränderter Plandaten (Soll-Ist-Vergleich) sind bei institutioneller Trennung von Planung und Plandurchführung wesentlich erschwert. Dagegen schafft die Identität der Aktionsräume von Planträger und Durchführungsträger eine gemeinsame räumliche Ausgangsbasis und ermöglicht folglich eine wirksame Plan- und Erfolgskontrolle[221].

Der Gedanke einer Zusammenfassung von Planung, Durchführung und Finanzierung liegt gleichfalls dem Vorschlag von Weber zugrunde, den Träger der Regionalplanung über die Planung hinaus mit solchen Aufgaben auszustatten, die der Regionalplanung unmittelbar akzessorisch sind (Bodenvorratspolitik, Nahverkehr, Versorgung mit Strom, Gas und Wasser, Industrieansiedlung usw.)[222].

Auch in der Praxis ist der Trend zur Zusammenführung von Planung, Durchführung und Finanzierung bestätigt worden. Nur auf die Planung beschränkte Planungsregionen neigen dazu, „kommunalkörperschaftlich überbaut" zu werden[223], indem sie zunehmend auch die Administration der Plandurchführungen an sich ziehen[224].

Befürchtungen, eine solche Zusammenführung von Planung, Plandurchführung und Planfinanzierung müsse zwangsläufig auf eine echte Entwicklungsplanung hinauslaufen[225], sind unbegründet. Zwar sprechen viele Anzeichen in Wissenschaft[226] und Planungspraxis[227] dafür,

---

218 *Seele*, der Landkreis 1972, S. 429 (436); *Pappermann*, DöV 1973, S. 505 (506); *Lange*, Kommunalwirtschaft 1969, S. 63.

219 *Lange*, Organisation der Region, S. 50 f. m. w. N.

220 *Wagener*, Informationen zur Raumentwicklung 1976, S. 57 (62).

221 So auch *Hottes*, Planungsräume, in: Theorie und Praxis, S. 1 (11).

222 *Weber*, Kommunale Struktur, Gutachten 45. DJT, S. 57.

223 *Weber* (Kommunale Struktur, Gutachten 45. DJT, S. 54 ff.) bezeichnet damit die Tendenz, daß die regionale Planungsgemeinschaft sich zum kommunalen Regionalverband fortentwickelt.

224 *Seele*, der Landkreis 1972, S. 429.

225 Vgl. dazu Ausführungen zu A. V.

daß die Raumplanung sich in den nächsten Jahren zu einer echten Entwicklungsplanung weiterentwickeln wird. Sollte sich dieser Trend — nach einer Phase der zeitweisen Planungseuphorie[228] — tatsächlich fortsetzen[229], so ist die Kongruenz von Planungs- und Verwaltungsraum dafür nur *eine* Voraussetzung[230]. Andererseits ist aber die Identität von Planungs- und Verwaltungsraum weder mit Entwicklungsplanung gleichzusetzen noch wird dadurch die Etablierung der Entwicklungsplanung präjudiziert. Denn Entwicklungsplanung verlangt nicht nur die Übereinstimmung von Planungs- und Verwaltungsraum, sondern weitergehend die instrumentelle, verwaltungsorganisatorische und rechtliche Verknüpfung der planerischen und planausführenden Funktionen[231].

Die institutionelle und räumliche Zusammenführung von Planung, Durchführung und Finanzierung würde somit für die Regionalplanung eine größere Effizienz ermöglichen. Unabhängig davon gilt aber auch für die Regionalplanung, daß die Ziele der Raumplanung durch die Träger der öffentlichen Verwaltung immer nur begrenzt beeinflußbar sind. Diese Grenzen staatlicher Einflußmöglichkeit sind gelegentlich in einer Phase der allgemeinen Planungseuphorie in den Hintergrund getreten. Denn die Realisierung regionalplanerischer Ziele kann seitens der öffentlichen Hand *unmittelbar* nur dort bewirkt werden, wo es um die Erstellung öffentlicher Infrastruktur (Schulen, Verkehr, Erschlie-

---

226 *Seele* (der Landkreis 1974, S. 227 [235]) hält die Fortentwicklung der Raumplanung zur Entwicklungsplanung für unausweichlich. Weitere Beiträge dazu im Sammelband Raumplanung — Entwicklungsplanung, pass.

227 Auf allen Planungsebenen sind Anzeichen für einen Trend zur Entwicklungsplanung erkennbar. Für die gemeindliche Ebene zeigt dies bereits § 1 V BBauG, wonach erstmalig die gemeindliche Entwicklungsplanung in das System der Bauleitplanung integriert wird (vgl. *Schmidt-Aßmann*. in: Ernst / Zinkahn / Bielenberg, BBauG, § 1 Rdnr. 122 ff.). Auf der Kreisebene wird in der Praxis zunehmend das Instrument der Kreisentwicklungsplanung genutzt. Gesetzliche Regelungen finden sich dazu bereits in Schleswig-Holstein (gem. § 11 I schl.-hol. LPlG) und in Baden-Württemberg (gem. § 33 bad.-württ. LPlG). Zur sonstigen Problematik vgl. *Göb / Laux / Salzwedel / Breuer*, Kreisentwicklungsplanung, pass.; Zu entwicklungsplanerischen Ansätzen bei den Ländern vgl. *Beus*, Rechtsprobleme, S. 186 ff.

228 *Kreiter* (Entwicklungsplanung, in: Strukturprobleme, S. 65 [67]) skizziert die Veränderungen in der Einstellung zur Planung in drei Phasen: die Phase der Planungsphobie bis Mitte der sechziger Jahre, die der Planungseuphorie und die gegenwärtige Situation mit Skepsis bis Resignation; ähnlich *Kistenmacher*, der Landkreis 1979, S. 144.

229 Kritisch dazu *Götz*, Staat und Kommunalkörperschaften, in: Festschrift für W. Weber, S. 979 (982) m. w. N.; zu den rechtlichen Grenzen vgl. *Beus*, Rechtsprobleme, S. 88 ff.

230 Zu den besonderen Problemen der Regionalplanung als Entwicklungsplanung vgl. *Seele*, der Landkreis 1972, S. 429 (435).

231 So auch *Beus*, Rechtsprobleme, S. 147; *Seele*, der Landkreis 1972, S. 429 (FN 430) zur unterschiedlichen Integration von Raumplanung und Entwicklungsplanung.

ßung usw.) geht. In allen anderen Bereichen kann der Planträger zwar Angebote machen, die Planausführung unterliegt aber letztlich der freien Disposition der Bürger und der Wirtschaftssubjekte[232].

c) Die Datenbasis der Regionalplanung

Ein weiterer oft unterschätzter Vorteil der Deckungsgleichheit von Verwaltungs- und Planungsraum gegenüber ausschließlichen Planungsräumen[232] liegt in der beim Verwaltungsträger bereits vorhandenen Datenbasis[233]. Regionalplanung bedarf im ersten Planungsschritt einer umfassenden Analyse. Denn Planungsräume sind zugleich Analyseräume[234]. Die Ermittlung zahlreicher geographischer und sozioökonomischer Daten ist folglich notwendig. Diese Daten sind bei Kongruenz der Räume eher präsent, da der Verwaltungsträger der allgemeinen Verwaltung diese Daten auch für andere Aufgaben vorzuhalten hat. Bei Inkongruenz der Räume entsteht dagegen die zwangsläufige Tendenz, für die Zwecke der Datensammlung und Datenerhebung eine auf den Planungsraum zugeschnittene Verwaltungsorganisation zu schaffen.

3. Die Praxis der Regionenabgrenzung in den Bundesländern

Die Abgrenzung der in den Bundesländern für die Regionalplanung gebildeten Regionen läßt die unterschiedlichen planungs- und verwaltungswissenschaftlichen Auffassungen[235] zu dieser Frage erkennen.

Das Funktionalitätsprinzip findet am deutlichsten Berücksichtigung in *Hessen*, wo die 5 Planungsräume als „räumlich zusammenhängende Gebiete mit engen wirtschaftlichen, sozialen und kulturellen Verflechtungen" definiert werden[236]. Auf die Grenzen bestehender Verwaltungsräume wird nur insoweit Rücksicht genommen, als Gemeindegrenzen nicht durchschnitten werden dürfen[236].

---

232 *Götz*, Staat und Kommunalkörperschaften, in: Festschrift für W. Weber, S. 979 (983) m. w. N.; ebenfalls warnend vor einer Überschätzung der staatlichen und kommunalen Planungsmöglichkeiten *Weber*, Planende Verwaltung, in: Aufgaben und Möglichkeiten der Raumplanung, S. 9 (22 f.). Allerdings sind im Städtebaurecht inzwischen auch Ansätze vorhanden, die Planausführung der freien Disposition des Bürgers zu entziehen, vgl. §§ 39 a ff. BBauG.

233 *Isbary*, DöV 1963, S. 793 (795); *Lehmann*, Planungsräume, in: Theorie und Praxis, S. 31 (47); *Langer*, Abgrenzung, in: Theorie und Praxis, S. 67 (78); *Kroner / Kessler*, Informationen zur Raumentwicklung 1976, S. 15 (17); *Landwehr*, Gliederung des Raumes, S. 68 f.

234 *Curdes / Fester / Helmer*, Informationen zur Raumentwicklung 1976, S. 41.

235 Eine Gegenüberstellung der planungs- und verwaltungswissenschaftlichen Aspekte bei *Sesselmann*, Übergang der Regionalplanung, S. 27.

236 Hess. Landesraumordnungsprogramm vom 18. 3. 1970, Teil B Ziff. 1 (GVBl. S. 274).

In *Bayern*[237] und *Rheinland-Pfalz*[238] gelten ebenfalls die funktionalen Lebens- und Wirtschaftsbeziehungen als Abgrenzungsmerkmale. Dabei wird in beiden Bundesländern das Funktionalitätsprinzip wesentlich abgeschwächt durch die Tatsache, daß grundsätzlich nur ganze Landkreise den einzelnen Planungsräumen zugeordnet werden können[239]. Darin ist ein ausdrücklicher Kompromiß zwischen administrativen und funktional-raumordnungspolitischen Erfordernissen zu sehen[240]. Diese Konzession an die verwaltungsräumliche Gliederung durch die Zusammenfassung von administrativen Einheiten zu Planungsräumen erleichtert die Ermittlung der für die Regionalplanung erforderlichen Datenbasis. Rheinland-Pfalz hat außerdem als einziges Bundesland das Problem der sog. „Grenzgürtel"[241] berücksichtigt, indem es bei nicht eindeutiger Zuordnung einzelner Gebietsteile Überlappungsbereiche ausdrücklich für zulässig erklärt[242].

Schleswig-Holstein[243] und *Baden-Württemberg*[243] berücksichtigen für die Regionenabgrenzung ebenso funktionale wie administrative Kriterien. Der funktionale Gesichtspunkt ist in diesen Bundesländern durch die Anknüpfung an die zentralörtliche Raumgliederung[244] präzisiert worden. Die Planungsräume sollen identisch sein mit den Verflechtungsbereichen der bestehenden oder auszubauenden Oberzentren[245]. Allerdings gilt in Schleswig-Holstein wie auch in Baden-Württemberg die Einschränkung, daß bestehende Kreisgrenzen einzuhalten sind[246].

Die Deckungsgleichheit von Planungs- und Verwaltungsraum ist Grundlage der Regionenabgrenzung in Nordrhein-Westfalen und Niedersachsen. In *Nordrhein-Westfalen* wurde bis zum 31. 12. 1975 die

---

237 Art. 2 Ziff. 2 des Bay.LPlG vom 6. 2. 1970 (GVBl. S. 9), zuletzt geändert durch Gesetz vom 24. 7. 1974 (GVBl. S. 354). Auch der Gesetzentwurf der Bayerischen Landesregierung zur Änderung des Landesplanungsgesetzes vom 22. 1. 1981 (vgl. Landtags-Drucksache 9/7160) läßt den Zuschnitt der regionalen Planungsräume unberührt.

238 § 14 Abs. 1 des LPlG Rheinland-Pfalz i. d. F. vom 8. 2. 1977 (GVBl. S. 6).

239 *Erbguth*, Probleme des Landesplanungsrechts, S. 55; Rheinland-Pfalz: § 1 des Regionengesetzes vom 8. 2. 1977 (GVBl. S. 15); Bayern: Art. 2 Ziff. 2 Bay.LPlG. Bereits Isbary hat 1963 für die Gliederung des Bundesgebietes in Planungsräumen den Grundsatz formuliert, daß Kreisgrenzen dabei nicht durchschnitten werden sollen, vgl. *Isbary*, DöV 1963, S. 793 (796).

240 *Erbguth*, Probleme des Landesplanungsrechts, S. 55.

241 Vgl. dazu die Ausführungen zu B. II. 1. c).

242 § 14 Abs. 1 Satz 2 des LPlG Rheinland-Pfalz i. d. F. vom 8. 2. 1977 (GVBl. S. 6).

243 Vgl. dazu die Übersicht im Raumordnungsbericht 1974, S. 138 f. (Anhang 2); zu Baden-Württemberg vgl. im übrigen *Hahlweg / Nebe*, Informationen des Instituts für Raumordnung 1972, S. 231.

244 Vgl. dazu B. II. 1. b).

245 Vgl. dazu die Übersicht im Raumordnungsbericht 1974, S. 138 f. (Anhang 2).

246 *Erbguth*, Probleme des Landesplanungsrechts, S. 55.

Regionalplanung[247] von den Landesplanungsgemeinschaften Rheinland, Westfalen und dem Siedlungsverband Ruhrkohlenbezirk wahrgenommen, ohne daß die Planungsräume immer mit den Gebietsgrenzen der Planungsgemeinschaften identisch gewesen sind[248]. Seit der Auflösung der Landesplanungsgemeinschaften erfolgt die Regionalplanung auf der Ebene der 5 Regierungsbezirke im Lande[249]. In *Niedersachsen* ist die Einheit von Planungs- und Verwaltungsraum immer am deutlichsten praktiziert worden. Mit Ausnahme der Großraumverbände Hannover und Braunschweig[250] waren die Planungsräume bis zum 31. 12. 1976 identisch mit den 8 Zuständigkeitsbereichen der staatlichen Mittelinstanz (Regierungs- bzw. Verwaltungsbezirke)[251]. Seit dem 1. 1. 1978 sind nunmehr die Planungsräume in Niedersachsen den Gebietsgrenzen der Landkreise und kreisfreien Städte angepaßt worden[252].

Im *Saarland*[253] ist als einzigem Flächenland eine Regionierung des Landesgebietes gesetzlich bisher nicht erfolgt. Allerdings sieht § 10 Saarl. LPlG vor, daß die Landesplanungsbehörde den Gemeindeverbänden die Aufstellung von Entwicklungsplänen für Teilräume als staatliche Aufgabe übertragen kann.

Entsprechend unterschiedlich wie die Abgrenzungsmerkmale sind folglich auch Anzahl, Größe und Bevölkerungszahl der einzelnen Regionen[254]. Hatte Bayern bisher mit 18 Regionen die größte Zahl an regionalen Planungsräumen[255], so sind dies in Niedersachsen seit dem 1. 1. 1978 und nach Abschluß der Kreisreform 38[256] mit den Grenzen der Kreise identische Planungsräume[257].

---

247 In NRW nicht Regionalplanung, sondern Gebietsentwicklungsplanung genannt (§§ 14 ff. LPlG NRW) vom 3. 6. 1975 (GV S. 450) mit Änderung vom 7. 12. 1976 (GVBl. S. 416).

248 Raumordnungsbericht 1974, S. 138.

249 Art. III § 1 des Gesetzes zur Änderung des LPlG vom 8. 4. 1975 (GV NW S. 294); *Roters* (SKV, 1976, S. 226 [228]) verweist darauf, daß die Regionalplanung in NRW schon bislang in Form von Teilgebietsentwicklungsplänen kreisweise erfolgt ist und auch nach Auflösung der Landesplanungsgemeinschaften nicht für den gesamten Regierungsbezirk einheitlich aufgestellt wird. Dazu vgl. auch *Buchsbaum*, Informationen zur Raumentwicklung 1976, S. 163 (270).

250 Zu den Großraumverbänden vgl. oben A. FN 35 und 36.

251 Gem. § 7 Abs. 1 NROG 1974.

252 § 7 NROG i. d. F. vom 2. 1. 1978 (GVBl. S. 2).

253 Saarl. LPlG vom 17. 5. 1978 (ABl. S. 588).

254 Hierzu ein guter Überblick im Raumordnungsbericht 1974, S. 138 ff. (allerdings nicht auf dem neuesten Stand). Zum Bestand und zur Größe der Regionalplanungsräume in den Bundesländern nach Abschluß der Gebietsreform vgl. *Pühl*, Organisation der Regionalplanung, S. 183 ff.

255 Im einzelnen dazu *Pühl*, Organisation der Regionalplanung, S. 26 f.

256 Ursprünglich hatte Niedersachsen nach Abschluß der Kreisreform 37 Landkreise, vgl. dazu *von Unruh*, Gebiets- und Verwaltungsreform, S. 86 f. Diese Zahl erhöhte sich auf 38 Landkreise durch die Wiederherstellung der

Fläche und Einwohnerzahl der regionalen Planungsräume in Niedersachsen sind angesichts ihrer größeren Zahl wesentlich geringer als in den anderen Bundesländern. Dies macht der folgende Zahlenvergleich der durchschnittlichen Flächen- und Einwohnergrößen der Regionalplanungsräume in den Bundesländern deutlich:

	Zahl der Regionalplanungsräume	durchschnittliche Flächengröße[a] (qkm)	durchschnittliche Einwohnerzahl[a]
Niedersachsen[b]	38	1 213	148 243
Schleswig-Holstein	5	2 935	518 257
Baden-Württemberg[c]	11[d]	2 987	795 523
Hessen	6	3 518	926 755
Rheinland-Pfalz	5	3 988	740 913
Bayern[c]	17[d]	3 997	615 349
Nordrhein-Westfalen	5	6 813	3 398 631

a) Die für die Berechnung zugrunde gelegten Basiszahlen ergeben sich aus der Anlage 1.

b) Berechnung auf der Grundlage von 38 Landkreisen, vgl. Anlage 1; unberücksichtigt blieben die kreisfreien Städte als Träger der Regionalplanung, vgl. § 8 Abs. 1 NROG.

c) Bei der Berechnung wurde unberücksichtigt gelassen der länderübergreifende Planungsraum Donau-Iller (Bad.-Württ./Bay.).

d) Zahl der Planungsräume ohne den Planungsraum Donau-Iller.

Während Nordrhein-Westfalen die mit Abstand größten Regionalplanungsräume aufweist, besitzt Niedersachsen seit der Übertragung der Regionalplanung auf die Landkreise räumlich und einwohnermäßig die kleinsten regionalen Raumeinheiten. Das Verhältnis der durchschnittlichen Größe der Regionalplanungsräume von Niedersachsen zu Nordrhein-Westfalen beträgt bezüglich der Flächengröße immerhin 1 : 5,6 (1 213 : 6 813 km^2) und bei der Einwohnerzahl sogar 1 : 23 (148 243 : 3 398 631 Einwohner).

Die Tatsache, daß die durchschnittliche Einwohnerzahl der niedersächsischen Regionalplanungsräume im Vergleich zu den anderen Bundesländern noch stärker nach unten abweicht als die durchschnittliche Flächengröße, ergibt sich aus den ausgesprochenen Flächencharakter des Landes und der daraus resultierenden geringsten Bevölkerungsdichte aller Bundesländer[258].

Landkreise Friesland und Wittmund, vgl. dazu das Urteil des Niedersächsischen Staatsgerichtshofes vom 14. 2. 1979 (Nds. MBl. S. 547) sowie das entsprechende Neugliederungsgesetz vom 16. 12. 1979 (Nds. GVBl. S. 332).

[257] Hinzu kommen die 9 kreisfreien Städte, in denen die Flächennutzungsplanung die Regionalplanung ersetzt, so § 8 Abs. 1 NROG.

[258] Nach dem Stand vom 30. 6. 1975 ergibt sich folgende Bevölkerungsdichte in den einzelnen Bundesländern (Einwohner je qkm): Niedersachsen (153),

Inwieweit die Regionalplanungsräume zumindest innerhalb eines Bundeslandes eine annähernd einheitliche Größenordnung aufweisen, läßt sich jeweils aus der Relation zwischen dem größten und dem kleinsten Planungsraum ersehen. Der Zahlenvergleich dazu sieht wie folgt aus:

Relation zwischen dem größten und dem kleinsten Regionalplanungsraum, bezogen auf

	Einwohnerzahl[a)]	Fläche/qkm[a)]
Niedersachsen	9,7 : 1	5,3 : 1
Bayern	7,1 : 1	3,8 : 1
Hessen	6,5 : 1	4,4 : 1
Baden-Württemberg	5,9 : 1	2,2 : 1
Schleswig-Holstein	3,0 : 1	2,8 : 1
Nordrhein-Westfalen	2,8 : 1	1,5 : 1
Rheinland-Pfalz	2,3 : 1	2,6 : 1

a) Die der Berechnung zugrundegelegten Basiszahlen finden sich in der Anlage 1. Der Landkreis Lüchow-Dannenberg blieb hier außer Betracht, da dessen Fortbestand noch offen ist, vgl. *Seele*, der Landkreis 1978, S. 494. Zahlen zur Relation zwischen größtem und kleinstem Regionalplanungsraum im gesamten Bundesgebiet bei *Mayer*, Region, in: Region und Mittelstufe, S. 131 (140).

Die Zahlen lassen erkennen, daß Niedersachsen auch hier im Vergleich zu den anderen Bundesländern das größte Gefälle zwischen großen und kleinen Planungsräumen aufweist.

Die Übersicht macht deutlich, daß Niedersachsen zwar mit der Verkleinerung der regionalen Planungsräume einen neuen Weg beschreitet, daß aber andererseits die Größe der Regionalplanungsräume auch in den übrigen Bundesländern ein äußerst heterogenes Bild aufweist. Der sehr unterschiedliche Zuschnitt der regionalen Planungsräume in den Bundesländern kann als ein Indiz gelten für den bisher sowohl in der Wissenschaft wie auch in der Planungspraxis fehlenden Konsens bei der Abgrenzung von regionalen Planungsräumen.

Die erstrebenswerte Zusammenfassung der Handlungsebenen Planung, Durchführung und Finanzierung in einer Verwaltungsstufe ist nicht in allen Bundesländern realisiert. In Bayern, Rheinland-Pfalz und Hessen haben die regionalen Planungsverbände im wesentlichen nur die Planungskompetenz[259]. Die Regionalverbände in Baden-Württem-

Bayern (154), Schleswig-Holstein (165), Rheinland-Pfalz (185), Baden-Württemberg (257), Hessen (264), Saarland (428) und Nordrhein-Westfalen (504), vgl. dazu Statistisches Jahrbuch 1976 für die Bundesrepublik Deutschland, S. 50 ff.

259 Dazu *Wagener*, Verwaltungsorganisation, in: Der Kreis, Bd. 1, S. 48 (69). Vgl. dazu auch § 15 Abs. 2 LPlG Rhld.-Pfalz, wonach mit Zustimmung der obersten Landesplanungsbehörde eine begrenzte Aufgabenerweiterung möglich ist (vgl. ferner Art. 6 Bay.LPlG und § 4 Hess.LPlG). In Rheinland-Pfalz

berg können darüber hinaus mit den Stadt- und Landkreisen vereinbaren, von diesen Aufgaben zu übernehmen[260]. In Nordrhein-Westfalen stehen zwar der Bezirksregierung Durchführungs- und Finanzierungskompetenzen zu, nicht aber dem eigentlichen Planungsträger, dem Bezirksplanungsrat. Der Bezirksplanungsrat hat allerdings gem. § 7 Abs. 2 LPIG gewisse Mitwirkungsbefugnisse bei der Festlegung von Förderungsprogrammen.

In Niedersachsen werden Planung, Durchführung und Finanzierung auf der Kreisebene vom gleichen Verwaltungsträger wahrgenommen. In Schleswig-Holstein ist zwar eine Aufteilung in regionale Planungsräume erfolgt, die Erstellung der Pläne erfolgt aber nicht durch eine dem Planungsraum zugeordnete Organisation, sondern zentral von der obersten Landesplanungsbehörde[261]. Der obersten Landesplanungsbehörde stehen Durchführungs- und Finanzierungsmittel zur Verfügung.

Zusammenfassend läßt sich feststellen:

Die Praxis der Regionenabgrenzung in den Bundesländern geht mit Ausnahme von Nordrhein-Westfalen und Niedersachsen von einem funktionalen Anknüpfungspunkt aus, der unterschiedlich stark eingeschränkt wird durch administrative Gesichtspunkte (z. B. Berücksichtigung bestehender Gemeinde- und/oder Kreisgrenzen). Lediglich in Nordrhein-Westfalen und Niedersachsen wird die Kongruenz von bestehenden Verwaltungsräumen und Regionalplanungsräumen praktiziert. Hinsichtlich Größe und Zahl der Regionalplanungsräume gibt es auch nicht annähernd eine einheitliche Praxis der Bundesländer, sondern eine sehr große Bandbreite im größenmäßigen Zuschnitt der Raumeinheiten.

4. Beurteilung der Abgrenzungsmaßstäbe zur Bildung von regionalen Planungsräumen

Eine Beurteilung der Abgrenzungsmaßstäbe auf dem Hintergrund der Praxis in den Bundesländern kann von drei organisatorischen Grundmodellen einer räumlichen Gliederung ausgehen[262].

---

und Bayern haben die Regionalverbände für die Planung kein eigenes Personal (fehlende Dienstherrnfähigkeit). Sie bedienen sich zur Aufstellung der Regionalpläne der Bezirksregierung, vgl. *Niemeier*, Raumordnungsrecht, S. 49 und 51. Dagegen verfügen die Planungsgemeinschaften in Hessen und Baden-Württemberg über eigenes Fachpersonal, dazu *Schulz zur Wiesch*, Regionalplanung, S. 25.

[260] § 9 Abs. 2 LPlG Bad.-Würt.; vgl. auch *Hahlweg / Nebe*, Informationen des Instituts für Raumordnung 1972, 231 (238).

[261] § 7 Abs. 1 Schl.-H. LPlG.

[262] Eine Einteilung der Grundmodelle zur Organisation der Regionalplanung nach einem anderen Muster findet sich bei *Pühl*, Organisation der Regionalplanung, S. 34.

a) Planungsräume außerhalb des allgemeinen Verwaltungsgefüges mit regionaler Planungskompetenz

Der regionale Planungsraum wird unabhängig von den bestehenden Grenzen der allgemeinen Verwaltung gebildet, wobei dem Planträger ausschließlich die Planungskompetenz zusteht (ausschließliche Planungsräume). Solche ausschließlichen Planungsräume existieren in Form von regionalen Planungs*gemeinschaften*[263].

Für eine solche Lösung wird vorgebracht, daß Planungsräume wegen der ständigen Veränderung ihrer sozioökonomischen Daten im Gegensatz zu den Verwaltungsräumen variabel sein müßten[264]. Dies mag bei Berücksichtigung ausschließlich planungswissenschaftlicher Aspekte richtig sein. In der Praxis ist eine solche permanente Anpassungsfähigkeit der ausschließlichen Planungsräume aber bisher nicht erreicht worden. So ist der durch Gesetz abgegrenzte Planungsraum „Ruhrsiedlungsverband" während seines fünfzigjährigen Bestehens nur einmal geringfügig im Gebietszuschnitt verändert worden[265]. Ausschließliche Planungsräume zeigen daher in der Praxis ähnlich wie Verwaltungsräume eine nicht zu unterschätzende räumliche Beständigkeit.

Ausschließliche Planungsräume lassen sich funktional oder homogen abgrenzen, wobei zwangsläufig die mit diesen Abgrenzungsmethoden verbundenen und bereits aufgezeigten Schwierigkeiten auftreten[266]. Ferner sind für Planungsräume dieser Art jene Nachteile beachtlich, die sich aus der fehlenden Kongruenz von Planungs- und Verwaltungsraum ergeben. Dazu zählen eine geringere Effizienz durch die Trennung von Planung, Durchführung und Finanzierung, geringere Chancen für eine Umsetzung der planerischen Vorstellungen wegen des Fehlens einer faktischen Selbstbindung und Schwierigkeiten bei der Beschaffung einer ausreichenden Datenbasis[267].

Unter dem Gesichtspunkt der „Demokratisierung" ist ferner von Bedeutung, daß die Organe der Planungsgemeinschaft allenfalls eine mittelbare demokratische Legitimation besitzen, da ihre Mitglieder nicht vom Bürger direkt gewählt, sondern von den Mitgliedskörperschaften (Gemeinden und/oder Landkreise) delegiert werden.

Die Beschränkung eines solchen Planungsträgers ausschließlich auf die Aufgabe der Regionalplanung läßt zudem einen weiteren Nachteil vermuten: Die Vertreter der Gemeinden und Landkreise in den Ver-

---

263 Zu deren Struktur vgl. *Lange*, Organisation der Region, S. 93 ff.

264 *Otremba*, Stichwort „Raum und Raumgliederung", in: HWB der Raumforschung und Raumordnung, Sp. 1559.

265 *Wagener*, Neubau der Verwaltung, S. 294.

266 Vgl. Ausführungen zu B. II. 1. c).

267 Vgl. Ausführungen zu B. II. 2. c).

bandsorganen werden sich vorrangig als Interessenvertreter „ihres“ Raumes sehen, der sie entsandt hat. Die Berücksichtigung eines Gesamtinteresses (regionales Interesse) — welches nicht immer mit dem Einzelinteresse der Mitglieder des Planungsverbandes (lokales Interesse) identisch sein muß — wird in den Hintergrund treten[268]. Die isolierte Wahrnehmung der Regionalplanung wird im Ergebnis zum „Kompromiß des geringsten Widerstandes“ zwischen den Beteiligten und zu einem Interessenpartikularismus führen, da sich ein gesamträumliches Interesse wegen Fehlens korrespondierender Aufgabenzuständigkeiten kaum entwickeln kann. Wie berechtigt diese Annahme ist, beweist die Stellungnahme des niedersächsischen Städteverbandes zur Übertragung der Regionalplanung auf die Kreise. Der Nds. Städteverband, der für ausschließliche Planungsräume oberhalb der Kreisebene plädiert, erhebt gegen die Wahrnehmung der Regionalplanung auf Kreisebene Bedenken, weil bei den Kreistagsabgeordneten „nicht von vornherein feststehe, daß sie stets das Gemeindeinteresse im Auge hätten“[269]. Regionalplanung in diesem Sinne bedeutet folglich die bloße Summierung und Festschreibung gemeindlicher Interessen. Die Chance für eine so verstandene Regionalplanung sieht der Nds. Städteverband richtigerweise am ehesten in ausschließlichen Planungsräumen verwirklicht.

Diese Argumentation bestätigt die These, daß in ausschließlichen Planungsräumen mit ausschließlicher Planungskompetenz die Entwicklung eines regionalen Gesamtinteresses kaum möglich ist. Die Aufgabe der mittelbar oder unmittelbar gewählten Gemeindevertreter wird sich darauf beschränken, die Planungswünsche „ihrer“ Gemeinde einzubringen[270]. Als Abgeordnete mit nur *einem* Auftrag wird sich auch deren eigener politischer Erfolg oder Mißerfolg zwangsläufig nur an diesem Maßstab orientieren.

---

[268] Der Konflikt zwischen lokalen und regionalen Interessen wird auch von den Abgeordneten der Planungsverbände durchaus gesehen, vgl. dazu die Ergebnisse einer Umfrage zur Regionalplanung von *Schulz zur Wiesch*, Regionalplanung in Hessen, S. 170 f. und S. 256. Zum Gesichtspunkt der politischen Repräsentanz des Bürgers bei unterschiedlichen Raumeinheiten vgl. *Schnur*, Die Verwaltung 1970, S. 257 (274 f.); vgl. dazu auch *Pühl*, Organisation der Regionalplanung, S. 121.

[269] So der Vertreter des Städteverbandes im Nds. Landtagsausschuß für Innere Verwaltung, vgl. Niederschrift über die 24. Sitzung des Ausschusses für Innere Verwaltung vom 1. 10. 1975 (unveröffentlichtes Manuskript), S. 31.

[270] *Petersen* (Regionale Planungsgemeinschaften, S. 157) bezeichnet die Regionalpläne in Baden-Württemberg als eine „bloße Zusammenstellung örtlicher Wünsche“. Abzulehnen ist daher erst recht der Vorschlag von *Pühl* (Organisation der Regionalplanung, S. 126), wonach die von den Mitgliedskörperschaften entsandten Vertreter auch noch weisungsgebunden sein sollen. Dies würde den Interessenpartikularismus nur zusätzlich verstärken.

Ein solches Planungsverständnis mag zwar aus der Sicht der Gemeinden erstrebenswert sein. Es wird aber der notwendigen Funktion der Regionalplanung nicht gerecht, die darauf angelegt sein muß, gemeindliche und staatliche Raumansprüche auszugleichen durch die Entwicklung eines *eigenständigen* regionalen Entwicklungskonzepts.

b) Planungsräume außerhalb des allgemeinen Verwaltungsgefüges mit planakzessorischen Verwaltungskompetenzen

Die Bildung eines Planungsraumes außerhalb des allgemeinen Verwaltungsgefüges mit einer eigenen Verwaltungsorganisation, die über die Planung hinausgehende Kompetenzen hat, wäre das zweite Grundmodell (Regional*verbands*-Modell).

Weber hat bereits 1964 darauf hingewiesen, daß allein auf die Planung begrenzte Planungsgemeinschaften dahin tendieren, sich zum Regionalverband zu entwickeln[271]. Der frühere Siedlungsverband Ruhrkohlenbezirk und die Großraumverbände Hannover und Braunschweig sind Beispiele für Regionalverbände dieser Art. Die aus der Zusammenfassung von Planung, Durchführung und Finanzierung resultierenden Vorteile (Effizienzsteigerung, faktische Selbstbindung, Datenbasis) werden bei diesem Modell im Gegensatz zur Regionalen Planungsgemeinschaft genutzt. Eebenfalls bieten sich Möglichkeiten einer unmittelbaren demokratischen Legitimation ihrer Organe[272].

Die Nachteile liegen insbesondere in der Tatsache, daß zusätzlich zum bestehenden Verwaltungsgefüge oberhalb der Kreise eine weitere Verwaltungsebene geschaffen wird. Dadurch würden die ohnehin bereits anerkannten Mängel im Verwaltungsaufbau weiter verstärkt[273]. So ist die Zahl der Verwaltungseinheiten heute bereits zu hoch und der Gesamtaufbau der Verwaltung zu unübersichtlich[274]. Eine zusätzliche Verwaltungsebene würde dem Trend der Verwaltungsreform zuwiderlaufen, auf möglichst wenig Ebenen zu einer weitgehenden Bündelung öffentlicher Aufgaben zu gelangen (Einheit der Verwaltung)[275]. Zu

271 *Weber*, Kommunale Struktur, Gutachten 45. DJT, S. 54 f.

272 So werden im Großraumverband Hannover seit 1974 die Mitglieder der Verbandsversammlung unmittelbar von den Bürgern gewählt, vgl. das Gesetz über die kommunale Neugliederung im Raum Hannover vom 11. 2. 1974 (GVBl. S. 57), vgl. ferner § 15 Abs. 2 des Gesetzes über den Großraum Hannover i. d. F. vom 2. 11. 1977 (GVBl. S. 569).

273 *Evers*, Das Recht der Raumordnung, S. 119 f.

274 *Wagener*, Neubau der Verwaltung, S. 552; die Nds. Sachverständigenkommission zur Gebietsreform (Bd. 1 Rdnr. 415 und 419) weist darauf hin, daß der Verwaltungsaufbau in Niedersachsen unterhalb der Bezirksebene im Vergleich zu anderen Bundesländern besonders unübersichtlich ist.

275 Nds. Sachverständigenkommission zur Gebietsreform, Bd. 1, Rdnr. 419 ff.; *Roters / Ballke*, Funktionalreform S. 59; *von Unruh* DVBl. 1979, S. 761 ff. Wagener, Neubau der Verwaltung, S. 285 und 302.

Recht wird außerdem die Auffassung vertreten, daß eine oberhalb der Kreise anzusiedelnde Verwaltungsebene zwangsläufig zu einer Aushöhlung der Kreisfunktion führen muß, da der Aufgabenbestand einer solchen Institution die überörtliche Ausgleichsfunktion der Kreise schmälern würde[276].

c) Identität von regionalen Planungs- und allgemeinen Verwaltungsräumen

Letztlich bietet sich die Möglichkeit, die regionalen Planungsräume in ihrem Zuschnitt einem bestehenden allgemeinen Verwaltungsträger zuzuordnen. In Betracht kommen dafür entweder die Grenzen der Regierungsbezirke (so in Nordrhein-Westfalen)[277] oder der Kreise (so in Niedersachsen)[278]. Außer den bereits zum Regionalverbandsmodell genannten Vorteilen (Effizienzsteigerung, faktische Selbstbindung, Datenbasis) vermeidet eine solche Lösung die Schaffung einer zusätzlichen Verwaltungsebene.

Nachteile ergeben sich aus der Kongruenz von Planungs- und Verwaltungsraum dann, wenn die Raumgliederung der allgemeinen Verwaltungsträger auch nicht annähernd funktionalen Gesichtspunkten entspricht. Dies ist dann der Fall, wenn die funktionalen Beziehungen und damit die Raumkonflikte zwischen verschiedenen Verwaltungsräumen intensiver sind als innerhalb derselben und somit der Koordinationsaufwand zwischen den benachbarten Planungsträgern unverhältnismäßig hoch ist[279].

Bis Mitte der 60er Jahre war eine solche Situation gegeben, denn die bis dahin bestehende Verwaltungsgliederung in Regierungsbezirke und Landkreise war nahezu 150 Jahre alt[280]. Die fehlende raumordnungsgerechte Gliederung der Verwaltungsräume führte daher notwendigerweise zu selbständigen, von den Verwaltungszentren unabhängigen Planungsräumen. Im Vordergrund stand die Auffassung, daß zwischen Verwaltungsorganisation und Raumordnungsregion kein Zusammenhang bestehe[281].

---

276 Nds. Sachverständigenkommission zur Gebietsreform, Bd. 1, Rdnr. 415; ähnlich auch *Honnacker*, Die Region, in: Festschrift für Günther Küchenhoff, S. 501 (508); ebenso *Seele*, der Landkreis 1974, S. 227 (234).

277 Vgl. FN 249.

278 Vgl. FN 252.

279 Vgl. dazu die Ausführungen zu B. II. 1. c); zu den Koordinationsproblemen vgl. *Roesler / Stürmer*, Koordinierung, S. 146 ff.

280 *Weber*, Stichwort „Verwaltungsgliederung und Raumordnung“, in: HWB der Raumforschung und Raumordnung, Sp. 3635.

281 So wurde u. a. in Rheinland-Pfalz bei der territorialen Neugliederung der Landkreise und Regierungsbezirke die Auffassung vertreten, daß die Planungsregionen hierbei unberücksichtigt bleiben könnten, vgl. näher dazu *Wagener*, Neubau der Verwaltung, S. 173 f. m. w. N.

Erst die in den 60er Jahren in allen Bundesländern einsetzende Gebietsreform förderte den Gedanken, die Verwaltungsräume so zu schneiden, daß sie auch als regionale Planungsräume geeignet seien[282]. Die Raumordnung wurde zunehmend zu einem bestimmenden Faktor für die Veränderung der Verwaltungsstruktur[283]. Seit Abschluß der Gebietsreform sind damit unzweifelhaft die Voraussetzungen für eine Deckungsgleichheit von Planungs- und Verwaltungsraum verbessert worden. Denn je mehr die Verwaltungsräume ihrerseits raumordnerischen (funktionalen bzw. homogenen) Abgrenzungskriterien entsprechen, umso weniger besteht ein Bedürfnis für eine Organisation der Regionalplanung außerhalb des bestehenden Verwaltungsgefüges.

d) Bewertung der unterschiedlichen Modelle

Die Gegenüberstellung der Vor- und Nachteile dieser drei organisatorischen Grundmodelle läßt erkennen, daß die optimale Lösung in der Deckungsgleichheit von Verwaltungs- und Planungsraum zu sehen ist, wobei die Verwaltungsräume ihrerseits raumordnungsgerecht gegliedert sein sollten. Eine solche Lösung vereint alle Vorteile, die sich aus der Deckungsgleichheit beider Räume ergeben (Effizienzsteigerung, faktische Selbstbindung, verbesserte Datenbasis) mit den Vorzügen einer funktionalen Raumgliederung (Reduzierung der Raumkonflikte).

Inwieweit nach Abschluß der Gebietsreform die in der Mittelinstanz[284] gebildeten Verwaltungsräume raumordnerischen Ansprüchen genügen, wird für Niedersachsen noch zu untersuchen sein.

Entsprechen die Verwaltungsräume nicht oder nur annähernd raumordnerischen Maßstäben, so erfordert die Entscheidung für oder gegen eines der genannten Grundmodelle eine Bewertung und Abwägung der jeweiligen Nachteile, die sich wie folgt erfassen lassen:

	Nachteil:
— bei Modell 1 (Inkongruenz von Planungs- und Verwaltungsraum/Planungsträger beschränkt auf Planungskompetenz):	geringere Effizienz
— bei Modell 2 (Regionaler Planungsträger außerhalb des Verwaltungsgefüges mit Verwaltungs- und Ausführungskompetenzen):	zusätzliche Verwaltungsebene
— bei Modell 3 (Kongruenz von nicht raumordnungsgerechten Verwaltungsräumen und regionalen Planungsräumen) :	erhöhte Raumkonflikte

---

282 *Wagener*, Neubau der Verwaltung, S. 167 ff.

283 Überblick über diese Entwicklung bei *Wagener*, Informationsbriefe für RO, R 2.2.3., S. 7 ff.; der Zusammenhang wird ebenfalls betont von der Nds. Sachverständigenkommission zur Gebietsreform, Bd. 1, Rdnr. 8.

284 Zum Begriff der Mittelinstanz *Roters / Ballke*, Funktionalreform, S. 35 f.

Inwieweit man diesen Nachteilen im Rahmen der Abwägung einen unterschiedlichen Stellenwert zuerkennt, ist weniger eine verwaltungswissenschaftliche, sondern mehr eine verwaltungspolitische Fragestellung[285].

[285] Nach *Curdes / Fester / Helmer* (Informationen zur Raumentwicklung 1976, S. 41 [42]) liegen die Grenzen für eine Vereinheitlichung von Planungs- und Verwaltungsraum dort, wo der Nutzen inkongruenter funktionaler Regionsbildung den Schaden der Überschreitung von Verwaltungs- und Landesgrenzen deutlich übertrifft.

C. Die Organisation der Regionalplanung in Niedersachsen nach Abschluß der Gebietsreform

Die bisherige Untersuchung hat gezeigt, daß grundsätzlich eine Kongruenz von regionalem Planungsraum und bestehendem Verwaltungsraum erstrebenswert ist. Dies gilt insbesondere dann, wenn die Verwaltungsräume selbst bereits einen raumordnungsgerechten Zuschnitt aufweisen. Ein Ziel der inzwischen in allen Bundesländern abgeschlossenen Gebietsreform war es, die verwaltungsräumliche Gliederung von historischen Zufälligkeiten zu lösen und dafür verstärkt die wirtschaftlichen Verflechtungen als Grundlage einer Verwaltungsgliederung heranzuziehen[1].

I. Ergebnisse der niedersächsischen Gebietsreform in der Mittelinstanz

Die Neugliederung der Landkreise und Regierungsbezirke stellte in Niedersachsen den Abschluß der Gebietsreform dar[2].

1. Kreisreform

Die Nds. Sachverständigenkommission zur Vorbereitung der Gebietsreform ging von einer Reduzierung der Zahl der Landkreise von 60 auf 26 aus[3]. Grundlage dieses Konzepts war das Ziel, die Kreisgebiete nach entwicklungsfähigen Lebens- und Wirtschaftsräumen abzugrenzen[4]. Nur unter der Voraussetzung einer solchen großräumigen Gestaltung der Landkreise machte die Sachverständigenkommission den Vorschlag, den Landkreisen die Trägerschaft der Regionalplanung zu übertragen[5].

---

1 *Seele*, der Landkreis 1978, S. 494 (498).

2 Zur Gemeindegebietsreform vgl. *von Unruh*, Gebietsreform in Nds., S. 71 sowie den Raumordnungsbericht Niedersachsen 1978, S. 174; die gemeindliche Neugliederung führte in Nds. zu einer Reduzierung gemeindlicher Verwaltungseinheiten von ursprünglich 4062 Gemeinden auf nunmehr 416 (274 Einheitsgemeinden und 142 Samtgemeinden). Zu den Ergebnissen der Verwaltungs- und Gebietsreform in Niedersachsen vgl. ferner *Götz / Petri*, Die Verwaltung 1980, S. 37 ff.

3 Nds. Sachverständigenkommission zur Gebietsreform, Bd. 1, Rdnr. 683 (S. 195).

4 Nds. Sachverständigenkommission zur Gebietsreform, Bd. 1, Rdnr. 414 (S. 124).

Mit dem Achten Gesetz zur Verwaltungs- und Gebietsreform vom 28. 6. 1977 wurde dann nach mehr als 10jähriger Reformdiskussion die Gebietsreform auf der Basis von 37 Landkreisen verabschiedet[6].

Während das ursprünglich von der Sachverständigenkommission vorgelegte Kreiskonzept noch weitgehend auf einen raumordnungsgerechten Zuschnitt der Kreise abstellte[7], waren die nachfolgenden Änderungen im wesentlichen politischer Natur. Die Auswirkungen dieser Korrekturen auf die Größenordnung der neuen Landkreise verdeutlichen folgende Zahlen:

	durchschnittliche Einwohnerzahl	durchschnittliche Flächengröße (qkm)
60 Kreise in Niedersachsen vor der Gebietsreform[a)] (1965)	84 462	772
28 Kreise nach dem Vorschlag der Sachverständigenkommission[b)]	191 500	1 651
Achtes Gesetz zur Verwaltungs- und Gebietsreform vom 28. 6. 1977 (37 Kreise), korrigiertes Ergebnis = 38 Kreise[c)]	148 243	1 213
234 Kreise in allen Bundesländern nach Abschluß der Gebietsreform[d)]	167 627	1 005

a) Die Durchschnittszahlen wurden errechnet nach dem Gebietsstand der Kreise vom 30. 6. 1965. Zu den Basisdaten vgl. Statistisches Jahrbuch für die Bundesrepublik Deutschland 1966, S. 30. Die bei *von Unruh* (Gebiets- und Verwaltungsreform, S. 52) angegebenen Durchschnittszahen sind weniger exakt.

b) Errechnet auf der Basis der Zahlen der Nds. Sachverständigenkommission zur Gebietsreform, Bd. 1, Rdnr. 683 (S. 195).

c) Errechnet auf der Grundlage der Basiszahlen bei *von Unruh*, Gebiets- und Verwaltungsreform, S. 86 f. Diese Zahlen wurden aber korrigiert um die Gebietsänderungen, die aufgrund des Urteils des Nds. Staatsgerichtshofes vom 14. 2. 1979 (Nds. MBl. S. 547) notwendig wurden, vgl. das entsprechende Gesetz zur Neugliederung der Landkreise in den Räumen Friesland/Wittmund/Ammerland und Holzminden/Hildesheim vom 16. 12. 1979 (Nds. GVBl. S. 332). Durch dieses Gesetz wurde die Zahl der Kreise von 37 auf 38 erhöht.

d) *Seele*, der Landkreis 1978, S. 494 (497); ähnliche Zahlen bei *Schmitt Glaeser*, der Landkreis 1980, S. 130/131 f.); leicht abweichende Zahlen bei *Wagener*, DÖV 1976, S. 253 (255).

Aus dieser Zahlenübersicht wird folgendes deutlich: Der Vorschlag der Nds. Sachverständigenkommission zielte darauf ab, neue großräumige Kreise zu schaffen, die sowohl nach der Einwohnerzahl wie auch nach ihrer Flächenausdehnung erheblich oberhalb der Reformergebnisse in den anderen Bundesländern gelegen hätten. Die spätere Gesetzeslösung in Niedersachsen liegt hinsichtlich der durchschnittlichen Einwohner-

[5] Nds. Sachverständigenkommission zur Gebietsreform, Bd. 1, Rdnr. 414 (S. 124) und Rdnr. 482 (S. 141).

[6] Art. I Achtes Gesetz zur Verwaltungs- und Gebietsreform vom 28. 6. 1977 (Nds. GVBl. S. 233); vgl. auch Ausführungen A. III.

[7] Nds. Sachverständigenkommission zur Gebietsreform, Bd. 1, Rdnr. 414 (S. 124).

zahl der Kreise unter dem Bundesdurchschnitt, bezüglich ihrer räumlichen Größe aber immer noch deutlich darüber.

Relativ groß ist in Niedersachsen auch nach Abschluß der Kreisreform die Bandbreite zwischen großen und kleinen Kreisen. In den einzelnen Bundesländern besteht zwischen dem größten und dem kleinsten Kreis, gemessen nach Einwohnerzahl und Fläche, folgende Relation[8]:

Relation zwischen größtem und kleinstem Kreis

	nach Einwohnern	nach Fläche/qkm
Niedersachsen[a)]	9,7 : 1 (531 480 : 54 613)	5,3 : 1 (2 859 : 539)
Baden-Württemberg	5,4 : 1 (449 000 : 83 000)	3,6 : 1 (1 859 : 519)
Nordrhein-Westfalen	5,2 : 1 (635 000 : 122 000)	5,2 : 1 (1 958 : 379)
Hessen	4,3 : 1 (353 000 : 82 000)	7,6 : 1 (1 695 : 222)
Saarland	4,2 : 1 (380 000 : 91 000)	2,2 : 1 (555 : 250)
Rheinland-Pfalz	3,4 : 1 (190 000 : 56 000)	5,3 : 1 (1 626 : 305)
Bayern	3,3 : 1 (224 000 : 68 000)	6,1 : 1 (1 972 : 323)
Schleswig-Holstein	2,2 : 1 (254 000 : 114 000)	3,3 : 1 (2 185 : 662)

a) Der Landkreis Lüchow-Dannenberg blieb hier außer Betracht, da der Fortbestand noch offen ist, vgl. *Seele*, der Landkreis 1978, 494. Zur Relation zwischen dem jeweils größten und kleinsten Regionalplanungsraum in den Bundesländern, vgl. B. II. 3.

Der Abstand zwischen dem größten und dem kleinsten Kreis ist gemessen an der Einwohnerzahl in Niedersachsen und bezüglich der Fläche in Hessen am auffälligsten. Je ungünstiger diese Relationsziffern, umso unterschiedlicher ist folglich auch die Verwaltungs- und Leistungskraft der einzelnen Kreise und umso problematischer sind ungestufte Aufgabenzuweisungen, die sich an der durchschnittlichen Größe der Kreise und damit an deren Verwaltungskraft orientieren[9].

Dabei bleibt allerdings zu berücksichtigen, daß Niedersachsen ein ausgesprochener Flächenstaat ist mit der geringsten Bevölkerungsdichte aller Bundesländer[10]. Diese besondere Raumstruktur mußte bei der

[8] Vgl. dazu *Seele*, der Landkreis 1978, S. 494 (495) sowie die Anlage 1.

[9] Zur Überlegung, für die Kreise nach der Größenordnung gestufte Aufgabenzuständigkeiten zu schaffen, vgl. *Seele*, der Landkreis 1978, S. 494 (499).

[10] Vgl. zu den Zahlen der einzelnen Bundesländer bereits B. II. 3. FN 258.

Kreisreform in Niedersachsen berücksichtigt werden. Vergleicht man ferner in der obigen Übersicht die Flächengrößen des jeweils kleinsten Kreises aller Bundesländer, so liegen diese Größen in fast allen anderen Bundesländern niedriger als in Niedersachsen (Ausnahme nur in Schleswig-Holstein). Die für Niedersachsen recht ungünstigen Relationsziffern bedürfen daher bei sachgerechter Bewertung einer Relativierung angesichts der besonderen Raumstruktur dieses Bundeslandes.

Eine richterliche Korrektur der niedersächsischen Kreisgliederung erfolgte aufgrund des Urteils des Nds. Staatsgerichtshofes vom 14. 2. 1979[11], wodurch die Kreisgliederung in zwei Fällen für verfassungswidrig erklärt wurde. Die gesetzliche Anpassung an das Verfassungsgerichtsurteil führte zur Wiederherstellung der Landkreise Wittmund und Friesland[12] und damit zu einer endgültigen Zahl von 38 Landkreisen in Niedersachsen.

Eine Aufteilung der 38 niedersächsischen Landkreise auf einzelne Größengruppen ergibt nunmehr folgendes Bild[13]:

Einwohner	Zahl der Landkreise[a)]
bis 75 000	2
75 - 100 000	9
100 - 200 000	22
200 - 300 000	4
über 300 000	1

Fläche (qkm)	Zahl der Landkreise
bis 500	—
500 - 1 000	16
1 000 - 1 500	13
1 500 - 2 000	4
über 2 000	5

a) Die bei *Seele* angegebenen Zahlen sind hier korrigiert hinsichtlich der nachträglichen Neugliederung vom 16. 12. 1979, vgl. dazu FN 12.

[11] Urteil des Nds. Staatsgerichtshofes vom 14. 2. 1979 (Nds. MBl. S. 547).

[12] Gesetz zur Neugliederung der Landkreise in den Räumen Friesland/Wittmund/Ammerland und Holzminden/Hildesheim vom 16. 12. 1979 (Nds. GVBl. S. 332).

[13] Zu den Größengruppen der anderen Bundesländer nach der Gebietsreform vgl. *Seele*, der Landkreis 1978, S. 494 (497).

2. Kreisfreie Städte

Von den 15 ehemals kreisfreien Städten wurden 6 Städte in bestehende oder neugebildete Landkreise eingegliedert[14], so daß sich die Zahl der kreisfreien Städte auf 9 verringerte[15].

Der Richtwert für den kreisfreien Status von Städten liegt in den meisten Ländern bei etwa 100 000 Einwohnern. Einen Überblick über die Größenklassen der nach der Gebietsreform verbliebenen kreisfreien Städte vermitteln folgende Zahlen[16]:

Einwohner	Nds.	BW	Bay.	Hess.	NW	RPf.	Saarl.	SH
bis 50 000	0	1	9	0	0	4	0	0
50 - 75 000	2	0	8	0	0	2	0	0
75 - 100 000	0	1	1	0	0	2	0	2
100 - 200 000	5	4	4	3	7	4	0	0
200 - 500 000	1	2	2	2	11	0	0	2
über 500 000	1	1	1	1	5	0	0	0

Die durchschnittliche Einwohnerzahl der 9 kreisfreien Städte in Niedersachsen liegt bei 175 820 Einwohnern[17].

3. Staatliche Mittelinstanz

Die Behörden der früheren 6 Regierungspräsidenten[18] und der 2 Präsidenten der Verwaltungsbezirke[19] wurden aufgelöst und statt dessen 4 Bezirksregierungen gebildet[20]. Alle 4 Bezirksregierungen weisen eine Einwohnerzahl auf zwischen 1,0 und 2,5 Millionen. 2 Bezirksregierun-

14 Und zwar die Städte Goslar, Hameln, Celle, Lüneburg, Hildesheim und seit dem 1. 8. 1977 auch Cuxhaven, vgl. *von Unruh*, Gebiets- und Verwaltungsreform, S. 71.

15 *von Unruh*, Gebiets- und Verwaltungsreform, S. 87.

16 Übersicht bei *Seele*, der Landkreis 1978, S. 494 (499); gegen ihre Wiedereinkreisung hat Verfassungsbeschwerde eingelegt u. a. die Stadt Hildesheim, vgl. dazu *Blümel*, Das verfassungsrechtliche Verhältnis, S. 17.

17 Errechnet aufgrund der Zahlen bei *von Unruh*, Gebiets- und Verwaltungsreform, S. 87.

18 In Aurich, Hannover, Hildesheim, Lüneburg, Osnabrück und Stade, vgl. Art. I § 1 des Achten Gesetzes zur Verwaltungs- und Gebietsreform vom 28. 6. 1977 (GVBl. S. 233).

19 In Braunschweig und Oldenburg, vgl. Art. I § 1 des Achten Gesetzes zur Verwaltungs- und Gebietsreform (GVBl. 1977, S. 233).

20 In Braunschweig, Hannover, Lüneburg und die Bezirksregierung Weser-Ems mit dem Sitz in Oldenburg, vgl. Art. I § 1 Abs. 2 und § 2 des Achten Gesetzes zur Verwaltungs- und Gebietsreform (GVBl. 1977, S. 233).

gen haben eine Flächenausdehnung zwischen 5 000 und 10 000 km², die weiteren 2 Bezirke liegen über 10 000 km² [21].

Die Vergrößerung wurde im wesentlichen verwaltungsorganisatorisch begründet[22]. Eine Anpassung an wirtschaftsräumliche Tatbestände durch Berücksichtigung funktionalräumlicher Beziehungen erfolgte mit der Bezirksreform nicht. Die Bezirke liegen somit in der Regel oberhalb von Oberzentren[23].

II. Probleme einer Regionalplanung durch die Landkreise

Überlegungen für eine stärkere Einbindung der Kreise in das System der Raumplanung gibt es sowohl im Schrifttum wie auch in der Planungspraxis[24]. Bestrebungen dieser Art werden u. a. damit begründet, daß bisher nur dem Kreis als einzigem Träger einer etablierten Verwaltungsebene jegliche Raumplanungskompetenz fehlt[25]. Außerdem habe der Zuwachs an Kreisaufgaben insbesondere fachplanerischer Art[26] dazu geführt, daß heute zahlreiche regionalraumwirksame Aufgaben von Kreisen wahrgenommen werden, die im engen Zusammenhang zur Regionalplanung stehen[27]. Die Stärkung der Verwaltungskraft der Kreise durch ihre räumliche Vergrößerung im Zuge der Territorialreform wird allerdings als Voraussetzung für regionalplanerische Kreisaufgaben angesehen[28].

1. Vorschläge für eine Einbeziehung der Kreise in die Raumplanung

Die niedersächsische Übertragung der Regionalplanung auf die Landkreise ist in der Planungspraxis kein Novum. Bis 1970 war auch in Hessen bereits vor der Kreisneugliederung die Aufstellung der regionalen

---

[21] *Seele*, der Landkreis 1978, S. 494 (501).

[22] *Seele*, der Landkreis 1978, S. 494 (501).

[23] *Pühl*, Organisation der Regionalplanung, S. 85.

[24] Für eine stärkere Einbindung der Kreise in die Regionalplanung gab es auch bereits vor der niedersächsischen Neuregelung zahlreiche Bestrebungen: Nachweise zum Meinungsstand bis 1968 bei *Lange*, Organisation der Region, S. 73 ff. und S. 131 ff. Danach auch *Honnacker*, Die Region, in: Festschrift für Günther Küchenhoff, S. 501 (512); *Knemeyer*, Bay.VBl. 1980, S. 15 (16); *Püttner*, Stadtentwicklungsplanung, S. 39; *Roters / Ballke*, Funktionalreform, S. 77 f.; *Roters*, Staats- und Kommunalverwaltung 1976, S. 226 (228 f.); *Schmidt-Aßmann*, DVBl. 1975, S. 4 (8 f.) m. w. N.

[25] *Schmidt-Aßmann*, DVBl. 1975, S. 4 (8).

[26] Dazu zählen nach *Wagener*, DöV 1976, S. 253 (261) insbesondere Schulentwicklungsplanung, Sportstättenplanung, Kindergartenentwicklungsplanung, Rettungswesenplanung, Abfallbeseitigungsplanung u. a.

[27] *Roters / Ballke*, Funktionalreform, S. 77 ff.; *v. d. Heide / Neumann*, der Landkreis 1976, S. 301 (303).

[28] *Wagener*, DöV 1976, S. 253 (254, 259).

Raumordnungspläne den Landkreisen zugewiesen[29]. Faktisch führte dies in Hessen jedoch dazu, daß von dieser Ermächtigung kein Gebrauch gemacht wurde und nicht ein einziger Raumordnungsplan durch die Kreise aufgestellt wurde[30].

In Niedersachsen geht die Übertragung der Regionalplanung auf die Landkreise auf den Vorschlag der Nds. Sachverständigenkommission zur Verwaltungs- und Gebietsreform aus dem Jahre 1969 zurück. In ihrem Gutachten hatte die Sachverständigenkommission auf der Basis einer räumlichen Gliederung des Landes in 28 Landkreise[31] eine Übertragung der Regionalplanung auf die Landkreise vorgeschlagen[32]. Für Nordrhein-Westfalen empfahl die von der Landesregierung eingesetzte Sachverständigenkommission in dem Gutachten von 1968 ebenfalls die Übertragung von Aufgaben der Landesplanung auf die Kreisebene[33].

Im Schrifttum werden seit einiger Zeit auch Modelle einer zweistufigen Regionalplanung diskutiert[34], wonach die Kreisplanung die Funktion einer Teilregionalplanung übernimmt. *Schmidt-Aßmann* entwickelte den Vorschlag einer instanziell-differenzierten Regionalplanung. Danach sollen die regionalen Planaussagen je nach ihrer räumlichen Ausstrahlungskraft auf Kreise und Bezirke aufgeteilt werden[35]. Das Modell geht davon aus, daß insbesondere in großen Flächenstaaten[36] die Planinhalte der Regionalplanung eine so unterschiedliche räumliche Reichweite haben, daß die Übertragung der gesamten Planungssubstanz auf nur einen Planungsträger unangemessen sei[37]. Dementsprechend sollen auf der Ebene der Regierungsbezirke kreisübergreifende Planaspekte geregelt werden wie z. B. die Linienführung der Landstraßen, Flugplätze, Lärmschutzzonen, Hochschulstandorte usw. Planinhalte mit

---

29 Vgl. Ausführungen zur Einführung, FN 2.

30 *Sesselmann*, Übergang der Regionalplanung, S. 7; vgl. ebenso Einführung, FN 2.

31 Nds. Sachverständigenkommission zur Gebietsreform, Bd. I, Rdnr. 683 (S. 195).

32 Nds. Sachverständigenkommission zur Gebietsreform, Rdnr. 414 (S. 124) und Rdnr. 482 (S. 141).

33 Die kommunale und staatliche Neugliederung des Landes NRW, Abschnitt B: Die Neugliederung der Städte und Gemeinden und die Reform der Kreise, 1968, S. 107 ff.

34 Vgl. dazu *Schmidt-Aßmann*, DVBl. 1975, S. 4 ff.; *Pappermann*, DöV 1973, S. 505 (511); *Roters / Ballke*, Funktionalreform, S. 78 f.; *Pühl*, Organisation der Regionalplanung, S. 133 f.; *Roters*, Kommunale Mitwirkung, S. 130 ff.; *Seele*, der Landkreis 1974, S. 227 (235); *Pappermann / Roters / Vesper*, Funktionalreform, S. 115.

35 *Schmidt-Aßmann*, DVBl. 1975, S. 4 (10 f.).

36 Der Vorschlag orientiert sich in erster Linie an den räumlichen Anforderungen einer Regionalplanung in NRW, vgl. *Pühl*, Organisation der Regionalplanung, S. 134.

37 *Schmidt-Aßmann*, DVBl. 1975, S. 4 (10 f.).

stärker kommunal- und kreisbezogenen Aussagen (wie Wohnsiedlungs-, Gewerbe- und Industrieansiedlungsbereiche, Agrar- und Waldbereiche, Linienführung der Kreisstraßen) sollen folglich im Kreisraumordnungsplan dargestellt werden[38].

Im Schrifttum wird teilweise noch weitergehend nicht nur die Einbindung der Kreise in die Regionalplanung gefordert, sondern darüber hinaus die Fortentwicklung der Kreisplanung zu einer Kreisentwicklungsplanung mit Außenwirkung[39]. Je nach Ausgestaltung soll die Kreisentwicklungsplanung dabei entweder zusätzlich neben die Regionalplanung treten[40] oder aber die Raumordnungsfunktion der Regionalplanung integrieren[41]. In Niedersachsen ist eine solche Fortentwicklung zur Kreisentwicklungsplanung nicht beabsichtigt. Nach dem erklärten Willen der Landesregierung ist die vorgenommene Übertragung der Regionalplanung auf die Kreise nicht als Vorstufe für eine rechtsverbindliche Kreisentwicklungsplanung anzusehen[42].

2. Regionalplanung auf Kreisebene in der wissenschaftlichen Diskussion

Die niedersächsische Verlagerung der Regionalplanung auf die Landkreise[43] ist bisher recht kontrovers beurteilt worden. Das Meinungsspektrum reicht von der Befürwortung dieser Maßnahme[44] über eine vorsichtige und noch offene Beurteilung[45] bis hin zur weitgehenden Ablehnung dieses Schrittes[46].

---

38 *Schmidt-Aßmann*, DVBl. 1975, S. 4 (11).

39 Der Deutsche Landkreistag, der Landkreis 1972, S. 5 (9); *Pappermann / Roters / Vesper*, Funktionalreform S. 115; *Wagener*, DVBl. 1970, S. 93 (95).

40 *Gerhardt*, der Landkreis 1974, S. 463; *Breusing*, der Landkreis 1974, S. 461.

41 Nach *Göb / Laux / Salzwedel / Breuer* (Kreisentwicklungsplanung, S. 36 f. u. 121) soll das Kreisentwicklungsprogramm aus drei Teilen bestehen: Kreisraumordnungsprogramm, Kreisgebietsentwicklungsprogramm und mittelfristiger Ressourcenplan; ebenso *Pappermann*, DöV 1973, S. 505 ff.; kritisch dazu *Berkenhoff*, Städte- und Gemeinderat 1973, S. 345 ff.

42 So die Begründung zum Entwurf eines Achten Gesetzes zur Verwaltungs- und Gebietsreform vom 7. 8. 1975, Landtagsdrucksache 8/1000, S. 236.

43 Fundstellen über Meinungsäußerungen zur Regionalplanung auf Kreisebene von der Neuregelung in Nds. vgl. FN 24.

44 *Schmitt Glaeser* (der Landkreis 1980, S. 130 [136]) bezeichnet das Modell als „richtungsweisend", ebenso *Tiedeken*, der Landkreis 1978, S. 489 (492); *Seele* (der Landkreis 1978, S. 494 [501]) bezeichnet die nds. Lösung als einen „interessanten Weg"; *Sesselmann* (Übergang der Regionalplanung, S. 28) kommt zu einer überwiegend positiven Beurteilung mit Einschränkungen für die Verdichtungsräume; *Wagener* (DöV 1976, S. 253 [260 f.]) geht allerdings von „neuen wesentlich vergrößerten Kreisen" aus.

45 *von der Heide / Neumann*, der Landkreis 1976, S. 301 (302); *Heigl*, WiVerw. 1976/2, S. 1 (15); *Ritter* (Innere Kolonisation — Land und Gemeinde 1978) mit negativen (S. 130) und positiven (S. 134) Aspekten dazu; *Thieme*, AfK 17 (1978) S. 234 (239).

Ebenso variantenreich wie die Stellungnahmen sind ihre Begründungen. So werden die Landkreise für die Regionalplanung prinzipiell als zu klein betrachtet[47], die Kreisträgerschaft wird als systemwidrig eingestuft[48] und es werden Befürchtungen geäußert, daß die Regionalplanung infolge zunehmender Aussagedichte noch intensiver als bisher den gemeindlichen Entscheidungsspielraum einengt[49]. Auch die besonderen Probleme einer Kreisträgerschaft für die Verdichtungsräume werden gegen diese Lösung vorgebracht[50]. Letztlich fehlt es auch nicht an Stimmen, die rechtliche Bedenken gegen die Kreisträgerschaft der Regionalplanung äußern[51].

Die Diskussion ist folglich gekennzeichnet von einer Fülle unterschiedlicher Aspekte, die insbesondere politischer, verwaltungswissenschaftlicher, raumplanerischer und rechtlicher Natur sind[52]. Je nach dem unterschiedlichen Standort des Autors werden einzelne Aspekte in den Vordergrund gerückt und andere gänzlich unberücksichtigt gelassen. In der Diskussion besteht also noch kein Konsens in der Frage, welche Kriterien überhaupt für die Beurteilung einer Regionalplanung auf Kreisebene ausschlaggebend sein sollen. Diese Tatsache macht es erforderlich, nach Maßstäben zu suchen, die einer Bewertung dieser Aufgabenverlagerung zugrunde gelegt werden können.

3. Beurteilungskriterien für eine Regionalplanung auf Kreisebene

Die Nds. Sachverständigenkommission zur Verwaltungs- und Gebietsreform hat in ihrem Gutachten konkrete Beurteilungskriterien entwickelt, die sie als Maßstab für Aufgabenverlagerungen zugrunde legt. Danach werden in der höheren Instanz wahrgenommene Aufgaben

46 *Buchsbaum*, Informationen zur Raumentwicklung 1976, S. 263 (S. 275 FN 6); *Götz / Petri* (Die Verwaltung 1980, S. 37 [53]) sprechen von der Gefahr einer „regionalen Kirchtumspolitik"; *Güldenberg* (Informationen zur Raumentwicklung 1979, S. 227 ff.) insbesondere unter dem Aspekt der Verdichtungsräume; *Kistenmacher*, der Landkreis 1979, S. 144 (145); *Knemeyer*, Bay.-VBl. 1980, S. 15 (16); *Pühl*, Organisation der Regionalplanung, S. 105 ff.; *Wahl*, Rechtsfragen der Landesplanung, Bd. II, S. 185 FN 8.

47 So die Auffassung des Nds. Städteverbandes, der von mdst. 400 000 Einwohnern für die Planungsregion ausgeht, vgl. Landtags-Drucks. 8/1000, S. 236; ebenso *Knemeyer*, Bay.VBl. 1980, S. 15 (16).

48 *Wahl*, Rechtsfragen der Landesplanung, Bd. II, S. 185 FN 8.

49 So die Stellungnahme des Nds. Städteverbandes, vgl. FN 47; dazu auch *Pühl*, Organisation der Regionalplanung, S. 114 f.

50 So insbesondere *Pühl*, Organisation der Regionalplanung, S. 105 ff.

51 *Blümel*, Das verfassungsrechtl. Verhältnis, S. 17 ff. und FN 67, 72 und 73; *Bielenberg / Erbguth*, BROG, § 5, Rdnr. 55; *Schmidt-Aßmann*, Fortentwicklung des Rechts, S. 50.

52 *Sesselmann*, Übergang der Regionalplanung, S. 27 unterscheidet planungswissenschaftliche und verwaltungswissenschaftliche Aspekte.

nur dann als nicht verlagerungsfähig angesehen, wenn eine der folgenden Voraussetzungen vorliegt:

— Die mangelnde Verwaltungskraft in der unteren Verwaltungsebene steht einer Verlagerung entgegen

— Wahrnehmung in der unteren Instanz wäre unwirtschaftlich und würde den in der höheren Instanz möglichen EDV-Einsatz verhindern

— Die Aufgabe hat überörtlichen Charakter

— Die Aufgabe ist wegen ihrer Ausgleichsfunktion in der höheren Instanz zu belassen

— Die Aufgabe ist Ausfluß der Aufsichtsfunktion der höheren Instanz

— Verlagerung scheidet aus wegen Interessenkollision der unteren Instanz bei der Aufgabenerledigung[53].

Diese Kriterien sind grundsätzlich auch dazu geeignet, die nds. Verlagerung der Regionalplanung von der Ebene der Bezirksregierung auf die Kreise zu beurteilen[54]. Allerdings sind diese Merkmale von der Sachverständigenkommission allgemein für alle Arten der Aufgabenverlagerung entwickelt worden. Die Regionalplanung weist jedoch einige aufgabenspezifische Besonderheiten auf, die es erfordern, diese Beurteilungskriterien nur in modifizierter Form zu berücksichtigen.

Stellt man in diesem Sinne auf die besonderen Probleme der Regionalplanung ab, so ergeben sich im Zusammenhang mit der Aufgabenverlagerung der Regionalplanung auf die Kreise im wesentlichen folgende Fragestellungen:

— Welche *rechtlichen Schranken* ergeben sich für eine Verlagerung der Regionalplanung auf die Kreise?

— Welche *institutionellen Bedingungen* verändern sich bei Wahrnehmung der Regionalplanung durch die Kreise (Auswirkungen auf den äußeren Behördenaufbau; Beurteilung der Verwaltungskraft der Kreise; die Kreise unter dem Gesichtspunkt der Planausführung; die Kreisträgerschaft unter dem Aspekt der Demokratisierung)?

— In welcher Weise wird der planungsräumliche Zuschnitt der Kreise die *Planinhalte* der Regionalplanung verändern? Wie wird insbesondere das Verhältnis einer Kreis-Regionalplanung zur hochstufigen

[53] Nds. Sachverständigenkommission zur Gebietsreform, Bd. 1, Rdnr. 477 (S. 140).

[54] Nach Auffassung der Nds. Sachverständigenkommission ist die Verlagerungsfähigkeit der Regionalplanung auf die Kreise auf der Basis von 28 Landkreisen zu bejahen, Nds. Sachverständigenkommission zur Gebietsreform, Bd. 1, Rdnr. 482 (S. 141).

Landesplanung einerseits und zur gemeindlichen Bauleitplanung andererseit bestimmt sein?

— Wird sich das Verhältnis der Regionalplanung zu den verschiedenen Arten der *Fachplanung* durch die Kreisträgerschaft verändern?

— Welche besonderen Probleme ergeben sich aus der Trägerschaft der kreisfreien Städte für die Regionalplanung in *Verdichtungsräumen?*

Eine endgültige Beurteilung einiger dieser Fragen (insbesondere die Auswirkungen auf die Planinhalte) wird allerdings erst dann möglich sein, wenn die ersten über eine bloße Fortschreibung hinausgehenden Kreis-Raumordnungspläne vorliegen und somit empirische Untersuchungen darüber zulassen, welche Auswirkungen die Verlagerung der Regionalplanung tatsächlich auf die Planaussagen gehabt hat[55]. Die hier anzustellenden Überlegungen können daher nur eine vorläufige Beurteilung der bereits heute ersichtlichen Rahmenbedingungen für eine Regionalplanung auf der Kreisebene sein.

[55] So auch *Thieme* (AfK 17 [1978], S. 234 [239]), der empfiehlt, das niedersächsische Experiment aus kommunalwissenschaftlicher Sicht kritisch zu begleiten.

D. Die rechtliche Zulässigkeit der Trägerschaft der Landkreise für die Regionalplanung in Niedersachsen

Zweifel an der Vereinbarkeit einer Regionalplanung auf Kreisebene mit der rahmengesetzlichen Bundesvorschrift des § 5 Abs. 3 BROG sind verschiedentlich geäußert worden[1]. Allerdings fehlt es bisher an einer umfassenden Darstellung der rechtlichen Bedingungen für eine solche Kreisträgerschaft. Die Diskussion um den Entscheidungsspielraum der Länder bei der trägerschaftlichen Konkretisierung des § 5 Abs. 3 BROG unterscheidet insgesamt zu wenig zwischen dem verwaltungs- und raumordnungspolitisch Wünschbaren einerseits und den rechtlichen Zulässigkeitsüberlegungen andererseits[2].

Anknüpfungspunkte für eine Untersuchung der rechtlichen Zulässigkeit[3] können folgende Aspekte sein:

— die formal-dogmatischen Bedenken:

Kann die Kreisträgerschaft der Regionalplanung unter eine der in § 5 Abs. 3 BROG genannten Alternativen eingeordnet werden?

— planungsräumliche Argumente:

Entspricht die Größenordnung der Landkreise dem rechtlichen Gehalt des in § 5 Abs. 3 BROG vorausgesetzten Begriffes der „Region"?

— der Gesichtspunkt der Vollkommunalisierung[4]:

Darf der Staat sich bei der Regionalplanung der eigenen Aufgabenmitverantwortung entziehen, indem er die Aufgabenwahrnehmung kommunalen Körperschaften als Selbstverwaltungsaufgabe überträgt[5] und sich selbst auf die Rechtsaufsicht beschränkt?

---

[1] *Bielenberg / Erbguth*, BROG, § 5 Rdnr. 55; *Ernst*, Neues Archiv für Niedersachsen 1980, S. 115 (124); *Lange*, Informationen zur Raumentwicklung 1979, S. 441 (446); *Schmidt-Aßmann*, Fortentwicklung des Rechts, S. 50; *Blümel* (Das verfassungsrechtliche Verhältnis, S. 17 f. und FN 67, 72 und 73) mit allerdings anderer Begründung als die Erstgenannten.

[2] *Buchsbaum*, Informationen zur Raumentwicklung 1976, S. 263 (275, FN 6): Die Kreisträgerschaft „würde den an eine Regionalplanung im Sinne des § 5 Abs. 3 BROG zu stellenden Anforderungen nicht genügen". Unklar ist, ob dies nun eine rechtliche oder raumordnungspolitische Wertung sein soll. Ähnlich unklar *v. d. Heide*, AfK 1967, S. 47 (54); oder *Kistenmacher*, der Landkreis 1979, S. 144 (145).

[3] Die rechtliche Zulässigkeit der Regionalplanungsträgerschaft der *kreisfreien Städte* wird noch gesondert zu beurteilen sein.

[4] Begriff der Vollkommunalisierung bei *Bielenberg / Erbguth*, BROG, § 5 Rdnr. 55.

I. Die Landkreise als eine der trägerschaftlichen Alternativen des § 5 Abs. 3 BROG

Die gesetzliche Regelung des § 5 Abs. 3 BROG überläßt es der näheren Entscheidung des Landesgesetzgebers, für die Regionalplanung zwischen einer kommunal verfaßten und einer staatsbehördlich organisierten Trägerschaft zu wählen[6]. Der Charakter des § 5 Abs. 3 BROG als Rahmenvorschrift schließt es hingegen nicht aus, solche trägerschaftlichen Lösungen als unzulässig anzusehen, die mit dem Wortlaut der bundesgesetzlichen Regelung nicht vereinbar sind[7].

Als erste Alternative sieht § 5 Abs. 3 S. 2 BROG die Trägerschaft „durch Zusammenschlüsse von Gemeinden und Gemeindeverbänden zu regionalen Planungsgemeinschaften" vor. Als „Zusammenschlüsse von Gemeinden" werden in diesem Sinne vielfach auch die Landkreise angesehen[8], woraus zum Teil bereits die Vereinbarkeit der Kreisträgerschaft mit der 1. Alt. des § 5 Abs. 3 S. 2 BROG gefolgert wird[9]. Daß die Kreise als „Zusammenschlüsse von Gemeinden" im Sinne von § 5 BROG anzusehen sind, wird mit der Unterscheidung zwischen dem kommunalverfassungsrechtlichen Gehalt dieses Begriffes[10] einerseits und der weitergehenden raumordnungsrechtlichen Inhaltsbestimmung in § 5 BROG begründet[11]. Bedeutung erlangt diese unterschiedliche Begriffsinterpretation insbesondere bei der für die Beteiligung an der hochstufigen Landesplanung gem. § 5 Abs. 2 BROG relevanten Frage, ob eine Beteiligung der Gemeinden über die Landkreise (als Zusammenschluß der Gemeinden) als ausreichend anzusehen ist[12].

---

5 So in Niedersachsen gem. § 7 NROG: „Die Träger der Regionalplanung nehmen die Aufgabe der Regionalplanung als Angelegenheit des eigenen Wirkungskreises wahr" und in Rheinland-Pfalz gem. § 15 Abs. 2 S. 1 LPlG („Aufgabe der kommunalen Selbstverwaltung"); zur Aufgabenqualifizierung der anderen Bundesländer vgl. Ausführungen zu B. I. 2.

6 *Bielenberg / Erbguth*, BROG, § 5, Rdnr. 8.

7 Denn nach BVerfGE 4, 115 (129) vom 1. 12. 1954 können Rahmengesetze ggf. auch Einzelheiten regeln, wenn sie nur dem Landesgesetzgeber insgesamt noch genügend Spielraum überlassen. Vgl. dazu Näheres bei *Maunz*, in: Maunz / Dürig, GG-Kommentar, § 75 Rdnr. 7 und 11 m. w. N.

8 *Bielenberg / Erbguth*, BROG, § 5 Rdnr. 41 f.; *Brenken*, Organisation der Regionalplanung, S. 2 f.; *Zinkahn / Bielenberg*, BROG, § 5 Anm. 8 (S. 86); a. A. *Erbguth*, Probleme des Landesplanungsrechts, S. 109; *Rutkowski*, Einfluß der Regionalplanung, S. 32.

9 *Brenken*, Organisation der Landesplanung, S. 2 f.

10 Danach sind die Kreise nur „unechte" Zusammenschlüsse von Gemeinden, da ihnen die typisch mitgliedschaftliche Organisation fehlt. Dem entspricht auch die Willensbildung der Kreise durch zentralistisch (und nicht mitgliedschaftlich) strukturierte Organe, vgl. *Schmidt-Aßmann*, AöR 101 (1976), S. 520 (531 und 542); ähnlich *Erbguth*, Probleme des Landesplanungsrechts, S. 109; *von Unruh*, Gemeinderecht, in: von Münch, Besonderes Verwaltungsrecht, S. 77 (130 ff.).

11 So *Bielenberg / Erbguth*, BROG, § 5 Rdnr. 42.

Ob auch für § 5 Abs. 3 BROG die Landkreise als „Zusammenschlüsse von Gemeinden" anzusehen sind, kann allerdings dahinstehen. Denn die Unvereinbarkeit einer Kreisträgerschaft mit der 1. Alt. des § 5 Abs. 3 S. 2 BROG ergibt sich aus dem weiteren Wortlaut dieser Vorschrift. Denn während § 5 Abs. 2 S. 2 BROG die Beteiligung der „Zusammenschlüsse" alternativ („oder") neben Gemeinden und Gemeindeverbände stellt, erfordert § 5 Abs. 3 S. 2 BROG für seine 1. Alt. kumulativ den Zusammenschluß von Gemeinden *und* Gemeindeverbänden zu regionalen Planungsgemeinschaften[13]. Der Landkreis ist aber — selbst wenn man die obengenannte weitergehende raumordnungsrechtliche Interpretation berücksichtigt[14] — kein Zusammenschluß von Gemeinden *und* Gemeindeverbänden[15]. Der Kreis ist außerdem auch bei großzügiger Auslegung dieses Begriffes nicht als regionale Planungsgemeinschaft[16] anzusehen. Daraus folgt, daß die Kreisträgerschaft der Regionalplanung mit dem Wortlaut der 1. Alt. in § 5 Abs. 3 S. 2 BROG nicht in Einklang gebracht werden kann[17].

Asmuss will trotzdem in „extensiver Auslegung"[18] der 1. Alt. die Zulässigkeit einer Kreisträgerschaft bejahen. Begründet wird dies mit dem Gebot der Gleichbehandlung gegenüber einer aus mehreren Landkreisen bestehenden regionalen Planungsgemeinschaft, an deren Zulässigkeit der Planungsträgerschaft nach dieser Auffassung keine Zweifel bestehen sollen[18]. Schon dieser Prämisse kann jedoch nicht gefolgt werden, da die 1. Alt. des § 5 Abs. 3 S. 2 BROG ausdrücklich von einem Zusammenschluß von Gemeinden *und* Gemeindeverbänden spricht, folglich also auch die ohne *gemeindliche* Mitgliedschaft gebildete regionale Planungsgemeinschaft nicht den gesetzlichen Voraussetzungen dieser Alternative entspricht[19].

---

[12] Bejahend, OVG Lüneburg, DVBl. 1977, S. 212 (214), Urt. vom 9. 6. 1976; ebenso *Schmidt-Aßmann*, AöR 101 (1976) S. 520 (531); a. A. *Erbguth*, Probleme des Landesplanungsrechts, S. 108; nach *Bielenberg / Erbguth* (BROG, § 5, Rdnr. 43) nur dann, wenn gewährleistet ist, daß die Landkreise ihrerseits verpflichtet sind, die Gemeinden zu beteiligen.

[13] Falsch insoweit die Formulierung bei *Brenken*, (Organisation der Regionalplanung, S. 2), der entgegen dem Wortlaut des § 5 Abs. 3 S. 2, 1. Alt. BROG die alternative Formulierung „oder" gebraucht. Dagegen ebenso den kumulativen Charakter unterstreichend *Erbguth*, Probleme des Landesplanungsrechts, S. 114.

[14] Danach ist der Kreis als Zusammenschluß von Gemeinden anzusehen, vgl. FN 11.

[15] Der Kreis selbst ist gem. Art. 28 II GG als Gemeindeverband anzusehen, vgl. *von Unruh*, Der Kreis, in: Der Kreis, Bd. 1, S. 11.

[16] Zum Begriff der regionalen Planungsgemeinschaft vgl. *Becker-Marx*, Stichwort „Regionale Planungsgemeinschaften", in: HWB der Raumforschung und Raumordnung, Sp. 2610 ff.

[17] So nach der engen Wortlautinterpretation auch *Brügelmann / Asmuss*, BROG, § 5 IV, 2, a, bb; ebenso *Erbguth*, Probleme des Landesplanungsrechts, S. 115.

[18] *Brügelmann / Asmuss*, BROG, § 5 IV, 2, a), bb).

Gegen die von *Asmuss* vertretene extensive Auslegung spricht auch ein Vergleich der in § 5 Abs. 3 S. 2 BROG normierten trägerschaftlichen Alternativen. So ist nach dem Wortlaut der Vorschrift für die 1. Alternative eine Beteiligung der Gemeinden im Aufstellungsverfahren[20] nicht normiert, dagegen für die 2. Alternative ausdrücklich gefordert. Der gesetzliche Verzicht auf eine prozedurale Mitwirkung[21] der Gemeinden wird nur dann verständlich, wenn man andererseits die institutionelle gemeindliche Beteiligung als Mitglied der Planungsgemeinschaft — die in der 2. Alt. fehlt — für die 1. Alt. des § 5 Abs. 3 S. 2 BROG als unverzichtbar ansieht. Auch der Zweck der Vorschrift erlaubt somit keine über den Wortlaut hinausgehende extensive Auslegung.

Die Kreisträgerschaft ist aber als zulässige Lösung im Sinne der 2. Alt des § 5 Abs. 3 S. 2 BROG anzusehen. Denn der Wortlaut des Gesetzes gibt keinerlei Anhaltspunkte dafür her, die 2. Alt. auf staatliche Trägerschaften der Regionalplanung zu beschränken[22]. Auch außerhalb der Kreisträgerschaft sind Rechtsformen von nichtstaatlichen Trägern der Regionalplanung denkbar, die nicht „Zusammenschlüsse von Gemeinden und Gemeindeverbänden" im Sinne des § 5 Abs. 3 S. 2 1. Alt. BROG sind[23]. Die kommunal verfaßte Trägerschaft ist daher je nach ihrer mitgliedschaftlichen Ausgestaltung in beiden Alternativen des § 5 Abs. 3 S. 2 BROG denkbar und zulässig.

II. Die rechtlichen Bedingungen des Bundesraumordnungsgesetzes für eine Kreisträgerschaft unter planungsräumlichen Aspekten

Im verwaltungswissenschaftlichen Schrifttum werden vielfach gegen eine Kreisträgerschaft der Landkreise wegen der zu geringen Größe des Planungsraumes Bedenken geäußert. So wird die niedersächsische Praxis der Regionalplanung auf Kreisebene als „systemfremd"[24] be-

[19] *Erbguth,* (Probleme des Landesplanungsrechts, S. 115), der folglich auch die Regionalplanung in den Bundesländern, in denen nur die Landkreise und kreisfreien Städte (nicht die kreisangehörigen Gemeinden) Mitglieder der regionalen Planungsgemeinschaft sind, der 2. Alt. des § 5 Abs. 3 S. 2 BROG zuordnet.

[20] *David* (structur 1974, S. 193 [195]) unterscheidet zwischen der institutionellen Beteiligung in Form der Mitträgerschaft und der prozeduralen Mitwirkung im Rahmen des Aufstellungsverfahrens.

[21] Der gesetzliche Verzicht in § 5 Abs. 3 S. 2, 1. Alt. BROG auf ein gemeindliches Mitwirkungserfordernis schließt es nicht aus, dieses aus der Selbstverwaltungsgarantie nach Art. 28 Abs. 2 GG herzuleiten, vgl. dazu *Schmidt-Aßmann,* AöR 101 (1976), S. 520 (539).

[22] So auch *Ernst,* Verfassungsrechtliche Vorgaben, S. 42.

[23] *Brügelmann / Asmuss,* BROG, § 5 IV 2 b; Ernst, Verfassungsrechtliche Vorgaben, S. 42.

[24] *Wahl,* Rechtsfragen der Landesplanung, Bd. 2, S. 185 FN 8.

zeichnet, als „nicht mit den Anforderungen der regionalen Raumordnung vereinbar"[25], als ein „Hauch von Kleinstaaterei"[26] und als „von vornherein zum Scheitern verurteilt"[27]. Dabei wird jedoch weitgehend offengelassen, ob diese ablehnende verwaltungswissenschaftliche Beurteilung auch rechtlich unter planungsräumlichen Aspekten begründet werden kann[28].

Anhaltspunkte für eine rechtliche Argumentation bietet zum einen der gesetzlich nicht näher definierte Begriff der „Region" in § 5 Abs. 3 BROG. In den Planungswissenschaften ist die Raumordnungskategorie der „Region" sowohl hinsichtlich ihrer optimalen Größe wie auch im Hinblick auf ihre Bestimmungsfaktoren äußerst umstritten[29]. Zwar wird gelegentlich die Auffassung vertreten, die Region sei zwischen dem Gebiet eines Landes und dem eines Landkreises anzusiedeln, also oberhalb der Ebene des einzelnen Landkreises[30]. Darüber hinaus bleibt aber zu berücksichtigen, daß auch die Planungswissenschaften allgemeingültige Regeln für die Größe der Region nicht anzubieten haben[31]. Dies ist auch schon deswegen verständlich, weil sowohl die Größenzuschnitte der Kreise[32] wie auch die Planinhalte der Regionalplanung von Bundesland zu Bundesland erhebliche Unterschiede aufweisen[33]. Gerade wegen der fachwissenschaftlich noch offenen Diskussion über den Zuschnitt der optimalen „Raumordnungsregion" hat auch § 5 Abs. 3 BROG weder eine Definition der Region vorgenommen noch ihre Determinanten bestimmt[34].

---

[25] *Buchsbaum*, Informationen zur Raumentwicklung 1976, S. 263, 275 (FN 6) und S. 271; ebenso bereits *v. d. Heide*, AfK 1967, S. 47 (54); offengelassen dagegen *ders.*, der Landkreis 1976, S. 301 (302).

[26] *Ritter*, Innere Kolonisation — Land und Gemeinde 1978, S. 130; positive Aspekte zur niedersächsischen Kreisträgerschaft sieht *ders.*, S. 130 (134).

[27] *Kistenmacher*, der Landkreis 1979, S. 144 (145).

[28] *Ernst / Suderow* (Zulässigkeit, S. 14 FN 10) deuten rechtliche Zweifel unter planungsräumlichen Aspekten bei kreisfreien Städten an. *Blümel* (Das verfassungsrechtliche Verhältnis, S. 18 FN 73) hat rechtliche Zweifel wegen der geringen Fläche und Einwohnerzahl eines Teiles der Landkreise in Niedersachsen.

[29] Vgl. dazu bereits die Ausführungen zum Funktionalitäts- und Homogenitätsprinzip, B. II. 1.

[30] Deutscher Landkreistag und Deutscher Gemeindetag, der Landkreis 1963, S. 34 (35); ebenso *Evers*, Recht der Raumordnung, S. 41; dazu *Rutkowski*, Einfluß der Regionalplanung, S. 9.

[31] So *Hohberg*, Landesplanung, S. 107; vgl. auch die Ausführungen zu B. II. 1.

[32] Eine Bestandsaufnahme zur Größenordnung der Kreise nach Abschluß der Gebietsreform in den einzelnen Bundesländern bei *Seele*, der Landkreis 1978, S. 494 ff.; vgl. ferner die Ausführungen zu Kap. C.

[33] Zu den unterschiedlichen Inhalten der Regionalpläne in den Bundesländern vgl. *Rutkowski*, Einfluß der Regionalplanung, S. 82 ff.

[34] *Ernst / Suderow*, Zulässigkeit, S. 14 FN 10.

Rechtlich ist die räumlich unterste Grenze für die Größe der Region also dort anzusiedeln, wo nicht mehr von Raumordnung, sondern von städtebaulicher Planung gesprochen werden kann[35], denn rechtlich ist die Regionalplanung unbestritten als Raumordnung einzuordnen. Städtebauliche Raumplanung in diesem Sinne vollzieht sich auf der Ebene der Gemeinde in Form der Bauleitplanung und ausnahmsweise in gemeindeübergreifenden Planungsverbänden nach § 4 BBauG, während als Kennzeichen der Raumordnung und damit auch der Regionalplanung die zusammenfassende, übergeordnete und überörtliche Planung und Ordnung des Raumes anzusehen ist[36].

Die „Region" als Instrument der Regionalplanung ist demnach ein Gebietsausschnitt in der Größenordnung zwischen einem Land und einer Gemeinde[37]. Der rechtliche Gehalt des Begriffs „Region" in § 5 Abs. 3 BROG schließt den Planungsraum „Landkreis" daher aus rechtlichen Gründen nicht aus[38].

Auch aus den allgemeinen Leitvorstellungen (§ 1 BROG) oder aus den materiellen Grundsätzen der Raumordnung (§ 2 BROG) lassen sich keine organisationsrechtlichen Anhaltspunkte herleiten, die auf eine Unzulässigkeit der Kreisträgerschaft für die Regionalplanung schließen lassen. Zwar läßt sich aus § 1 Abs. 4 BROG die Forderung ableiten, daß für die Raumordnung auf allen Ebenen geeignete Träger vorhanden sein müssen[39]. Die rahmengesetzliche Norm des § 1 Abs. 4 BROG konkretisiert jedoch keine weiteren Einzelheiten, so daß sich auch hieraus keine nähere Bestimmung über die Größe eines regionalen Planungsraumes entwickeln läßt. Ebenfalls keine rechtlichen Maßstäbe für eine bestimmte planungsräumliche Organisation der Regionalplanung bieten die materiellen Raumordnungsgrundsätze des § 2 BROG, denn die bestmögliche Umsetzung dieser Grundsätze kann planungsräumlich durch sehr verschiedene Organisationslösungen erfolgen. Die Realisierung der Grundsätze im Rahmen der Regionalplanung ist jedenfalls durch die Kreisträgerschaft nicht ausgeschlossen[40].

---

35 Zur Abgrenzung von Raumordnung und städtebaulicher Planung (Bodenrecht) vgl. das Rechtsgutachten des Bundesverfassungsgerichts vom 6. 6. 1954 über die Zuständigkeit des Bundes zum Erlaß eines Baugesetzes, BVerfGE 3, 407 (424 ff.).

36 BVerfGE 3, 407 (424 ff.); *Maunz*, in: Maunz / Dürig, GG-Kommentar, Art. 75 Rdnr. 39.

37 So auch *Petersen*, Regionale Planungsgemeinschaften, S. 14.

38 Davon ist wohl auch ausgegangen die Nds. Sachverständigenkommission für die Gebietsreform (Bd. 1, Rdnr. 482 [S. 141]), indem sie die Kreise als Träger der Regionalplanung vorgeschlagen hat. Ähnlich wohl auch die folgenden Autoren: *Sesselmann*, Übergang der Regionalplanung, S. 1 ff.; *Pühl*, Organisation der Regionalplanung, S. 105 ff.; *Thieme*, AfK 17 (1978), S. 234 (239); *Heigl*, WiVerw. 1976/2, S. 15.

39 So *Zinkahn / Bielenberg*, BROG, § 1 Anm. 7 (S. 23).

III. Die Zulässigkeit der „Vollkommunalisierung“ der Regionalplanung

Entsprechend dem Vorschlag der Nds. Sachverständigenkommission zur Verwaltungs- und Gebietsreform[41] hat Niedersachsen den Kreisen die Aufgabe der Regionalplanung als Angelegenheit des eigenen Wirkungskreises zugewiesen[42]. Überlegungen zur rechtlichen Zulässigkeit einer solchen Vollkommunalisierung[43] der Regionalplanung sind seitens der Sachverständigenkommission nicht angestellt worden[44]. *Schmidt-Aßmann* hat demgegenüber ausdrücklich auf die *rechtlichen* Grenzen einer kommunalfreundlichen Organisation der Regionalplanung aufmerksam gemacht[45]. Danach dürften die Mitwirkungsrechte des Staates nicht so weit reduziert sein, daß es einer staatlichen Flucht aus der Verantwortung für die Gestaltung des regionalen Planungsraumes gleichkäme[46]. Als Mindestanteile einer staatlichen Mirtwirkung bezeichnet *Schmidt-Aßmann* die „Einordnung der Region in das größere Gefüge des Landes“ und die Vorgabe ausreichend konkreter Ziele für die Regionalplanung durch die staatliche (hochstufige) Landesplanung.

Aus raumordnungs*politischen* Gründen mag die Forderung einer solchen staatlichen Mindestbeteiligung sinnvoll sein[47]. Denn die Schaffung eines Verteilungsmusters für die Zuordnung öffentlicher Aufgaben zu bestehenden Verwaltungsträgern ist in erster Linie eine verwaltungs- und verfassungspolitische Problemstellung und weniger verfassungs- oder verwaltungsrechtlicher Natur[48]. Auch im Rahmen der bereits vorgenommenen Untersuchung der Aufgabenstruktur wurde die Regional-

---

40 Ähnlich *Pühl*, Organisation der Regionalplanung, S. 82 f.; zu den normativen Bestimmungsmerkmalen der Region vgl. auch *Dahl*, Regionalplanung, S. 26 ff.

41 Nds. Sachverständigenkommission zur Gebietsreform, Bd. 1, Rdnr. 482.

42 § 7 NROG; ebenso ist in Rheinland-Pfalz die Regionalplanung Pflichtaufgabe der kommunalen Selbstverwaltung; vgl. dazu Ausführungen zu B. I. 2. sowie *Knecht*, Landesplanungsrecht Rheinland-Pfalz, S. 104 ff.

43 Begriff bei *Bielenberg / Erbguth*, BROG, § 5 Rdnr. 55.

44 Nds. Sachverständigenkommission zur Gebietsreform, Bd. I, Rdnr. 477 (S. 140): Aufzählung von Kriterien verwaltungswissenschaftlicher Art (Verwaltungskraft, Wirtschaftlichkeit usw.), die die Sachverständigenkommission für die Aufgabenzuordnung im Verhältnis Regierungspräsident/Landkreise zugrunde gelegt hat.

45 *Schmidt-Aßmann*, Fortentwicklung, S. 50.

46 *Schmidt-Aßmann*, Fortentwicklung, S. 50; *ders.*, AöR 101 (1976), S. 520 (538 f.); dem haben sich nunmehr angeschlossen *Bielenberg / Erbguth*, BROG, § 5, Rdnr. 55.

47 So *Roters*, Mitwirkung, S. 129: „Abzuraten ist von einer Vollkommunalisierung der Regionalplanung“.

48 *Mayer*, Fragen der Kommunalisierung, in: Festschrift für W. Weber, S. 935 (937).

planung verwaltungswissenschaftlich als staatlich-gemeindliches Kondominium eingestuft[49].

Ob allerdings die Forderung von *Schmidt-Aßmann* auch *rechtsdogmatisch* zwingend ist, bedarf einer näheren Darstellung der normativen Aspekte. *Schmidt-Aßmann* selbst benennt keinen rechtlichen Maßstab für das Erfordernis einer staatlichen Mitwirkung an der Regionalplanung. Soweit das Strukturgefüge öffentlicher Aufgabenzuordnung unter rechtlichen Aspekten diskutiert wird, stehen dabei die verfassungsrechtlichen Schranken einer Aufgabenverlagerung „von unten nach oben“ im Hinblick auf die Garantie der kommunalen Selbstverwaltung (Art. 28 Abs. 2 GG) im Vordergrund[50]. Eine ähnliche Aufgabengarantie zugunsten des Staates (Bund und Länder) als Grenze für Aufgabenverlagerungen vom Staat auf die Kommunen wird durch das Grundgesetz nicht vorgegeben[51]. Vielmehr ist es den Bundesländern selbst überlassen, die Grenzen dafür in den Landesverfassungen und in den gesetzlichen Regelungen zu schaffen[52].

Dementsprechend hat auch der Bund in § 5 Abs. 3 BROG für die Regionalplanung keine Regelung darüber getroffen, in welcher Weise die Länder *mindestens* an einer kommunal organisierten Regionalplanung beteiligt sein müssen. Dieser Verzicht auf eine bundesrahmenrechtliche Vorgabe ist verständlich, da der Bundesgesetzgeber davon ausgehen konnte, daß die Länder bei der Schaffung der Rechtsgrundlagen für die Regionalplanung sich nicht aller eigenen staatlichen Mitwirkungsrechte zugunsten der Selbstverwaltungskörperschaften begeben würde[53]. § 5 Abs. 3 BROG gibt somit keinen Anhaltspunkt für die Beurteilung der Zulässigkeit einer vollen Kommunalisierung der Regionalplanung.

Es stellt sich demnach die Frage, ob es sonstige allgemeine rechtliche Schranken für eine Kommunalisierung öffentlicher Aufgaben gibt und inwieweit speziell raumordnungsrechtliche Gründe der niedersächsischen Kreis-Regionalplanung entgegenstehen.

---

[49] Die Qualifizierung der Regionalplanung als staatlich-gemeindliches Kondominium erfolgte auf der Grundlage einer verwaltungswissenschaftlichen Strukturanalyse der Regionalplanung und nicht auf der normativen Ebene im Wege einer Norminterpretation; vgl. dazu B. I. 1. c).

[50] So bei *Stüer* (Verfassungsrechtliche Maßstäbe, S. 1 ff. m. w. N.), der sich für die Darstellung der Grenzen der Kommunalisierung bisher staatlicher Aufgaben auf drei Sätze beschränkt (S. 475).

[51] *Mayer*, Fragen der Kommunalisierung, in: Festschrift für W. Weber, S. 935 (937).

[52] Eine Darstellung der rechtlichen Schranken einer vollen Kommunalisierung der Mittelinstanz (unter Abschaffung der staatlichen Mittelstufe) für Bayern bei *Mayer*, S. 935 (937).

[53] *Schmidt-Aßmann*, Fortentwicklung, S. 50.

1. Allgemeine rechtliche Schranken einer Kommunalisierung öffentlicher Aufgaben

Eine Kommunalisierung öffentlicher Aufgaben scheidet für all jene Bereiche aus, für die der Bund gem. Art. 84, 85 GG die Einrichtung der Behörden regeln kann[54]. Für die Regionalplanung trifft dies nicht zu, weil § 5 Abs. 3 BROG die nähere Ausgestaltung der Organisation der Regionalplanung den Bundesländern überläßt.

Eine weitere Schranke ergibt sich aus dem Umstand, daß der Staat die Gesetzmäßigkeit der gesamten Verwaltung — auch der Selbstverwaltung — zu garantieren hat[55]. Die Landesregierung als die vollziehende Gewalt (Art. 19 Abs. 2 der Vorläufigen Niedersächsischen Verfassung) trägt dafür die Verantwortung. Eine Verlagerung staatlicher Zuständigkeiten findet also dort ihre Grenze, wo diese staatliche Verantwortlichkeit nicht mehr gewährleistet ist. Aus diesem Grunde gibt es nicht kommunalisierbare Aufgaben, wie z. B. die staatliche Aufsicht über die Kommunen (Kommunalaufsicht)[56]. Die Regionalplanung wird hiervon nicht erfaßt, weil die staatliche Aufsicht auch bei der Übertragung als Selbstverwaltungsaufgabe in Form der Rechtsaufsicht erhalten bleiben kann.

Ob es darüber hinaus staatliche Aufgaben gibt, die aus der Natur der Sache zwingend staatlich und demnach nicht kommunalisierbar sind, soll nicht näher erörtert werden. Denn die für eine solche Aufgabenkategorie relevanten Bereiche, wie die Landesverteidigung, der Katastrophenschutz, die öffentliche Sicherheit und Ordnung u. a.[57], sind so zentral dem Verantwortungsbereich des Staates zuzuordnen, daß die Regionalplanung dieser Aufgabenkategorie nicht zugeordnet werden kann.

2. Die Zulässigkeit der Übertragung der Regionalplanung als kommunale Aufgabe des eigenen Wirkungskreises

Niedersachsen hat den Landkreisen die Regionalplanung als Angelegenheit des eigenen Wirkungskreises übertragen[58] und gleichzeitig den

---

[54] *Mayer*, Fragen der Kommunalisierung, in: Festschrift für W. Weber, S. 935 (944) m. w. N.; zum Verhältnis Bund - Gemeinden im Hinblick auf Art. 84 und 85 GG vgl. *Maunz*, in: Maunz / Dürig, GG-Kommentar, Art. 84 Rdnr. 25 ff. und Art. 85 Rdnr. 13.

[55] So auch Art. 44 Abs. 5 Vorl. Nds. Verfassung: „Die Staatsaufsicht stellt sicher, daß die Gesetze beachtet werden."

[56] *Mayer* (Fragen der Kommunalisierung, in: Festschrift für W. Weber, S. 935 [947]) nennt ferner als nicht verlagerungsfähig: Aufsicht über nachgeordnete Behörden und Befugnisse, die die Bezirksregierung als Beschwerde- und Widerspruchsinstanz wahrnimmt.

[57] *Mayer*, S. 935 (947).

[58] § 7 NROG.

staatlichen Einfluß auf die Rechtsaufsicht beschränkt. Damit handelt es sich nach der gesetzlichen Ausformung der Regionalplanung in Niedersachsen nicht mehr um eine kondominale Aufgabe von Staat und Gemeinden[59]. Vielmehr hat der Staat seine Aufgabenmitverantwortung an der Regionalplanung gleichfalls kommunalisiert. Die Zulässigkeit einer solchen „Vollkommunalisierung“ der Regionalplanung ist im Hinblick auf ihre verfassungs- und raumordnungsrechtlichen Grenzen zu untersuchen.

a) Art. 44 Abs. 4 Vorläufige Niedersächsische Verfassung und § 4 Abs. 1 Landkreisordnung als Schranken für Aufgabenverlagerungen

Art. 44 Abs. 4 der Vorl. Niedersächsischen Verfassung bestimmt, daß den Gebietskörperschaften durch Gesetz staatliche Aufgaben zur Erfüllung nach Weisung übertragen werden können, wenn gleichzeitig Bestimmungen über die Deckung der Kosten getroffen werden. Aus dem Wortlaut dieser Bestimmung kann man allerdings nicht schließen, daß staatliche Aufgaben ausschließlich nur zur Erfüllung nach Weisung übertragen werden dürfen und damit eine Übertragung staatlicher Aufgaben als Angelegenheit des eigenen Wirkungskreises ausgeschlossen werden soll. Denn Art. 44 Abs. 4 knüpft an eine Übertragung von staatlichen Aufgaben zur Erfüllung nach Weisung lediglich die zwingende Rechtsfolge, daß gleichzeitig eine Kostendeckung vorzusehen ist. Dagegen soll durch Art. 44 Abs. 4 nicht abschließend geregelt werden, wie die Aufgabenqualität verlagerter staatlicher Aufgaben bei den Kommunen einzuordnen ist.

Auch eine Gegenüberstellung zu Art. 44 Abs. 1[60], der die entsprechende Vorschrift für die eigenen Angelegenheiten der Gebietskörperschaft darstellt, führt zu keinem anderen Ergebnis. Denn wenn Art. 44 Abs. 1 von „ihren Angelegenheiten“ bezüglich der Gebietskörperschaften spricht, so schließt dies nicht aus, daß auch staatliche Aufgaben kraft Gesetzes zu „eigenen Angelegenheiten“ der Gebietskörperschaften erklärt werden.

Für eine einschränkende Verfassungsinterpretation könnte aber der § 4 Abs. 1 der Nds. Landkreisordnung (NLO)[61] sprechen, der bestimmt, daß zum übertragenen Wirkungskreis die den Landkreisen zugewie-

---

[59] Zur verwaltungswissenschaftlichen Einordnung der Regionalplanung als staatlich-gemeindliches Kondominium vgl. B. I. 1. c).

[60] Art. 44 Abs. 1 Vorl. Nds. Verfassung: „Gebietskörperschaften (Gemeinden und Kreise) und die sonstigen öffentlich-rechtlichen Körperschaften verwalten ihre Angelegenheiten im Rahmen der Gesetze unter eigener Verantwortung.“

[61] § 4 Abs. 1 NLO: „Zum übertragenen Wirkungskreis gehören die den Landkreisen zugewiesenen staatlichen Aufgaben.“

senen staatlichen Aufgaben zählen. Durch diese gesetzliche Vorschrift werden folglich alle den Landkreisen zugewiesenen staatlichen Aufgaben *ausschließlich* dem übertragenen Wirkungskreis zugeordnet[62]. Jedoch darf diese gesetzliche Aufgabenwertung nicht Grundlage für die Verfassungsinterpretation des Art. 44 Abs. 1 u. 4 sein. Dies verbietet bereits die Tatsache, daß der Verfassungstext allgemein von „den Gebietskörperschaften" (Gemeinden und Landkreisen) spricht, die obige gesetzliche Wertung der NLO aber allein für die Landkreise gilt. Für den Bereich der Gemeinden fehlt es an einer entsprechenden gesetzlichen Vorschrift, die alle den Gemeinden übertragenen staatlichen Aufgaben ausschließlich zu Angelegenheiten des übertragenen Wirkungskreises erklärt. Vielmehr wird aus § 5 Abs. 1 NGO im Verhältnis zu § 5 Abs. 2 NGO deutlich, daß die Gemeindeordnung aus dem Komplex der zugewiesenen staatlichen Aufgaben nur jene Aufgaben zwingend dem übertragenen Wirkungskreis zuordnet, die das Land im Auftrage des Bundes ausführt oder zu deren Ausführung der Bund Einzelanweisungen erteilen kann. Während die Gemeindeordnung (NGO) also eine Einordnung bisher staatlich wahrgenommener Aufgaben als Angelegenheit des eigenen Wirkungskreises zuläßt, ist dies nach der Landkreisordnung (NLO) ausgeschlossen[63]. Da aber der Art. 44 Abs. 1 und 4 gleichermaßen Gemeinden und Landkreise betrifft, kann allein die gesetzliche Regelung des § 4 Abs. 1 NLO allein nicht zu einer entsprechend einschränkenden Verfassungsinterpretation führen[64]. Art. 44 Abs. 1 und 4 der Vorl. Niedersächsischen Verfassung steht also einer Übertragung staatlicher Aufgaben auf die Landkreise als Angelegenheit des eigenen Wirkungskreises nicht entgegen.

Aber auch die bereits erwähnte Bestimmung des § 4 Abs. 1 NLO[65] allein schließt eine Vollkommunalisierung der Regionalplanung nicht aus. Denn selbst dann, wenn man die Regionalplanung als staatliche Aufgabe betrachtet[66], kann die gesetzliche Schranke des § 4 Abs. 1 NLO durch jedes gleichrangige Gesetz im Einzelfall wirksam außer Kraft gesetzt werden. Denn einen Vorrang allgemeiner Gesetze (§ 4 Abs. 1

---

[62] So auch *Weber* (Untere Verwaltungsinstanz, in: Der Kreis, Bd. I, S. 75 [81 f.]), der zu dem gleichen Ergebnis auch für Schleswig-Holstein kommt. Kritik an der Wirkungskreislehre bei *Dehmel*, Übertragener Wirkungskreis, S. 47 ff.

[63] Eine ausführliche Übersicht zur Gestaltung der Kreisaufgaben nach den Kreisordnungen der einzelnen Bundesländer bei *Laux*, Funktion des Kreises, in: Der Kreis, Bd. I, S. 93 (101 ff.).

[64] Außerdem wären die methodischen Grenzen einer solchen Interpretation zu berücksichtigen („Gesetzmäßigkeit der Verfassung").

[65] Zum Wortlaut des § 4 Abs. 1 NLO vgl. FN 61.

[66] Zu den rechtsdogmatischen Zweifeln, daß es sich bei der Regionalplanung um eine ausschließlich staatliche Aufgabe handelt, vgl. die Ausführungen zu B. I. 1. b). Zur verwaltungswissenschaftlichen Einordnung der Regionalplanung als staatlich-gemeindliches Kondominium vgl. B. I. 1. c).

NLO) vor Einzelfallgesetzen (§ 7 NROG) gibt es nicht[67]. Vielmehr sind alle Gesetze als prinzipiell gleichrangig zu betrachten und Gesetzeskollisionen nach den herkömmlichen Grundregeln zu lösen[68]. Danach gilt die Verlagerung der Regionalplanung auf die Kreise (§ 7 NROG) als lex specialis und damit als vorrangig gegenüber dem allgemeinen Gesetz der Landkreisordnung (§ 4 Abs. 1 NLO).

Dieses Ergebnis, wonach es grundsätzlich keine rangverschiedenen Gesetze gibt und damit keine Selbstbindung des Gesetzgebers, folgt unmittelbar aus Art. 20 Abs. 3 GG. Denn nach dieser verfassungsrechtlichen Bestimmung ist die legislative Gewalt — gerade im Gegensatz zu den beiden anderen Gewalten — nur an die Verfassung gebunden[69], die ein solches Selbstbindungsgebot nicht kennt.

Der Verlagerung der Regionalplanung auf die Landkreise als Angelegenheit des eigenen Wirkungskreises steht also weder Art. 44 Abs. 4 der Vorl. Niedersächsischen Verfassung noch § 4 Abs. 1 NLO entgegen.

b) Bindung kommunaler Träger der Regionalplanung an die Raumordnungsgrundsätze des § 2 BROG

Die Vollkommunalisierung der Regionalplanung wäre dann unzulässig, wenn sich dadurch der kommunale Planungsträger der Bindung an die Raumordnungsgrundsätze des § 2 BROG entziehen könnte. Denn den Ländern obliegt gem. § 4 Abs. 3 BROG die bundesrechtliche Verpflichtung, die Grundsätze für die Regionalplanung auch dann zur Geltung zu bringen, wenn der Landesgesetzgeber die Regionalplanung kommunalisiert[70].

Die Einhaltung dieser Verpflichtung ist ohne weiteres bereits im Wege der aufsichtsbehördlichen Weisung (Fachaufsicht) möglich, wenn

---

67 Die abweichende Auffassung, daß es rangverschiedene Gesetze gibt, ist insbesondere zur Gebietsreform vertreten worden, wonach die allgemeinen Kommunalgesetze (Gemeindeordnung, Kreisordnung) ranghöher sein sollen als die den Einzelfall regelnden Neugliederungsgesetze, so *Wolff / Bachof*, VerwR I, § 26 III m. w. N. Zu Recht a. A. *Püttner* (DöV 1970, S. 322 [324]), der allerdings darauf verweist, daß die allgemeinen Gesetze (Gemeindeordnung usw.) oft Wertungen übernommen haben, die sich bereits aus ranghöheren Verfassungsbestimmungen ergeben (bei Neugliederung insbesondere Art. 28 Abs. 2 GG). a. A. auch Verfassungsgerichtshof Rhld.-Pf. vom 21. 3. 1969, AöR 1970, S. 598 (607 f., 612 f.).

68 Zu den Regeln bei Normwidersprüchen vgl. *Ossenbühl*, Quellen des Verwaltundgsrechts, in: Erichsen / Martens, Allgemeines Verwaltungsrecht, S. 55 (115).

69 Nach *Püttner* (DöV 1970, S. 322 [323]) ist eine echte Selbstbindung des Gesetzgebers bedenklich, weil dadurch aufgrund der periodischen Neuwahl der Volksvertretungen das scheidende Parlament dem neugewählten Parlament per Gesetz enge Handlungsgrenzen ziehen könnte.

70 *Bielenberg / Erbguth* (BROG, § 3 Rdnr. 20) bezeichnen es weitergehend als Verpflichtung der Länder, die Geltung der Grundsätze auch gegenüber den Landesfachplanungsträgern und den Kommunen zur Geltung zu bringen.

die Regionalplanung lediglich als Auftragsangelegenheit delegiert worden ist[71]. Gilt die Regionalplanung dagegen wie in Niedersachsen als Angelegenheit des eigenen Wirkungskreises, so steht der Aufsichtsbehörde wegen ihrer Beschränkung auf die Rechtsaufsicht ein solches Weisungsrecht nicht zu. Auch von der Möglichkeit, die Bindung der Regionalplanung an die Grundsätze des § 2 BROG im Gesetz anzuordnen und die Beachtung ggf. im Wege der Rechtsaufsicht zu sichern, hat Niedersachsen im NROG keinen Gebrauch gemacht[72].

Die Notwendigkeit einer ländereigenen Verbindlichkeitsanordnung (durch Gesetz oder Weisung) bezüglich der Raumordnungsgrundsätze erübrigt sich allerdings dann, wenn auch der kommunale Träger bereits unmittelbar gem. § 3 Abs. 2 BROG an diese Grundsätze gebunden ist. Eine solche Bindung auch der vollkommunalisierten Regionalplanung ist nach Sinn und Zweck des § 3 Abs. 2 BROG anzunehmen[73]. Der Begriff „Landesplanung" in § 3 Abs. 2 BROG darf nicht so ausgelegt werden, daß er nur die in der Trägerschaft von Landesbehörden stehende Raumordnungsplanung erfaßt. Vielmehr wird aus der organisationsrechtlichen Offenheit des bundesrechtlichen § 5 Abs. 3 BROG (staatliche oder kommunale Organisation) deutlich, daß der Bundesgesetzgeber mit § 3 Abs. 2 BROG die Raumordnung *in* den Ländern und nicht nur die Raumordnung *der* Länder erfassen wollte. § 3 Abs. 2 BROG ist hinsichtlich seines Geltungsbereiches also nicht organisationsrechtlich, sondern raumbezogen zu interpretieren.

Demnach ist jede Regionalplanung, unabhängig davon, in welcher Weise und mit welchem Maß an Selbständigkeit sie institutionalisiert ist, bereits bundesrechtlich (§ 3 Abs. 2 BROG) an die Raumordnungsgrundsätze des § 2 BROG gebunden[74].

c) Staatliche Mitgestaltung an der kommunalisierten Regionalplanung durch regionale Zielvorgaben und durch die staatliche Rechtsaufsicht

Die Vollkommunalisierung der Regionalplanung bewirkt zwangsläufig einen Verlust an staatlicher Mitgestaltung. Dies kann jedoch fak-

---

[71] *Brügelmann / Asmuss*, BROG, § 5 Anm. IV 3, b; so auch *Knecht*, Landesplanungsrecht Rheinland-Pfalz, S. 77.

[72] Allerdings enthält das Landesraumordnungsprogramm Niedersachsens vom April 1973 einige raumpolitische Grundsätze, die eine Ergänzung der bundesrechtlichen Raumordnungsgrundsätze (§ 2 BROG) sein sollen. Gem. § 4 Abs. 2 in Verbindung mit § 5 Abs. 4 NROG werden diese Grundsätze in dem neuen Landesraumordnungsprogramm als Teil I in Form eines Gesetzes beschlossen.

[73] So auch *Bielenberg / Erbguth*, BROG, § 3 Rdnr. 20; *Erbguth*, Probleme des Landesplanungsrechts, S. 39 f.

[74] *Bielenberg / Erbguth*, BROG, § 3 Rdnr. 20.

tisch durch eine stärkere Verdichtung der regionalen Landesplanung und rechtlich durch eine weite Auslegung der dem Staat für die Regionalplanung zustehenden Rechtsaufsicht kompensiert werden. Inwieweit dies für die rechtliche Zulässigkeit der Vollkommunalisierung Voraussetzung ist, soll im folgenden untersucht werden.

aa) Die Notwendigkeit konkreter regionaler Zielvorgaben der hochstufigen Landesplanung für die Regionalplanung

Schmit-Aßmann hält die Vollkommunalisierung der Regionalplanung nur dann für zulässig, wenn dafür die hochstufige Landesplanung als Äquivalent konkretere Ziele für die Regionalplanung vorsieht, als dies bei staatlicher Trägerschaft notwendig ist[75]. Nur dann könne — da fachaufsichtliche Mittel bei Selbstverwaltungsangelegenheiten nicht zur Verfügung stehen — mit Hilfe der Rechtsaufsicht die Einhaltung der regionalen Ziele überprüft werden[76] und damit das staatliche (zwingende) Mitgestaltungsrecht zur Geltung gebracht werden[77]. Andernfalls liege eine „staatliche Flucht aus der Verantwortung“ vor[78].

Als Prämisse geht die Argumentation von *Schmidt-Aßmann* davon aus, daß es einen zwingenden staatlichen Mitgestaltungsanteil an der Regionalplanung gibt, der entweder im Wege der eigenen staatlichen Planungsträgerschaft oder aber durch sehr konkrete rechtsverbindliche Planvorgaben geltend gemacht werden soll. Eine nähere rechtliche Begründung für diese Prämisse wird nicht gegeben. Versucht man, die These von der Notwendigkeit „konkreter“ staatlicher Planvorgaben als Äquivalent für die kommunale Organisation der Regionalplanung raumordnungsrechtlich einzuordnen, so ist ein Rückgriff auf § 5 Abs. 1 und 2 BROG notwendig[79]. § 5 Abs. 2 BROG bestimmt den Mindestinhalt der Landesraumordnungspläne. Diese müssen danach mindestens diejenigen Ziele der Raumordnung und Landesplanung enthalten, die zur Verwirklichung der Grundsätze nach § 2 BROG erforderlich sind. Maßstab für den erforderlichen Mindestinhalt der staatlichen Planvorgaben für die Regionalplanung ist folglich gem. § 5 Abs. 2 BROG ausschließlich die Verwirklichung der Raumordnungsgrundsätze. Die Beachtung dieser Raumordnungsgrundsätze ist aber auch bei kommunaler Träger-

---

[75] *Schmidt-Aßmann*, Fortentwicklung, S. 50; *ders.*, AöR 101 (1976), S. 520 (538 f.); ähnlich *Ernst* (Verfassungsrechtliche Vorgaben, S. 43), der eine „gewisse staatliche Einflußnahme“ für unverzichtbar hält, ohne dies aber näher zu konkretisieren. *Brentano* (Verfassungsrechtliche Probleme, S. 68 f., 105 f.) fordert noch allgemeiner „stets eine staatliche Einflußnahme“.

[76] Denn die Zielbindung stellt im Ergebnis gem. § 9 NROG eine Rechtsbindung dar.

[77] Ebenso *Bielenberg / Erbguth*, BROG, § 5, Rdnr. 55.

[78] *Schmidt-Aßmann*, Fortentwicklung, S. 50.

[79] Zur allgemeinen Planungspflicht des Landes vgl. *Zinkahn / Bielenberg*, BROG, § 5 Anm. 7.

schaft der Regionalplanung gewährleistet, da die kommunalen Regionalplanungsträger ihrerseits unmittelbar an die Raumordnungsgrundsätze gebunden sind[80]. Folglich besteht auch keine rechtliche Notwendigkeit, dem kommunalen Regionalplanungsträger stärker verdichtete Ziele vorzugeben als dem staatlichen Planungsträger.

Ferner ist zu berücksichtigen, daß es dem sehr weitgehenden Planungsermessen der Länder obliegt, zu entscheiden, welche Ziele zur Verwirklichung der Grundsätze nach § 2 BROG erforderlich sind. Asmuss geht sogar davon aus, daß es *ausschließlich* in der Kompetenz der Länder liege, zu bestimmen, durch welche raumordnerischen Ziele die Raumordnungsgrundsätze realisiert werden sollen[81]. Wenn also den Ländern ein sehr weites Ermessen zusteht bei der Formulierung raumordnerischer Ziele, so kann folglich aus dem BROG keine raumordnungsrechtliche Verpflichtung abgeleitet werden, bei kommunaler Regionalplanungsträgerschaft die Intensität der staatlichen Planvorgaben für die Regionalplanung zu erhöhen.

Auch außerhalb des Raumordnungsrechts läßt sich eine solche Rechtsverpflichtung nicht begründen. So wird die vom Land zu gewährleistende Gesetzmäßigkeit der Verwaltung (Art. 44 Abs. 5 Vorl. Niedersächsische Verfassung) nicht beeinträchtigt, denn der regionale Planungsträger unterliegt der staatlichen Rechtsaufsicht des Landes. Die ermessensfehlerfreie Abwägung der Raumordnungsgrundsätze seitens des Regionalplanungsträgers (§ 2 Abs. 2 BROG) kann daher auch bei staatlicher Beschränkung auf die Rechtsaufsicht garantiert werden.

Es mag sein, daß die weniger intensive inhaltliche Festlegung des kommunalen Planungsträgers durch die hochstufige Landesplanung raumordnungs*politisch* sehr unerwünscht ist, da der Staat damit weniger direkte Steuerungsimpulse „nach unten" vermitteln kann. Einem solchen Rückzug des Staates auf wenige regionale Zielvorgaben und einer Beschränkung auf die Rechtsaufsicht stehen aber zumindest keine rechtlichen Schranken entgegen. Im Gegensatz zur Aufgabenverlagerung von „unten nach oben", für die Art. 28 Abs. 2 GG eine deutliche verfassungsrechtliche Schranke bestimmt, ist die Zulässigkeit der vom Staat „ex gratia" zugestandenen Aufgabenwanderung in umgekehrter Richtung in sehr viel breiterem Umfang rechtlich unbedenklich[82]. Für die Regionalplanung, deren Aufgabenstruktur bereits von einer gemeindlichen Mitverantwortung geprägt wird[83], muß dies in besonderer Weise gelten. Der Staat darf somit sehr wohl seine Aufgabenmitverant-

---

[80] Vgl. D. III. 2. b).

[81] *Brügelmann / Asmuss*, BROG, § 5 III f.

[82] So auch *Mayer*, Fragen der Kommunalisierung, in: Festschrift für W. Weber, S. 935 (937); vgl. dazu auch D. III.

[83] Vgl. B. I. 1. c).

wortung an der Regionalplanung kommunalisieren und sich dafür auf eine Kontrolle im Wege der Rechtsaufsicht beschränken.

Das Argument von der unzulässigen staatlichen „Flucht aus der Verantwortung“[84] bei Vollkommunalisierung der Regionalplanung und gleichzeitig nicht ausreichenden Zielvorgaben ist demnach rechtlich nicht haltbar und somit allenfalls als raumordnungspolitischer Vorbehalt zu werten.

bb) Der Inhalt der staatlichen Rechtsaufsicht bei vollkommunalisierter Regionalplanung

Zu Recht wird im Schrifttum darauf verwiesen, daß die Kommunalisierung von Aufgaben häufig keine faktische Stärkung der Selbstverwaltung bewirkt, da der Staat im Rahmen der Aufgabenerledigung verlorenes Terrain wiedergewinnt durch eine um so intensivere staatliche Aufsicht[85]. Diese These findet auch in der Regionalplanung ihre Bestätigung, da die Regionalplanung — mit Ausnahme von Rheinland-Pfalz und Niedersachsen — in allen Bundesländern mit kommunaler Trägerschaft als Auftragsangelegenheit eingestuft wird und damit der uneingeschränkten Fachaufsicht unterliegt[86]. Auch Rheinland-Pfalz erklärt zwar die Regionalplanung zur „Aufgabe der kommunalen Selbstverwaltung“[87], beschränkt sich aber andererseits nicht auf eine reine Rechtsaufsicht[88], indem die Genehmigungsversagungsgründe auch hinreichend Raum lassen für die Durchsetzung raumordnerischer Zweckmäßigkeitsvorstellungen der staatlichen Landesplanungsbehörde[89].

In Niedersachsen wird dagegen nunmehr in § 8 Abs. 4 NROG ausdrücklich bestimmt, daß die staatliche Genehmigungsbehörde die Regionalen Raumordnungsprogramme nur auf ihre Rechtmäßigkeit und auf die Vereinbarkeit mit den Zielen der Raumordnung überprüft[90]. Der Begriff „Ziele der Raumordnung“ ist identisch mit den „Zielen der Landesplanung“, denn Raumordnungsziele des Bundes gibt es nicht[91].

---

84 *Schmidt-Aßmann*, Fortentwicklung, S. 50.

85 Besonders kritisch dazu *Klüber* (Die Gemeinden, S. 115), der in diesem Zusammenhang vom „kommunalen Feigenblatt“ bei der Regionalplanung spricht.

86 Vgl. dazu B. I. 2. sowie *Wahl*, Rechtsfragen der Landesplanung, Bd. I, S. 237 FN 7.

87 § 15 Abs. 2, S. 1 LPlG.

88 § 13 Abs. 3 S. 2 LPlG.

89 So *Götz*, Staat und Kommunalkörperschaften, in: Festschrift für W. Weber, S. 979 (990); vgl. auch B. I. 2. FN 114 und 115.

90 Trotz dieses klaren Wortlautes besteht nach Auffassung des Nds. Landkreistages die Sorge, daß die Aufsichtsbehörden auch Zweckmäßigkeitserwägungen anstellen, vgl. dazu die Niederschrift über die Informationsveranstaltungen des Nds. Landkreistages vom 19. 12. 1977 und 23. 1. 1978 in der Anlage zu RdSchr. Nr. 34/1978 vom 20. 2. 1978, S. 11.

Da nur die Vereinbarkeit mit den Zielen aufsichtsbehördlich geprüft wird, schließt dies die Versagung der Genehmigung wegen Unvereinbarkeit mit sonstigen Plänen, Programmen, Gutachten usw. aus. Auch eine seitens des Trägers der Regionalplanung vorgenommene unzweckmäßige Abwägung der Raumordnungsgrundsätze (§ 2 BROG) dürfte demnach keine Ablehnung der Genehmigung rechtfertigen[92]. Berücksichtigt man ferner, daß die Rechtsprechung eine Bindungswirkung der Ziele der Landesplanung gem. § 5 Abs. 4 BROG nur dann bejaht, wenn diese Ziele hinreichend konkretisiert sind[93], so wird daraus insgesamt die Tendenz deutlich, die Befugnisse der aufsichtsbehördlichen Landesplanung erheblich einzuschränken[94].

Angesichts dieser engen Fassung der Genehmigungsversagungsgründe (§ 8 Abs. 4 NROG) kann man in Niedersachsen tatsächlich von einer ausschließlichen Rechtsaufsicht über den Träger der Regionalplanung sprechen. Denn die Überprüfung der Einhaltung der Ziele der Raumordnung[95] ist keine durch den § 8 Abs. 4 NROG geschaffene zusätzliche Genehmigungsschranke. Die rechtliche Bindung der Regionalplanung an die Ziele der Raumordnung und damit die Überprüfung ihrer Einhaltung durch die Rechtsaufsicht ergibt sich bereits aus § 5 Abs. 4 in Verbindung mit § 4 Abs. 5 BROG.

Nun ist in Schrifttum[96] und Rechtsprechung[97] die Geltendmachung eigener Zweckmäßigkeitserwägungen der staatlichen Aufsicht auch bei Selbstverwaltungsaufgaben dann bejaht worden, wenn der Staat mit der Genehmigung zulässigerweise auch eigene Zwecke verfolgt[98]. Eine

---

[91] § 2 BROG enthält Grundsätze der Raumordnung; zur Abgrenzung der Ziele von den Grundsätzen der Raumordnung vgl. u. a. *Klein*, Ziele der Landesplanung, S. 169 ff.

[92] So aber in Rhld.-Pf. gem. § 15 Abs. 3 S. 2 LPlG, vgl. FN 88; in Niedersachsen ist die vom Träger der Regionalplanung vorgenommene Abwägung der Raumordnungsgrundsätze (§ 2 Abs. 2 BROG) nur begrenzt überprüfbar, d. h. nur entsprechend den allgemeinen Grundsätzen über die rechtsaufsichtliche und gerichtliche Nachprüfung von Abwägungsvorgängen. Zum Abwägungsvorgang im Raumplanungsrecht und zu dessen Überprüfung vgl. *Schmitt Glaeser*, Systemgerechtigkeit, in: Verwaltung und Rechtsbindung, Festschrift, S. 291 (298 ff.).

[93] So bereits BVerwGE 6, 342 (346), Urt. vom 20. 5. 1958. Ebenso OVG Lüneburg, DöV 1969, 642 (643), Urt. vom 14. 11. 1968. Vgl. dazu ausführlich *Klein*, Ziele der Landesplanung, S. 161 ff.

[94] Allerdings ist das Erfordernis hinreichender Konkretisierung der Ziele der Raumordnung bisher vorrangig im Hinblick auf die gemeindliche Anpassungspflicht gem. § 1 Abs. 4 BBauG gesehen worden, so auch BVerwGE 6, 342 (346).

[95] Zur Frage, inwieweit die Raumordnungsziele einen rechtsstaatlich vertretbaren Prüfungsmaßstab für die Aufsichtsbehörde darstellen, vgl. *Weber*, Kommunalaufsicht, in: Probleme der Kommunalaufsicht, S. 17 (32).

[96] *Wolff / Bachof*, VerwR II, § 86 IX b 1.

[97] OVG Münster, OVGE 19, 192, LS 2.

derartige Verbindung von kommunalen und staatlichen Interessen zeigt sich auch gerade in der Regionalplanung[99]. Dieser extensiven Interpretation der Befugnisse der Aufsichtsbehörde steht für die Regionalplanung in Niedersachsen aber der klare Wortlaut des § 8 Abs. 4 NROG entgegen, der eindeutig eine Beschränkung auf die Rechtsaufsicht statuiert.

Zur Zulässigkeit einer ausschließlichen Rechtsaufsicht über die Regionalplanung sind die gleichen Überlegungen anzustellen, wie sie oben bereits getroffen wurden[100]. Die dort beschriebenen Schranken einer Kommunalisierung staatlicher Aufgaben werden durch eine Reduzierung des Staates auf die Rechtsaufsicht nicht verletzt, auch wenn dies verschiedentlich — allerdings ohne nähere rechtliche Begründung — angenommen wird[101]. Alle Auffassungen, die hier aus Rechtsgründen zwingende staatliche Mitgestaltungsanteile[102] fordern, berücksichtigen dabei zu wenig, daß sich solche Erfordernisse letztlich nur aus der Verfassung oder aus vorrangigem Bundesrecht (Art. 31 GG) ergeben können. Solche Schranken, die aber lediglich aus verwaltungswissenschaftlichen oder raumordnungspolitischen Erkenntnissen gewonnen werden[103], dürfen nicht zur (rechtlichen) Einschränkung der Dispositionsfreiheit des Landesgesetzgebers herangezogen werden. So ist auch die verwaltungswissenschaftliche Einordnung der Regionalplanung als ein staatlich-kommunales Kondominium[104] kein rechtliches Hindernis für eine landesgesetzliche Regelung, die die Regionalplanung kommunalisiert und den Einfluß des Staates auf die Rechtsaufsicht beschränkt.

IV. Sonstige Aspekte zur rechtlichen Zulässigkeit

Blümel will die Verfassungswidrigkeit der niedersächsischen Verlagerung auf die Landkreise u. a. aus dem Gesichtspunkt der Ungleichbehandlung ableiten[104]. In der von *Blümel* vertretenen Verfassungsbeschwerde der Stadt Hildesheim[104] wird die Ungleichbehandlung damit begründet, daß die Stadt Hildesheim mit ca. 105 000 Einwohnern als

---

[98] Wobei allerdings fraglich ist, ob diese staatliche Einflußnahme dann noch der Kategorie „Aufsicht" zuzuordnen ist.

[99] Vgl. B. I. 1. c).

[100] Vgl. die Ausführungen zu D. III.

[101] Vgl. bereits FN 75; zu dem besonderen Aspekt der Rechtsaufsicht vgl. ferner *Macher*, Gemeindefreundliches Verhalten, S. 227 f.

[102] Die Rechtsaufsicht allein eröffnet der Aufsichtsbehörde keine Mitgestaltungsmöglichkeiten.

[103] Zur Möglichkeit, daß bei Beschränkung auf die Rechtsaufsicht möglicherweise nicht alle regionsübergreifenden Raumkonflikte von der Aufsichtsbehörde gelöst werden können, vgl. F. I. 3. a).

[104] *Blümel*, Das verfassungsrechtliche Verhältnis, S. 17 f.

kreisangehörige Gemeinde im Gegensatz zu mehreren einwohnermäßig kleineren kreisfreien Städten und Landkreisen nicht zum Träger der Regionalplanung bestimmt worden sei.

Tatsächlich sind z. B. die kreisfreien Städte Delmenhorst mit 71 000 Einwohnern und Emden mit nur 53 000 Einwohnern[105] trotz einer erheblich geringeren Einwohnerzahl als die Stadt Hildesheim durch das Achte Gesetz zur Verwaltungs- und Gebietsreform zu Trägern der Regionalplanung bestimmt worden. Die Argumentation von *Blümel*, daraus die Verfassungswidrigkeit der Aufgabenverlagerung abzuleiten, ist trotzdem wenig überzeugend. Denn § 7 NROG knüpft für die trägerschaftliche Aufgabenzuweisung lediglich an den Status der „Kreisfreiheit" an, ohne selbst zu bestimmen, welchen Städten diese Qualifikation zuerkannt werden soll. Die behauptete Ungleichbehandlung ergibt sich daher nur mittelbar aus dem NROG. Ihre eigentliche Ursache ist vielmehr in dem Neugliederungsgesetz zu erblicken, durch das der ehemals kreisfreien Stadt Hildesheim der Status der Kreisfreiheit entzogen wurde. Der § 7 NROG, der Landkreis und kreisfreie Städte zu Trägern der Regionalplanung bestimmt, verstößt damit nicht gegen den Gleichbehandlungsgrundsatz.

Inwieweit dagegen das Neugliederungsgesetz in bezug auf die Stadt Hildesheim aus Gründen der Ungleichbehandlung verfassungswidrig ist, bedarf in diesem Zusammenhang keiner Beurteilung.

Als Ergebnis läßt sich somit feststellen, daß die niedersächsische Verlagerung der Regionalplanung auf die Kreise als Selbstverwaltungsaufgabe weder gegen verfassungsrechtliche Normen noch gegen vorrangiges Bundesrecht verstößt.

---

[105] Zu den Zahlen, vgl. *von Unruh*, Gebiets- und Verwaltungsreform, S. 87.

E. Beurteilung der Kreisträgerschaft unter institutionellen Aspekten

Unter institutionellen Aspekten soll die Kreisträgerschaft untersucht werden im Hinblick auf den Verwaltungsaufbau (I), die Planausführung (II), die Demokratisierung (III) und die Verwaltungskraft der Kreise (IV).

I. Die Regionalplanung auf Kreisebene unter dem Aspekt des Verwaltungsaufbaues

Alle trägerschaftlichen Lösungsmodelle, die für die Regionalplanung eine planungsräumliche Abgrenzung unabhängig vom bestehenden Verwaltungsgefüge fordern[1], führen zwangsläufig oberhalb der Kreise und unterhalb der Regierungsbezirke[2] zu einer weiteren Verwaltungsebene im Behördenaufbau. Die Kreisträgerschaft (wie auch die Anbindung an die Bezirksregierung) vermeidet die Schaffung einer weiteren Verwaltungsinstanz und ist dementsprechend unter folgenden Aspekten vorteilhaft:

— Sie trägt dem Prinzip der weitgehenden Bündelung öffentlicher Aufgaben Rechnung und fördert daher die Einheit der Verwaltung[3].

— Sie vermeidet die Nachteile einer Aushöhlung der kommunalen Kreisfunktion, wie diese bei Ansiedlung der Regionalplanung im Verbund mit dazu planakzessorischen Aufgaben oberhalb der Kreisebene zu erwarten ist[4].

II. Die Bedeutung von Planung und Planausführung in der Kreisebene

Die Vorteile einer institutionellen Zusammenführung von Planung und Planausführung wurden bereits untersucht, ebenso die Bedeutung der Planausführung speziell für die Regionalplanung[5]. Dieser Vorteil

---

1 Siehe dazu B. II. 1.

2 Dies ist etwa der Zuschnitt der raumordnungsgerecht abgegrenzten Räume, so *Pühl*, Organisation der Regionalplanung, S. 85.

3 Zum Prinzip der Einheit der Verwaltung vgl. Nachweise B. II. 4. FN 275.

4 Vgl. B. II. 4. c).

5 Vgl. B. II. 2. b).

kann jedoch nur dann für die Kreisebene geltend gemacht werden, wenn der überwiegende Teil der planausführenden und raumrelevanten Funktionen[6] tatsächlich in dieser Verwaltungsebene vollzogen wird. Dies erfordert somit erstens eine Darstellung der Ziele der Regionalplanung, die auf eine Durchführung angewiesen sind und zweitens eine Untersuchung der Struktur der Kreisaufgaben auf ihren Anteil an diesen Durchführungsaufgaben.

1. Die Ziele der Regionalplanung unter dem Aspekt der Plandurchführung

Entsprechend der Gliederung der niedersächsischen Raumordnungspläne[7] werden in den Regionalen Raumordnungsprogrammen Zielbestimmungen insbesondere für folgende Gegenstandsbereiche getroffen[8].

— *Bevölkerungsziele:*

Die Festlegung von Einwohnerrichtzahlen ermöglicht als isolierte Zielvorgabe keine unmittelbare Planausführung seitens eines bestimmten Verwaltungsträgers. Sie dient vielmehr mittelbar als Planungsgrundlage für raumrelevante Aktivitäten aller Verwaltungsträger, so z. B. für die Berechnung des Bedarfs an Wohnbauflächen[9].

— *Ziele der Wirtschaftsentwicklung (Erwerbsgrundlagen):*

Das allgemeine Ziel einer Stärkung der Wirtschaftskraft wird in den regionalen Raumordnungsprogrammen für die einzelnen Wirtschaftszweige (Gewerbliche Wirtschaft, Handel und Dienstleistungen, Bergbau, Landwirtschaft, Forstwirtschaft, Fremdenverkehr[10]) näher konkretisiert. Dabei sind als Möglichkeiten die Sicherung und Erweiterung vorhandener Arbeitsstätten sowie die Ansiedlung neuer Betriebe vor-

[6] *Lehmann-Grube* (Planung, in: Die Verwaltungsregion, S. 70 [71]) unterscheidet zwischen raumrelevanter und raumirrelevanter Verwaltung (letztes z. B. Sozialhilfe).

[7] Vgl. Nds. LROP vom April 1973; entsprechend auch die Gliederung der Regionalen Raumordnungsprogramme, vgl. z. B. Regionales Raumordnungsprogramm für den Regierungsbezirk Osnabrück vom 15. 3. 1976 (Amtsblatt für den Reg.-Bezirk Osnabrück vom 31. 3. 1976). Eine völlig neue Gliederungs-Systematik liegt dem Entwurf des LROP 1980 für Nds. zugrunde. Zu der recht unterschiedlichen Gliederungspraxis anderer Bundesländer vgl. *Stolley*, Vergleich ausgewählter Regionalpläne, S. 18 f.

[8] *Pühl* (Organisation der Regionalplanung, S. 95) unterscheidet nur in fachliche und überfachliche Ziele.

[9] Zu dieser Berechnung vgl. *Riechels*, DVBl. 1968, S. 360 (366).

[10] Vgl. z. B. Regionales Raumordnungsprogramm für den Regierungsbezirk Aurich vom 26. 7. 1976 (Amtsblatt für den Reg.-Bezirk Aurich vom 2. 12. 1976).

gesehen. In bezug auf die aktive Verwirklichung dieser Ziele kommen als unterstützende Maßnahmen der öffentlichen Verwaltungsträger u. a. in Betracht:

— notwendige Flächenausweisungen
— Erstellung der speziell für die Betriebserweiterung und Neuansiedlung erforderlichen Infrastruktur (z. B. Ver- und Entsorgung, Verkehrserschließung)
— Schaffung der Infrastruktur für ausreichende Wohnstätten
— Maßnahmen der Wirtschaftsförderung[11]
— die direkte Förderung von Investitionen (z. B. Investitionszuschüsse, Bürgschaften, Zinszuschüsse[12].

— *Allgemeine (überfachliche) Ziele der Landesplanung:*

In diesem Bereich geht es im wesentlichen um die Bestimmung von zentralen Orten und die Festlegung von Entwicklungsschwerpunkten für die Gemeinden (Funktionszuweisungen „Gewerbe“, „Wohnen“ und „Erholung“). Die zentralörtliche Gliederung der Gemeinden dient der Konzentration öffentlicher Investitionen für zentrale Einrichtungen in ausgewählten Orten. Als öffentliche Einrichtungen für die Entwicklung einer zentral-örtlichen Funktion sind von Bedeutung[13]:

— Einrichtungen des Bildungswesens (Schulen, Volkshochschulen, Büchereien, Theater)
— Sport-/Freizeitstätten
— Einrichtungen des Gesundheitswesens
— Einrichtungen des Sozial- und Jugendwesens.

Die den Gemeinden vorgegebenen Funktionszuweisungen lassen sich entwickeln entweder mittelbar durch die Bereitstellung entsprechender Einrichtungen der Infrastruktur (z. B. durch Maßnahmen zur Industrieansiedlung bei der Funktionszuweisung „Gewerbe“) oder unmittelbar durch die eigenverantwortliche Aufgabenwahrnehmung seitens des Verwaltungsträgers (z. B. Betrieb von Freizeit- und Kureinrichtungen in Gemeinden mit Funktionszuweisung „Erholung“).

---

[11] Zu den kommunalen Wirtschaftsförderungskompetenzen vgl. *Lange*, DVBl. 1977, S. 873 ff.

[12] Zu den Möglichkeiten und Grenzen der Beeinflussung unternehmerischer Standortentscheidungen mit den Mitteln der Raumordnungspolitik und der regionalen Wirtschaftspolitik vgl. *Timmer*, Raumordnung und Industrialisierung, S. 73 ff.

[13] Nicht wiedergegeben sind hier die privaten Einrichtungen, die von öffentlichem Interesse sind, wie Kreditinstitute, Kaufhäuser, Ärzte, Apotheken, Einzelhandels- und Handwerksbetriebe u. a.; auch diese sind zur Kennzeichnung der zentral-örtlichen Funktion im LROP enthalten, vgl. LROP Nds. vom April 1973, S. 10.

— *Infrastrukturziele:*

Bei diesen Zielen geht es um die allgemeine Verbesserung der Infrastruktur unabhängig von den jeweiligen Entwicklungsschwerpunkten der Gemeinden. Die fachlich gegliederten Ziele beziehen sich dabei insbesondere auf großräumige und überörtliche Maßnahmen in folgenden Bereichen:

— Verkehr (Öffentlicher Personennahverkehr, Straßenverkehr, Schienenverkehr, Schiffahrt, Luftverkehr, Nachrichtenverkehr)
— Landespflege und Erholung
— Wasserwirtschaft, Abfallbeseitigung, Immissionsschutz
— Energieversorgung
— Verteidigung (Zivile und militärische Verteidigung)

Die Schaffung von Infrastruktureinrichtungen in den genannten einzelnen Fachgebieten ist zum Teil der freiwilligen Aufgabenwahrnehmung durch die öffentlichen Verwaltungsträger überlassen (so z. B. Schaffung überörtlicher Erholungseinrichtungen), zum Teil aber auch ausdrücklich gesetzlich geregelt hinsichtlich Inhalt und Zuordnung der Aufgabenverantwortung (z. B. Abfallbeseitigung, Straßenbau).

2. Die Ziele der Regionalplanung im Verhältnis zu den Kreisaufgaben

Die Adressaten der auf eine Umsetzung angelegten Ziele der Regionalplanung sind im folgenden zu bestimmen.

Die *Bevölkerungsziele* können keinem bestimmten Verwaltungsträger zugeordnet werden, da ihre Einhaltung nur in Verbindung mit anderen fachlichen Zielen verfolgt werden kann.

Die Ziele der *Wirtschaftsentwicklung* zur Stärkung und Erhaltung der Erwerbsgrundlagen bedürfen zu ihrer Erreichung der aktiven Gestaltung

— unmittelbar durch die privaten Wirtschaftssubjekte: Erstellung von Industrie- und Gewerbebetrieben, Niederlassung von Arbeitskräften,
— mittelbar durch die Gemeinden, soweit gemeindliche Aufgaben berührt sind: u. a. Flächenausweisungen im Rahmen der Bauleitplanung, Erstellung der ortsnahen Infrastruktur (Erschließung), Bodenbevorratung für Industrie- und Gewerbegelände,
— sowie durch öffentliche Initiativen mehrerer Verwaltungsträger, soweit die Verbesserung sonstiger für die Wirtschaftsentwicklung wichtiger Rahmenbedingungen angestrebt wird: Maßnahmen der Wirtschaftswerbung (Gemeinden und/oder Kreise), Maßnahmen der

regionalen Wirtschaftspolitik wie Finanzierungshilfen, Investitionszulagen, Bürgschaftsmittel, Förderung der wirtschaftsnahen Infrastruktur (Bund und Länder im Rahmen der Gemeinschaftsaufgabe zur Verbesserung der regionalen Wirtschaftsstruktur[14], in der Regel aber auch ergänzende Maßnahmen von Gemeinden und/oder Kreisen).

Bei den *allgemeinen überfachlichen Zielen* geht es im wesentlichen um den Ausbau der öffentlichen Einrichtungen, die zur Entwicklung einer zentral-örtlichen Funktion oder eines Entwicklungsschwerpunktes notwendig sind. Die Schaffung dieser „haushaltsorientierten Infrastruktur“[15] liegt sowohl bei den Gemeinden wie auch bei den Kreisen. Zum Teil ist die Aufgabenwahrnehmung in diesem Bereich gesetzlich geregelt. So liegt die Schulträgerschaft in Niedersachsen überwiegend bei den Kreisen[16], die durch die gesetzlich geregelte Schulentwicklungsplanung der Kreise ergänzt wird[17]. Im übrigen liegen die einzelnen Aktivitäten zum Bau öffentlicher Einrichtungen je nach der finanziellen Leistungskraft bei Kreisen oder Gemeinden. In der Regel werden allerdings gemeindliche Investitionen in diesem Bereich seitens der Kreise finanziell unterstützt[18].

Die *fachlichen überörtlichen Infrastrukturziele* (u. a. in den Bereichen Verkehr, Landespflege und Erholung, Wasserwirtschaft, Abfallbeseitigung, Immissionsschutz) sind kraft ihres übergemeindlichen Charakters ganz überwiegend dem Aufgabenbereich der Kreise zugeordnet[19]. Im Bereich der Abfallbeseitigung sind die Kreise in Niedersachsen zu gesetzlichen Aufgabenträgern bestimmt[20]. Auch die Landschaftsrah-

---

14 Nach dem 5. Rahmenplan der Gemeinschaftsaufgabe (vgl. Bundestags-Drucksache VII/4742) werden insgesamt 327 Schwerpunkte gefördert sowie ein Fördergebiet, das mehr als die Hälfte der Fläche des Bundesgebietes umfaßt. Vgl. kritisch hierzu *Timmer*, Raumordnung und Industrialisierung, S. 90.

15 So die Bezeichnung bei *Timmer* (Raumordnung und Industrialisierung, S. 96) für öffentliche Einrichtungen wie Schulen, Krankenhäuser, Theater usw.

16 Gem. § 82 Nds. SchulG. vom 18. 8. 1975 (GVBl. S. 255) i. d. F. vom 10. 3. 1978 (GVBl. S. 249) liegt grundsätzlich nur die Trägerschaft für die Grundschulen bei den Gemeinden, die Kreise sind Träger der Schulen der Sekundarbereiche I und II. Zu den Grundsätzen für eine Neuordnung u. a. der Schulträgerschaft vgl. die Regierungserklärung von Ministerpräsident Albrecht vom 28. 6. 1978, Stenographischer Bericht 9 WP./1. Sitzung, Sp. 46 f. sowie den Entwurf der Nds. LReg. zur Änderung des Schulgesetzes vom 8. 10. 1979, Landtags-Drucksache 9/1085.

17 Schulentwicklungsplanung der Kreise gem. § 18 Nds. SchulG.

18 Der überwiegende Teil kommunaler Investitionen erfolgt im Wege der Mischfinanzierung, vgl. dazu näheres Zahlenmaterial bei *Petri*, Zweckzuweisungen, pass.

19 Ggf. ergänzt um finanzielle Beteiligung der Länder.

20 Zuständigkeit der Kreise gem. § 1 Niedersächsisches Ausführungsgesetz zum Abfallbeseitigungsgesetz vom 9. 4. 1973 (GVBl. S. 109); die von der Ge-

menplanung soll in Niedersachsen nach dem Entwurf des Naturschutzgesetzes den Kreisen zugewiesen werden[21]. Die Erstellung größerer Erholungseinrichtungen (Seen, Naturparke, Fremdenverkehrszentren usw.) mit überörtlicher Ausstrahlungskraft erfolgt ebenso vorwiegend durch die Kreise[22].

Zusammenfassend läßt sich somit feststellen, daß ganz überwiegend Kreise und/oder Gemeinden Aufgabenträger bei der Verwirklichung der in den Regionalplänen festgelegten Ziele sind[23]. Der eindeutige Vorrang der Kommunen bei der Umsetzung regionaler Ziele findet eine klare Bestätigung auch in folgenden Zahlen: Von den Ausgaben für die gesamten Investitionen und Investitionsförderungsmaßnahmen aller öffentlichen Verwaltungsträger wurden 1974 rund 50 % von den Kommunen (Gemeinden, Gemeindeverbände) getätigt[24]. Berücksichtigt man zu diesen Zahlen, daß der Bund/Länder-Anteil mit ebenfalls 50 % zu einem erheblichen Teil auch für nichtregionale und raumirrelevante Investitionsziele eingesetzt wird, so unterstreicht dies den Vorrang der Kommunen im regionalen Raum.

Im Verhältnis zu den Gemeinden erfüllen die Kreise dabei vorrangig jene Funktionen, die überörtlichen Charakter haben oder die die Leistungsfähigkeit der Gemeinden übersteigen. Aber auch bei den von den Gemeinden getragenen Infrastrukturinvestitionen sind die Kreise in aller Regel finanziell beteiligt[25]. Dem entspricht auch die Struktur der heute von den Kreisen wahrgenommenen raumrelevanten Aufgaben. *Wagener* unterscheidet hier zutreffend zwischen

— übergemeindlichen

— ergänzenden und

— ausgleichenden Aufgaben[26].

---

meinde Rastede gegen § 1 des Nds. AG AbfG erhobene Verfassungsbeschwerde wurde durch Beschluß des Dreierausschusses des Bundesverfassungsgerichts vom 10. 9. 1976 nicht zur Entscheidung angenommen, vgl. dazu *Blümel*, Das verfassungsrechtliche Verhältnis, S. 15, FN 49.

[21] Entwurf eines Nds. Gesetzes über Naturschutz und Landschaftspflege, LT-Drucksache 9/150 (vom 28. 9. 1978); *Blümel* (Das verfassungsrechtliche Verhältnis, S. 29 f.) hält diese Aufgabenzuweisung für verfassungswidrig.

[22] Zur Stellung der Kreise im Landschafts- und Naturschutz vgl. *Müllmann*, der Landkreis 1976, S. 325 f.

[23] So im Ergebnis auch *Pühl*, Organisation der Regionalplanung, S. 101; Überblick über die verschiedenen Fachplanungskompetenzen der Kreise bei *von der Heide*, der Landkreis 1978, S. 509.

[24] Näher dazu *Grawert*, Gemeinden und Kreise, VVDStRL 36 (1978), S. 278 (279 FN 3).

[25] Vgl. FN 18.

[26] *Wagener*, Gemeindeverbandsrecht in NRW, S. 48 und 51; zu diesen und anderen Unterscheidungen der Kreisaufgaben vgl. *Laux*, Funktion des Kreises, in: Der Kreis, Bd. I, S. 93 (112 ff.).

Zu den übergemeindlichen Aufgaben zählen insbesondere die wichtigen überörtlichen Infrastrukturaufgaben, wie überörtliche Verkehrsbetriebe, Kreisstraßen, überörtliche Wasserwirtschaft, Naturparke usw.[27].

Ergänzende Kreisaufgaben sind jene, die die Leistungsfähigkeit der Gemeinden übersteigen, wie Trägerschaft von Schulen, Alten- und Jugendheimen, Maßnahmen der Energieversorgung usw.[28]. Die Ausgleichsfunktion der Kreise zeigt sich u. a. in der finanziellen Beteiligung an gemeindlichen Investitionsvorhaben und ggf. in der besonderen Unterstützung finanzschwacher Gemeinden[29]. Auch unter dem Aspekt der regionalen Verteilung staatlicher Fördermittel erfüllt die Kreisebene heute eine wichtige mittelinstanzliche Bündelungsfunktion. Denn die Kreise nehmen inzwischen nahezu spiegelbildlich auch all jene überörtlichen und mittelinstanzlichen Fachaufgaben wahr, über die auch die Bezirksregierung verfügt[30].

Aus alledem ergibt sich die Schlußfolgerung, daß die Kreise heute einen ganz wesentlichen Anteil haben an den für die Regionalplanung planakzessorischen regionalen Aufgaben[31]. Die Niedersächsische Sachverständigenkommission zur Verwaltungs- und Gebietsreform hat diese wichtige Gestaltungsfunktion der Kreise wie folgt umschrieben: „Die Kreise wachsen überdies mehr und mehr in die Funktion eines Gestaltungsfaktors im Wirtschafts- und Sozialleben hinein. Ihre Rolle ist die einer aktiven initiierenden Kraft; ihr Auftrag ist der einer planenden, fördernden, belebenden, zugleich auch ausgleichenden Gesamtverantwortung gegenüber dem Lebens- und Wirtschaftsraum des Kreisgebietes und seiner Bevölkerung[32]."

---

27 Auch *v. d. Heide / Neumann* (der Landkreis 1976, S. 301 [303]) betonen den umfangreichen Katalog raumrelevanter Kreisaufgaben im übergemeindlichen Bereich. Zu den übergemeindlichen Kreisaufgaben vgl. auch *Siedentopf*, DVBl. 1975, S. 13 (18).

28 Zu dem ergänzenden Aspekt der Kreisaufgaben vgl. auch *Seele*, der Landkreis 1974, S. 227 (232).

29 Dazu vgl. *Laux*, Funktion der Kreise, in: der Kreis, Bd. I, S. 93 (113); ebenso *Seele* (der Landkreis 1974, S. 227 [232]), der auf die Ausgleichsfunktion der Kreisumlage verweist. Zum Aspekt der Unterstützung finanzschwacher Gemeinden vgl. *Ernst*, Verfassungsrechtliche Vorgaben, S. 179 f.

30 *Roters / Ballke*, Funktionalreform, S. 59.

31 So auch die Begründung des Entwurfs eines Achten Gesetzes zur Verwaltungs- und Gebietsreform, Landtags-Drucksache 8/1000, S. 234.

32 Nds. Sachverständigenkommission zur Gebietsreform, Bd. I, Rdnr. 412 (S. 123).

III. Die Kreisträgerschaft unter dem Aspekt der Demokratisierung

Die Voraussetzungen für eine Demokratisierung der Regionalplanung[33] sind auf der Kreisebene besonders günstig. Die direkt gewählten Vertreter des Kreisparlamentes sind über die Regionalplanung hinaus ebenfalls Entscheidungsinstanz für zahlreiche andere raumrelevante öffentliche Aufgaben, die den Planungsraum beeinflussen. Die Abgeordneten sind daher auch in anderen Bereichen gezwungen, aus der Gesamtschau dieser Aufgaben eine dem gesamten Raum dienende Lösung anzustreben. Die Integration der Regionalplanung in einen solchen Aufgabenbestand erhöht bei einer Identität der Bezugsräume die Chance, daß die gewählten Vertreter die Interdependenz zwischen der Regionalplanung und den sonstigen wahrzunehmenden Aufgaben berücksichtigen und somit regionalplanerische Entscheidungen nicht isoliert, sondern aus dem Bewußtsein einer umfassenden Verantwortung für die gesamte Entwicklung eines Raumes treffen werden[34]. Im Vergleich zu den nur auf die Regionalplanung beschränkten Vertretungen ergeben sich auf der Kreisebene einige weitere Vorteile wie die Kontinuität der Sitzungsarbeit bei Kreistagen, das bessere Verhältnis der Abgeordneten zur (Kreis-)Verwaltung usw.

Demgegenüber weisen alle Lösungen auf der Bezirksebene — gleichgültig, ob in der Form des entscheidenden Bezirksplanungsrates[35] oder des beratenden Beirates[36] — entsprechende Schwächen auf, da mit Ausnahme Bayerns[37] in den Bezirken keine vom Bürger gewählten Volksvertretungen existieren. Sie täuschen zudem einen erheblichen kommunalen Einfluß auf die Regionalplanung vor, den weder ein beratendes kommunales Gremium (Beirat) noch ein beschlußfassender Bezirksplanungsrat haben kann. Denn in den Planungswissenschaften ist seit langer Zeit anerkannt, daß weniger der punktuelle Beschluß über einen Planentwurf als vielmehr die Herrschaft über das Planungs-

---

[33] Zur Notwendigkeit einer Demokratisierung der Regionalplanung vgl. Ausführungen zu B.

[34] *Wahl* (Rechtsfragen der Landesplanung, Bd. 2, S. 186) spricht in ähnlichem Zusammenhang von der Bildung eines „regionalen Bewußtseins".

[35] So in NRW gem. §§ 5 ff. LPlG; kritisch zum Modell des Bezirksplanungsrates *Wahl*, Rechtsfragen der Landesplanung, Bd. 1, S. 283 f.; ebenso *Schmidt-Aßmann*, DVBl. 1975, S. 4 (10) und *Roters* (Staats- und Kommunalverwaltung 1976, S. 226 [228]), der die Neuregelung in NRW für einen eklatanten Verstoß gegen das Selbstverwaltungsrecht der Kreise gem. Art. 28 Abs. 2 S. 2 GG, Art. 78 LVerfNW hält. Eine positive Einschätzung bei *Depenbrock*, AfK, 1977, S. 197 (209).

[36] Zur Institution der Planungsbeiräte vgl. *Buchsbaum*, Informationen zur Raumentwicklung 1976, S. 263 (267).

[37] Zur dritten kommunalen Ebene in Bayern vgl. *Borchmann*, DöV 1976, S. 763.

verfahren die entscheidende materielle Einflußmöglichkeit auf den Plan garantiert[38]. Daher wird auch zu Recht bei der Planerarbeitung durch staatliche Planungsstellen trotz einer rechtlich normierten kommunalen Planungsträgerschaft eine faktische Verstaatlichung der Regionalplanung angenommen[39]. Bei allen Modellen für eine Regionalplanung auf der Bezirksebene liegt aber das Erarbeitungsverfahren in den Händen der staatsunmittelbaren Verwaltung[40].

IV. Die Verwaltungskraft der Kreise im Hinblick auf die Regionalplanung

Jede öffentliche Aufgabe bedarf zu ihrer optimalen Wahrnehmung einer adäquaten sächlichen und personellen Ausstattung[41] des jeweiligen Verwaltungsträgers. Die Stärkung der personellen und sächlichen Verwaltungskraft war daher gerade ein wesentliches Ziel der Verwaltungs- und Gebietsreform[42]. Folglich zwingt dies dazu, bei Aufgabenverlagerungen im Zuge der Funktionalreform die Frage zu berücksichtigen, inwieweit die unteren Verwaltungsebenen die ihnen zugewiesenen Aufgaben angesichts ihrer Verwaltungskraft auch sachgerecht erfüllen können[43].

Das Erfordernis einer ausreichenden personellen Ausstattung gilt insbesondere für den Träger der Regionalplanung, denn die Lösung der komplexen Probleme, die sich aus den unterschiedlichen Ansprüchen an den regionalen Planungsraum ergeben, setzt das Vorhandensein hinreichend qualifizierter und spezialisierter Fachkräfte voraus. Schon

---

38 *Brohm*, Dogmatik des Verwaltungsrechts, VVDStRL Bd. 30 (1972), S. 245 (289 f.); vgl. auch *Schmidt-Aßmann*, DVBl. 1975, S. 4 (10).

39 *Pühl*, Organisation der Regionalplanung, S. 129 m. w. N.

40 Dies gilt auch in Nordrhein-Westfalen, wo die Planerarbeitung durch die Bezirksplanungsbehörde, einer Abteilung des Regierunigspräsidenten, erfolgt (§ 3 LPlG). Zwar ist die Bezirksplanungsbehörde für das Erarbeitungsverfahren an Weisungen des Bezirksplanungs*rates* (als „Herr des Verfahrens", so die Begründung der Regierungsvorlage, LT-Drucksache 7/3928 Nr. 4, S. 24) gebunden (§ 7 Abs. 1 LPlG), jedoch entscheidet die (staatliche) Landesplanungsbehörde über Meinungsverschiedenheiten zwischen Bezirksplanungsbehörde und Bezirksplanungsrat (§ 2 Ziff. 4 LPlG). Zu weiteren Merkmalen der Regelung in NRW, die die staatliche Dominanz in der regionalen Planung unterstreichen, vgl. *Wahl*, Rechtsfragen der Landesplanung, Bd. II, S. 193 ff. Eine weit positivere Wertung zum Bezirksplanungsrat aus der Sicht seiner bisherigen praktischen Arbeit findet sich dagegen bei *Grünschläger*, Städte- und Gemeinderat 1980, S. 91 ff., und bei *Becker*, Verwaltungsrundschau 1980, S. 188 (190 f.).

41 Detailliert zu den einzelnen Aspekten der „Ausstattung" vgl. *Mäding*, Funktionelle Organisation, in: Der Kreis, Bd. II, S. 33 (56).

42 So auch *Pühl*, Organisation der Regionalplanung, S. 109.

43 Nds. Sachverständigenkommission zur Gebietsreform, Bd. 1, Rdnr. 477 (S. 140).

aus diesem Grunde hat der Gesetzgeber im Laufbahnrecht die beamtenrechtlichen Voraussetzungen geschaffen für die Heranbildung ausreichend qualifizierten Fachpersonals für den Planungsbereich[44].

Wagener hält für eine Regionalplanungsstelle mindestens 3 bis 4 Planer des höheren Dienstes und etwa 8 bis 12 sonstige Mitarbeiter für erforderlich[45]. Der optimale Einwohnerbereich für die Regionalplanung aus personalwirtschaftlicher Sicht soll demnach zwischen 200 000 und 400 000 Einwohnern liegen[46]. Auch im Gutachten „Planungsregionen Bayerns" werden mindestens 3 bis 4 Akademiker mit je 3 bis 4 Hilfskräften als Mindestausstattung für eine regionale Planungsstelle genannt[47]. Eine Erhebung aus dem Jahre 1975 hinsichtlich der personellen Ausstattung der Regionalplanungsstellen in der Praxis der Bundesländer läßt erkennen, daß die durchschnittliche Beschäftigungszahl von Mitarbeitern aus dem höheren Dienst in keinem Bundesland unterhalb von 3 Stellen liegt[48]. In den meisten Bundesländern liegt die Personalstärke dieser Gruppe sogar deutlich über dieser Grenze[48].

Legt man diese personellen Anforderungen für die Beurteilung der Kreisträgerschaft der Regionalplanung in Niedersachsen zugrunde, so dürfte dem auf der Ebene der Kreise wohl kaum zu entsprechen sein. Allenfalls die wenigen Kreise in Niedersachsen oberhalb der 200 000-Einwohner-Grenze[49] würden diesen Erfordernissen zumindest von der Einwohnerzahl her genügen. Eine undifferenzierte Übernahme der u. a. von *Wagener* ermittelten Personal-Soll-Zahlen (3 bis 4 Planer des höheren Dienstes) wird jedoch nicht den besonderen Bedingungen der Regionalplanung auf Kreisebene gerecht[50]. Denn alle obengenannten Vorschläge gehen von Bezirksplanungsstellen bzw. von Planungsstellen großräumiger regionaler Planungsgemeinschaften aus[51], die außer-

---

[44] Vgl. Ausbildungs- und Prüfungsverordnung (APVO) für den höheren Landesplanungsdienst vom 5. 1. 1972 (Nds. GVBl. S. 21) i. d. F. vom 12. 8. 1976 (Nds. MBl. S. 1496); Fundstellen zu weiteren Laufbahnvorschriften für den Landesplanungsdienst im RdErl. d. MI vom 26. 6. 1978 (Nds. MBl. S. 922, 928); dem entspricht auch die Einführung spezieller Raumplaner-Studiengänge an einigen Universitäten, vgl. dazu *Pühl*, Organisation der Regionalplanung, S. 112.

[45] *Wagener*, Neubau der Verwaltung, S. 410.

[46] *Wagener*, S. 410.

[47] Weitere Nachweise dazu bei *Pühl*, Organisation der Regionalplanung, S. 111.

[48] *Kunzmann / Müller*, Stadtbauwelt 51 (1976) S. 1172; *Pühl*, Organisation der Regionalplanung, S. 111.

[49] Das sind von 38 nur 5 Kreise, vgl. *von Unruh*, Gebiets- und Verwaltungsreform, S. 86.

[50] So aber *Pühl* (Organisation der Regionalplanung, S. 113), der diese Zahlen auch als Maßstab für die Beurteilung der Kreisträgerschaft zugrunde legt.

[51] So auch *Wagener*, Neubau der Verwaltung, S. 408 f.

dem im Bereich der auftragsweisen Bauleitplanung[52] für die Gemeinden tätig sein sollen. Zudem führt die Verlagerung der Regionalplanung auf die Kreise zu einer qualitativen Veränderung der Regionalplanungssubstanz, die nicht ohne Auswirkungen auf die notwendige personelle Ausstattung bleiben kann. Die personellen Anforderungen an die Regionalplanung lassen sich kaum verallgemeinern, sondern sind in erheblichem Maße von der jeweiligen länderspezifischen Aufgabenstruktur der Regionalplanung abhängig. Dies zwingt außerdem dazu, die Gesamtaufgabe „Regionalplanung" einschließlich der korrespondierenden Folgeaufgaben (wie die Durchführung von Raumordnungsverfahren, die Untersagung raumordnungswidriger Maßnahmen usw.) im Hinblick auf den Personalaspekt differenziert zu untersuchen.

1. Die notwendige Personalausstattung für die Erarbeitung des Regionalen Raumordnungsprogramms

Im Mittelpunkt der neuen Kreisaufgabe „Regionalplanung" steht die Erarbeitung des Regionalen Raumordnungsprogramms[53]. Die personellen Anforderungen für diesen Teilbereich der raumplanerischen Kreisaufgaben in Niedersachsen sind im wesentlichen abhängig von der Regionalplanungssubstanz und damit insbesondere von den drei folgenden Faktoren:

— Größe des Planungsraumes

— Aussagedichte der Planinhalte

— Umfang der Integration von einzelnen Fachplanungen in das Regionale Raumordnungsprogramm.

Die Korrelation der jeweiligen Größe des Planungsraumes zur erforderlichen Personalstärke ergibt sich bereits aus der rein quantitativ geringeren Planungssubstanz bei kleinen Planungsräumen. Allerdings werden auch kleine Regionalplanungsräume in Niedersachsen[54] eine personelle Mindestausstattung aufweisen müssen, die sich weniger aus der Quantität, sondern aus den qualitativen Anforderungen jeder regionalplanerischen Tätigkeit ergibt. Die für die Erarbeitung eines Planentwurfes in den einzelnen Planungsphasen notwendigen Arbeiten — Auswahl und Bewertung des Datenmaterials, Erarbeitung von regionalen Zielaussagen aus dem regionalen Datenmaterial unter Berücksichtigung der staatlichen Vorgaben, Abstimmung der Planentwürfe mit benachbarten oder konkurrierenden Planträgern — erfordern ein mit den besonderen Problemstellungen der Raumordnung vertrautes

52 Ausarbeitung von Bauleitplänen für Gemeinden, vgl. *Wagener*, S. 409.

53 § 8 NROG.

54 Zu den Größen der nds. Kreise vgl. C. I.

Personal[55]. Die vom Niedersächsischen Landkreistag vorgeschlagene Besetzung der Regionalplanungsstellen bei den Kreisen[56] — je 1 Beamter des höheren und des gehobenen/mittleren Landesplanungsdienstes sowie 1 Beamter des gehobenen allgemeinen Verwaltungsdienstes — muß daher hinsichtlich der Zahl der Planer mit akademischer Ausbildung als Mindestausstattung angesehen werden. Die Zahl der Mitarbeiter aus dem gehobenen und mittleren Dienst wird dagegen in Abhängigkeit von der Größe des Planungsraumes je nach der Quantität der Planungssubstanz auch nach unten als variabel anzusehen sein.

Neben der Größe des Planungsraumes wird der Personalaufwand abhängig sein von der Aussagedichte der Planinhalte der zukünftigen Regionalen Raumordnungsprogramme. Obwohl empirische Aussagen zur Regelungsdichte der neuen niedersächsischen Regionalpläne noch nicht vorliegen[57], ist von einer gegenüber der bisherigen Regionalplanungspraxis wesentlich stärkeren Regelungsintensität der zukünftigen Pläne auszugehen. Dies ergibt sich bereits aus den für die Regionalen Raumordnungsprogramme vorgegebenen Planzeichen[58], die gegenüber früher sehr viel detaillierter[59] geworden sind.

Letztlich wird der notwendige Personalaufwand mitbestimmt sein vom Umfang der beabsichtigten Integration fachplanerischer Aussagen in das Regionale Raumordnungsprogramm[60]. Jede Integration dieser Art erfordert im Vorfeld einen Abstimmungsprozeß zwischen den allgemeinen regionalen Raumordnungszielen und den fachplanerischen Zielen[61]. Eine solche fachplanerische Integration erhöht damit die Komplexität der Planung und erfordert dementsprechend eine intensivere personelle Betreuung.

Unabhängig von der geforderten personellen Mindestausstattung der Regionalplanungsstellen auf Kreisebene wird der Personalaufwand also wesentlich davon abhängig sein, welchen planerischen Stellenwert

[55] So *Pühl*, Organisation der Regionalplanung, S. 109; ebenso RdErl. des Nds. MI vom 26. 6. 1978 (MBl. 922, 928).

[56] Vgl. Nds. Landkreistag, Rundschreiben Nr. 34/1978 vom 20. 2. 1978, S. 24.

[57] Rechtskräftige Kreis- und Raumordnungspläne existieren zur Zeit noch nicht. Zum Stand des Aufstellungsverfahrens in den einzelnen Kreis vgl. die Anlage 2.

[58] Planzeichen gem. der Anlage zu § 3 Abs. 1 der Verordnung über das Verfahren zur Aufstellung und Abstimmung sowie über die Art der Darstellung der Regionalen Raumordnungsprogramme vom 26. 1. 1979 (Nds. GVBl. S. 15).

[59] So auch die Begründung zum Entwurf einer Verordnung über das Verfahren zur Aufstellung und Abstimmung der Regionalen Raumordnungsprogramme, S. 18 (unveröffentlichtes Manuskript).

[60] Die Absicht der Integration von raumbeeinflussenden Fachplanungen in das Regionale Raumordnungsprogramm ergibt sich in Niedersachsen aus § 6 Abs. 2 Satz 2 Buchst. e NROG.

[61] Vgl. den RdEl. d. Nds. MI vom 26. 6. 1978, Ziff. 2.6 (MBl. S. 922, 925).

die Kreise den Regionalen Raumordnungsplänen zuerkennen. Zwischen der auf eine statistische Fortschreibung beschränkten Regionalplanung einerseits und der vollen Ausschöpfung der regionalplanerischen Substanz andererseits bewegt sich auch der notwendige personelle Handlungsspielraum der Kreise.

2. Die personellen Voraussetzungen für die Aufgaben zur Sicherung der Raumordnung

Außer der Erarbeitung des Regionalen Raumordnungsprogramms obliegen den Kreisen weitere Aufgaben unter dem Aspekt der Sicherung der Raumordnung.

Die Führung des Raumordnungskatasters (§ 12 NROG) ist nicht auf die Kreise verlagert worden, sondern bei der oberen Landesplanungsbehörde verblieben. Die Wahrnehmung dieser personalintensiven Aufgabe durch die Bezirksregierung entlastet die Kreise aber nicht im höheren Dienst, sondern allenfalls[62] im Bereich des mittleren oder gehobenen Dienstes. Dagegen sind die Kreise zukünftig zuständig für die Durchführung von Raumordnungsverfahren (§ 14 NROG)[63], die Untersagung raumordnungswidriger Planungen und Maßnahmen (§ 15 NROG)[64] und die Bekanntgabe des landesplanerischen Rahmenprogramms (§ 16 NROG)[65].

Das Raumordnungsverfahren dient dazu, konkrete Vorhaben mit anderen Planungen und Maßnahmen zu koordinieren und auf ihre Vereinbarkeit mit den Zielen der Raumordnung zu überprüfen[66]. Dies erfordert sowohl ein hohes Maß an Koordinationsaufwand wie auch eine auf den Einzelfall bezogene Anwendung (Subsumtion) der in den Raumordnungsprogrammen enthaltenen (häufig allgemeinen) Ziele. Der letztgenannte Aspekt steht auch im Vordergrund, wenn der Gemeinde vor der Aufstellung der Flächennutzungsplanung durch das landesplanerische Rahmenprogramm die anzustrebenden Entwicklungsziele näher darzulegen sind.

---

62 Jedoch bleibt zu berücksichtigen, daß gem. § 12 Abs. 1 S. 2 NROG die Kreise bei der Führung des Raumordnungskatasters mitwirken; vgl. dazu im einzelnen den RdErl. d. Nds. MI vom 2. 4. 1976 (MBl. S. 690).

63 Vgl. dazu RdErl. d. Nds. MI vom 4. 1. 1978 (MBl. S. 47).

64 Vgl. dazu RdErl. d. Nds. MI vom 4. 1. 1978 (MBl. S. 49).

65 Vgl. dazu RdErl. d. Nds. MI vom 22. 9. 1966 (MBl. S. 944); die Aufgaben zur Sicherung der Raumordnung nach §§ 14 - 16 NROG gelten für die Kreise (im Gegensatz zur Aufstellung des Regionalen Raumordnunsprogramms) als Angelegenheit des übertragenen Wirkungskreises (§ 11 Abs. 2 NROG).

66 Vgl. zum Raumordnungsverfahren neuerdings *Zoubeck*, Raumordnungsverfahren, S. 18 ff.; speziell zum Raumordnungsverfahren in Niedersachsen *Schnitker*, Informationen zur Raumentwicklung 1979, S. 141.

Die genannten Aufgaben setzen angesichts dieser sachlichen Anforderungen vorrangig Qualifikationsmerkmale des höheren Dienstes voraus. Dies unterstreicht die bereits für die Erarbeitung des Regionalplanes getroffene Feststellung, daß die qualitative Aufgabenstruktur der Regionalplanung zu einem erheblichen Teil Personalstellen des höheren Dienstes erfordert.

Je kleiner das Kreisgebiet als Regionalplanungsraum ist, umso geringer wird allerdings die Anzahl dieser einzelplanerischen Raumordnungsakte und damit die Zahl der benötigten Personalstellen des höheren Dienstes sein. Diese Abhängigkeit wird besonders deutlich bei den Raumordnungsverfahren. So ist gem. § 14 NROG nicht der Kreis, sondern die Bezirksregierung als obere Landesplanungsbehörde für das Raumordnungsverfahren zuständig, wenn das verfahrensauslösende Einzelvorhaben in seinen Auswirkungen die Grenzen des Kreises überschreitet. Bei der beträchtlichen Zahl der räumlich sehr kleinen niedersächsischen Kreise werden Raumordnungsverfahren daher wohl überwiegend als kreisübergreifend einzuordnen sein, so daß Raumordnungsverfahren mit nur kreisinterner Ausstrahlungskraft die Ausnahme darstellen werden.

3. Beurteilung des Personalaspektes

Faßt man die Beurteilung der personellen Überlegungen zu den einzelnen mit der Regionalplanung verbundenen Aufgaben zusammen, so kann für die Regionalplanung auf Kreisebene folgendes festgehalten werden:

— Die Gesamtaufgabe Regionalplanung (Planerarbeitung und Sicherungsaufgaben) erfordert auf Kreisebene mindestens 1 Beamten des höheren Landesplanungsdienstes mit einem entsprechenden personellen Unterbau. Berücksichtigt man, daß der Gesetzgeber z. B. für die Wahrnehmung der Aufgaben der unteren Bauaufsichtsbehörde mindestens einen Beamten des höheren technischen Dienstes verlangt[67], so erfordert die Erfüllung der komplexen regionalplanerischen Aufgaben mindestens eine adäquate personelle Ausstattung der Kreise unabhängig von ihrer Größe[68].

— Wie viele Beamte des höheren Dienstes oberhalb dieser personellen Mindestbesetzung notwendig sind, kann nicht allgemein entschieden werden, sondern ist von einer Vielzahl einzelner Faktoren abhängig (Größe des Planungsraumes, Aussagedichte, Umfang der

[67] § 64 Abs. 2 NBauO.

[68] Der Gesetzgeber sollte daher erwägen, ob nicht auch für die Wahrnehmung der Regionalplanung bei den Kreisen entsprechend § 64 Abs. 2 NBauO eine personelle Mindestausstattung gesetzlich normiert werden könnte.

Integration von Fachplanungen). Nicht zuletzt wird die notwendige personelle Ausstattung auch durch die Entscheidung der Kreise beeinflußt, welcher Stellenwert der Regionalplanung zugebilligt wird, ob also die Regionalplanung beschränkt wird auf ihren gesetzlich erforderlichen Mindestinhalt oder ob eine intensive Ausschöpfung der Regionalplanungssubstanz erfolgt.

Es ist davon auszugehen, daß insbesondere die sehr kleinen niedersächsischen Kreise (unterhalb 100 000 Einwohner) nur mit größter Zurückhaltung die notwendige Personalausstattung der Regionalplanung mit Planern des höheren Dienstes vornehmen werden. Dabei werden Befürchtungen ausschlaggebend sein, Beamte des höheren Landesplanungsdienstes könnten auf Dauer nicht ausgelastet sein[69]. Solche Befürchtungen sind zumindest bei den sehr kleinen Kreisen nicht ganz unbegründet. Denn die arbeitsintensive Aufstellungsphase des Regionalen Raumordnungsprogramms tritt jeweils nur in mehrjährigen Abständen auf. In der Zwischenzeit beschränkt sich die Regionalplanung im wesentlichen auf die regelmäßige Fortschreibung des statistischen Datenmaterials und auf die bei den kleinen Kreisen auch nur sehr begrenzt auftretenden Aufgaben zur Sicherung der Raumordnung durch einzelplanerische Raumordnungsakte. Allerdings bietet sich zum Zwecke einer ausreichenden Auslastung des Planungspersonals bei den Kreisen durchaus die Möglichkeit, das vorhandene Fachpersonal in gesetzlich nicht geregelten planergänzenden Aufgabenfeldern (kreiseigene Entwicklungsplanung, Beteiligung an landesplanerischen Programmen, regionalplanerische Stellungnahmen zu raumrelevanten Kreisaufgaben, Ausbau der Statistik usw.[70]) einzusetzen. Außerdem wäre es denkbar, daß die Kreise auf eigenes qualifiziertes Fachpersonal zur Erarbeitung des Planentwurfes verzichten und sich dafür der technischen Hilfeleistung von Privaten außerhalb des öffentlichen Dienstes bedienen (z. B. private Planungsbüros). Für die Ausarbeitung von Bauleitplänen bei den Gemeinden hat der Gesetzgeber bereits ausdrücklich eine solche Möglichkeit vorgesehen (§ 2 Abs. 2 BBauG), von der in der Planungspraxis der Gemeinden auch Gebrauch gemacht wird[71]. Obwohl das NROG keine entsprechende Regelung enthält, dürften gegen eine solche Einschaltung privater Stellen keine rechtlichen Bedenken bestehen. Denn durch die gesetzliche Einordnung der Regio-

---

[69] Vgl. dazu Nds. Landkreistag, Anlage zum RdSchr. Nr. 34/1978 vom 20. 2. 1978, S. 24.

[70] Ausführlich dazu Nds. Landkreistag, S. 24.

[71] Zu der Regelung des § 2 Abs. 3 BBauG vgl. *Bielenberg,* in: Ernst / Zinkahn / Bielenberg, § 2 Rdnr. 67 ff. Zu den verschiedenen Arten der Wahrnehmung öffentlicher Verwaltung durch Private und zu deren rechtsdogmatischer Einordnung vgl. *Steiner,* Öffentliche Verwaltung durch Private, S. 106 ff.

nalplanung als Aufgabe des eigenen Wirkungskreises[72] obliegt den Kreisen auch das Recht, Organisation und Verfahren des Planaufstellungsverfahrens im Rahmen der gesetzlichen Vorschriften selbständig zu regeln.

Sollten die Kreise den Erfordernissen einer qualifizierten personellen Ausstattung ihrer Regionalplanungsstellen nicht entsprechen, so würde dies — infolge des räumlichen Zuschnitts der Kreise — die ohnehin geringere Regionalplanungssubstanz weiter reduzieren und damit die Regionalplanung in ihrer Funktion als eigenständige Planungsebene wesentlich schmälern. Eine solche Entwicklung würde einem freiwilligen Verzicht der Kreise gleichkommen, durch eigene regionalplanerische Zielvorgaben auch staatliche, raumbeeinflussende Planungen und Maßnahmen im regionalen Bereich zu determinieren[73]. Die personelle Ausstattung der Regionalplanungsstellen bei den Kreisen wird folglich darüber Aufschluß geben, in welchem Maße die Kreise bereit sind, die Gestaltung des regionalen Raumes aus kommunaler Sicht entscheidend mitzubeeinflussen[74].

---

[72] § 7 NROG.

[73] Gem. § 9 NROG haben auch die staatlichen Behörden des Landes ihre eigenen raumbeeinflussenden Planungen und Maßnahmen den Zielen des Regionalen Raumordnungsprogramms anzupassen.

[74] Da es auch ein staatliches Interesse an einer wirksamen Regionalplanung gibt und damit ebenso an einer ausreichenden Personalausstattung, ist die Zuweisung der Regionalplanung an die Kreise nur als eine Kompetenzerweiterung auf Widerruf anzusehen.

F. Die Regionalplanung auf Kreisebene im Spannungsfeld der hochstufigen Landesplanung, der gemeindlichen Planungshoheit und der sonstigen Fachplanungen

Die Regionalplanung erfüllt eine doppelte Funktion: einerseits soll sie die Raumordnungsziele der hochstufigen Landesplanung für den regionalen Planungsraum näher konkretisieren[1], andererseits sollen durch sie aber auch die gemeindlichen raumrelevanten Vorstellungen „nach oben" vermittelt werden[2]. Berücksichtigt man diese doppelte Aufgabenstellung, so ist die Regionalplanung sehr stark von den verschiedenen Einflüssen der staatlichen und der gemeindlichen Planungsebene abhängig. Die Verlagerung der Regionalplanung von der Bezirks- auf die Kreisebene verändert daher nicht nur rein formal die Planungsträgerschaft, sondern wird darüber hinaus Auswirkungen haben auf die inhaltliche Planungssubstanz im Verhältnis der staatlichen, der regionalen und der kommunalen Planungsebenen zueinander.

I. Das Verhältnis der Regionalplanung zur hochstufigen Landesplanung

Das derzeit gültige niedersächsische Landesraumordnungsprogramm vom April 1973 geht noch von der Regionalplanungskompetenz der Regierungspräsidenten aus[3]. Nachdem inzwischen die Kreise zu Trägern der Regionalplanung bestimmt wurden, wird insoweit die Frage relevant, welche Auswirkungen dieser Neuzuschnitt des regionalen Planungsraumes auf die Planungssubstanz der hochstufigen Landesplanung haben wird. Dabei sind besonders diejenigen Planinhalte von Bedeutung, die eine Bindungswirkung für die Regionalplanung begründen.

---

1 Vgl. § 6 Abs. 1 NROG.

2 So *Ritter*, Innere Kolonisation — Land und Gemeinde 1978, S. 130 (132).

3 Allerdings wurden die Einwohner-Richtzahlen bereits durch eine vorgezogene Änderung des LROP auf die nunmehr neuen Regionalplanungsräume (Landkreise und kreisfreie Städte) abgestellt, vgl. Beschluß des Landesministeriums über die Änderung des Landesraumordnungsprogramms (Nds. MBl. 1978, S. 722).

1. Staatliche Vorgaben für den Träger der Regionalplanung bei Aufstellung des Regionalen Raumordnungsprogramms

Die Regionalplanung stellt die unterste Stufe der Raumordnung dar. Ihr vorgeschaltet und übergeordnet sind die Raumordnungspläne der hochstufigen Landesplanung sowie verschiedene Fachplanungen.

a) Vorgaben der übergeordneten allgemeinen Raumordnung

Hinsichtlich der Bindungswirkung der übergeordneten allgemeinen Raumordnung ist nach folgenden Planinhalten zu differenzieren: Grundsätze der Raumordnung — Ziele der Raumordnung — sonstige Planinhalte. Die *Grundsätze* der Raumordnung gem. § 2 BROG gelten gem. § 3 Abs. 2 BROG unmittelbar auch für die kommunalisierte Regionalplanung, obwohl das Gesetz in § 3 Abs. 2 BROG nur von einer unmittelbaren Wirkung für die Landesplanung spricht[4]. Der Regionalplanung können des weiteren Raumordnungsgrundsätze durch das Landesraumordnungsgesetz[5] sowie durch das Landesraumordnungsprogramm[6] bindend vorgegeben werden. Die Grundsätze sind zwar (ebenso wie die Ziele)[7] verbindliche Vorgaben für die Regionalplanung, wegen ihres algemeinen Charakters beinhalten sie aber für den konkreten Anwendungsfall in der Regel Zielkonflikte. Die Lösung dieser Zielkonflikte erfolgt dadurch, daß die Grundsätze im Rahmen des Ermessens gegeneinander und untereinander abzuwägen sind (§ 2 Abs. 2 BROG)[8].

Die für die Regionalplanung vorgegebenen und gem. § 9 NROG verbindlichen *Ziele* ergeben sich ausschließlich aus dem Landesraumordnungsprogramm, denn unmittelbar aus dem Bundesraumordnungsprogramm abgeleitete verbindliche raumordnerische Ziele gibt es nicht[9]. Die Einhaltung dieser Ziele durch den Träger der Regional-

---

[4] Vgl. die Ausführungen zu D. III. 2. b).

[5] Das NROG enthält keine Raumordnungsgrundsätze; anders dagegen z. B. Art. 2 BayLPlG.

[6] Das Nds. Landesraumordnungsprogramm vom April 1973 (S. 4) enthält eigene Raumordnungsgrundsätze (Abschnitt II: Raumpolitische Grundsätze).

[7] Zur Abgrenzung der Raumordnungsgrundsätze von den Raumordnungszielen vgl. *Klein*, Rechtsnatur der Ziele, S. 169 f.; vgl. dazu auch *Schmidt-Aßmann*, DöV 1981, S. 237 (239): Ziele sind danach anders als die Grundsätze das Ergebnis eines Abwägungsprozesses.

[8] Die Grundsätze räumen den Behörden daher einen erheblichen eigenen Gestaltungsspielraum ein, vgl. dazu ausführlich *Evers*, Recht der Raumordnung, S. 57 f. Zum Umfang der gerichtlichen Überprüfung (Maßstab, Prüfungsdichte) bei Normen des Planungsrechts vgl. *Hoppe*, DVBl. 1974, S. 641 ff. und *Papier*, DVBl. 1975, S. 461 ff., sowie BVerwG DVBl. 1974, S. 767 f., Urt. vom 5. 7. 1974.

[9] Im einzelnen zur rechtlichen Bedeutung des Bundesraumordnungsprogramms vgl. *Buchsbaum*, DöV 1975, S. 545 (548).

planung ist — im Gegensatz zu den Grundsätzen der Raumordnung — von der Genehmigungsbehörde und ggf. von den Gerichten voll überprüfbar. Die Ziele sind rechtlich als unbestimmte Rechtsbegriffe anzusehen und eröffnen daher auch keinen Ermessensspielraum[10].

Sonstige gutachtliche oder empfehlende Planinhalte des Landesraumordnungsprogramms, die nicht die Qualifikation eines Zieles aufweisen, begründen keine Anpassungspflicht[11]. Diese Planinhalte sind daher allenfalls als Anregungen im Rahmen der Abwägung von rechtlicher Bedeutung[12].

b) *Vorgaben der Fachplanungen*

Welche Fachplanungen der Regionalplanungsträger zu berücksichtigen hat, ist im wesentlichen abhängig von deren Rechtsqualität.

Verbindlich für die Regionalplanung ist das fachplanerische Ergebnis nur dann, wenn es seinerseits in einem fachgesetzlich geregelten förmlichen Verfahren zustande gekommen ist[13] oder wenn es bereits in das Landesraumordnungsprogramm als Ziel der Raumordnung übernommen worden ist[14]. Dementsprechend sind alle sonstigen fachplanerischen Stellungnahmen oder Entscheidungen[15] unverbindlich für die Regionalplanung und daher lediglich in den Abwägungsvorgang des Planungsträgers aufzunehmen.

---

10 Allerdings wird teilweise ein unüberprüfbarer Beurteilungsspielraum anerkannt, vgl. dazu ausführlich *Schultze*, Raumordnungspläne und gemeindliche Selbstverwaltung, S. 106 f.; ebenso *Klein*, Rechtsnatur der Ziele, S. 165. *Evers* (Recht der Raumordnung, S. 73 und S. 139 ff.) spricht von einem „Entscheidungsspielraum" der Gemeinden bei Anpassung der Bauleitpläne an die Ziele der Raumordnung, wobei dieser Spielraum je nach dem Konkretisierungsgrad der Ziele unterschiedlich groß sein soll.

11 *Klein*, Rechtsnatur der Ziele S. 7.

12 *Rutkowski*, Einfluß der Regionalplanung, S. 57.

13 Solche förmlichen Verfahren sind in vielen Fachgesetzen in Form von Planfeststellungsverfahren geregelt. Nach *Püttner* (Stadtentwicklungsplanung, S. 41) gibt es bereits rund 40 fachgesetzliche Planfeststellungsverfahren, wobei eine weitere Ausdehnung noch zu erwarten ist. Zur unterschiedlichen Rechtsqualität der zahlreichen Fachplanungen vgl. auch *Schmidt-Aßmann*, Verw.Arch 1980, S. 117 (120 f.) sowie *Brohm*, DVBl. 1980, S. 653 f.

14 Zur Integration der Fachplanung in die Landesplanung vgl. *Sesselmann*, Übergang der Regionalplanung, S. 16.

15 Die Zahl der unverbindlichen Fachplanungen ist recht umfangreich, der RdErl. d. Nds. MI vom 26. 6. 1978, Ziff. 2.7.2 (MBl. S. 922, 926) nennt bereits 15 Programme und Pläne von Fachverwaltungen, die in die Planüberlegungen mit einbezogen werden sollen. Dazu zählen: „Agrarkarte Niedersachsen, Forstliche Rahmenpläne einschließlich Waldfunktionenkarte, Flurbereinigungsprogramm, Generalpläne Abfallbeseitigung und Wasserversorgung, Wasserwirtschaftliche Rahmenpläne, Gesamtverkehrsplan, Fremdenverkehrsprogramm" u. a.

2. Die Kreisträgerschaft der Regionalplanung unter dem Aspekt der Aussagedichte staatlicher Vorgaben

Im Schrifttum finden sich überwiegend Auffassungen, die einen Zuschnitt der regionalen Planungsräume nach absoluten Maßstäben verlangen. So wird — wie bereits dargestellt — entweder eine bestimmte Einwohnerzahl gefordert[16] oder die Regionalplanung wird von der Natur der Sache her zwangsläufig nur oberhalb der Kreise angesiedelt[17].

Solche Forderungen berücksichtigen zu wenig die wechselseitigen Abhängigkeiten und Beziehungen zwischen der hochstufigen Landesplanung einerseits und der Regionalplanung andererseits. Denn Regionalplanung indiziert von vornherein weder eine bestimmte Größenordnung noch eine bestimmte Einwohnerzahl. Entscheidend ist vielmehr, daß die regionalen Planungsräume so geschnitten sind, daß möglichst wenig regelungsbedürftige grenzüberschreitende Raumkonflikte zwischen benachbarten Regionen auftreten. Solche grenzüberschreitenden Raumkonflikte können sich beispielsweise aus den Festlegungen der folgenden Art ergeben[18]:

— Bestimmung zentraler Orte im Grenzgebiet, deren Verflechtungsbereich auch Teile des benachbarten Planungsraumes erfaßt,

— Festlegung von besonderen Entwicklungsschwerpunkten (z. B. Erholungsfunktion) für grenznahe Räume, so daß damit auch die Entwicklung der angrenzenden Gebiete präjudiziert wird,

— Festlegung von Verkehrs- und Straßenverbindungen mit Auswirkungen über den eigenen Planungsraum hinaus.

Das Regionale Raumordnungsprogramm soll derartige Raumkonflikte lösen, indem es die Planinhalte des Landesraumordnungsprogramms für Teile des Landes konkretisiert[19]. Daraus folgt, daß die Regionalplanungssubstanz im wesentlichen davon abhängig ist, wie detailliert oder global die Vorgaben des Landesraumordnungsprogramms sind, aus denen das Regionale Raumordnungsprogramm zu entwickeln ist. Je detaillierter das Landesraumordnungsprogramm, d. h. je mehr Raumkonflikte bereits im Landesraumordnungsprogramm gelöst sind, um so kleiner kann der regionale Planungsraum sein, da seine Konkretisierungsaufgabe sich dann auf relativ kleinräumige Raumkonflikte beschränken wird. Andererseits wird ein tendenziell globales und

---

[16] Vgl. C. II. 2. FN 46.

[17] Vgl. C. II. 2.

[18] Vgl. dazu ähnlich der RdErl. des Nds. MI vom 26. 6. 1978 (MBl. S. 922, 926).

[19] § 6 Abs. 1 NROG.

wenig detailliertes Landesraumordnungsprogramm die regionale Raumordnung vor die Aufgabe stellen, zahlenmäßig mehr und räumlich umfassendere Raumkonflikte lösen zu müssen.

Für die Eignung der Landkreise als regionale Planungsträger bedeutet dies folgendes:

Werden die meisten kreisüberschreitenden Raumkonflikte bereits detailliert im Landesraumordnungsprogramm gelöst, so bedürfen diese keiner Regelung mehr im regionalen Raumordnungsprogramm. Folglich werden in diesem Fall durch die Kreisgrenzen auch keine regelungsbedürftigen funktionalen Verflechtungsbereiche zerschnitten, da die aus der Verflechtung resultierenden unterschiedlichen Raumansprüche bereits im Landesraumordnungsprogramm zum Ausgleich gelangt sind. Entscheidend für die optimale Größe eines regionalen Planungsraumes sind also weniger absolute Merkmale wie Flächenausdehnung oder Einwohnerzahl, sondern vielmehr die jeweiligen räumlichen Bezugsgrößen der Planinhalte, wie sie durch das Landesraumordnungsprogramm mehr oder weniger stark determiniert sind. Dies mag an folgendem Beispiel deutlich werden: Wird z. B. die Linienführung von Landesstraßen oder die Ausweisung eines Erholungsgebietes, soweit diese die Kreisgrenzen überschreiten, bereits im Landesraumordnungsprogramm dargestellt[20], so entfällt für benachbarte Kreise ein daraus evtl. erwachsender Raumkonflikt.

Der Vorschlag von *Schmidt-Aßmann* für eine instanziell-differenzierte Regionalplanung — wie er oben bereits dargestellt wurde[21] — geht insoweit von dem richtigen Ansatz aus, als nicht absolute Maßstäbe, sondern die jeweiligen Planinhalte die Größe des Planungsraumes zu bestimmen haben[22]. *Schmidt-Aßmann* will die Regionalplanungssubstanz auf Bezirke und Kreise aufteilen[21]. Unterstellt man einmal, daß die nach seinem Vorschlag im Bezirksraumordnungsprogramm darzustellenden Planinhalte bereits im Landesraumordnungsprogramm enthalten sind, so verbleibt es dann bei einer ausschließlichen Kreisträgerschaft.

Aus alledem kann somit gefolgert werden, daß unter planinhaltlichen Aspekten die optimale räumliche Größe des regionalen Planungsrau-

---

20 Nach dem Vorschlag einer instanziell-differenzierten Regionalplanung von *Schmidt-Aßmann* (DVBl. 1975, S. 4 [11] soll die Linienführung von Landesstraßen im Bezirksraumordnungsprogramm, die der Kreisstraßen im Kreisraumordnungsplan dargestellt werden.

21 Vgl. Ausführungen zu C. II. 1.

22 So ähnlich auch *Roters / Ballke*, Funktionalreform in der mittleren Verwaltungsebene, S. 78. *Schnur* (Die Verwaltung, 1970, S. 257 [275]) geht ebenfalls von diesem Ansatz aus, wenn er davon spricht, daß „die Auseinandersetzung der verschiedenen Interessen innerhalb eines bestimmten Raumes" auf verschiedenen räumlichen Ebenen gelöst werden kann.

mes nicht nach absoluten Merkmalen bestimmbar ist, sondern wesentlich abhängig ist von der Aussagedichte der übergeordneten hochstufigen Landesplanung.

3. Möglichkeiten zur Lösung kreisübergreifender Raumkonflikte in Niedersachsen

Infolge der Kreisträgerschaft entstehende raumplanerische Nachteile in Form von ungelösten Raumkonflikten lassen sich unter zwei Voraussetzungen vermeiden:

— Entweder das Landesraumordnungsprogramm gewinnt an Aussagedichte, indem es auch die wesentlichen kreisübergreifenden Raumkonflikte integriert

— oder die durch das Landesraumordnungsprogramm nicht gelösten kreisübergreifenden Raumkonflikte werden im Einzelfall aufsichtsbehördlich entschieden, falls die Abstimmung der Regionalplanungsträger ohne Erfolg bleibt.

a) Die Aussagedichte der hochstufigen Landesplanung in Niedersachsen

Inwieweit das neue Niedersächsische Landesraumordnungsprogramm, welches sich zur Zeit im Aufstellungsverfahren befindet, in seiner Aussagedichte auf die besonderen Bedürfnisse einer Kreis-Regionalplanung abstellt, ist noch nicht endgültig abzusehen. Denn soeben erst hat die Nds. Landesregierung den für die Anhörung bestimmten Entwurf des neuen Landesraumordnungsprogrammes (E-LROP)[23] vorgelegt. Dieser Entwurf läßt jedoch trotz seines noch vorläufigen Charakters bereits einige Tendenzen erkennen, die für die Regionalplanung von einiger Bedeutung werden können.

Schon der äußere Aufbau und die Systematik des E-LROP unterscheiden sich grundlegend vom bisherigen LROP. Während in dem z. Z. noch geltenden LROP 1973 beschreibende und argumentative Aussagen, Raumordnungsgrundsätze und Raumordnungsziele ungeordnet nebeneinander stehen, ist im E-LROP eine klare dreistufige Gliederung vorgesehen:

— Teil I (als Gesetz zu beschließen):

A — Die Grundsätze der Raumordnung

B — Die allgemeinen Ziele der Raumordnung

— Teil II (vom Landeskabinett zu beschließen):

C — Besondere Ziele der Raumordnung.

---

[23] Landesraumordnungsprogramm Niedersachsen, Entwurf Juni 1980.

Diese eindeutige Trennung zwischen Grundsätzen und (gesamträumlichen und regionalen) Zielen entspricht dem von der Literatur zu Recht geforderten „Gebot der Plantransparenz"[24], wonach der normative Kern von Plänen deutlich herauszustellen ist.

Ein Vergleich des LROP 1973 mit dem E-LROP 1980 zeigt ferner, daß die Aussagedichte der staatlichen Vorgaben für die Regionalplanung in mehreren Bereichen wesentlich gesteigert wurde[25]. Dies geschieht methodisch auf doppelte Weise:

— Die *Aussagebreite* des E-LROP wird erhöht, indem bisher nicht oder nur teilweise geregelte raumbeeinflussende Aufgabenbereiche nunmehr in raumordnerische Ziele umgesetzt werden,

— die *Aussagetiefe* wird verdichtet, indem nicht mehr nur gesamträumliche Zielaussagen (z. B. das Konzentrationsangebot zu beachten, ein System von Zentralen Orten auszubauen usw.), sondern konkrete regionale Zielvorgaben (z. B. Festlegung von Verkehrslinien, von räumlichen Vorranggebieten usw.) gemacht werden[26].

Eine wesentliche Verstärkung der *Aussagedichte* (Aussagebreite und Aussagetiefe) erfolgt im E-LROP erstmals durch die Schaffung neuer Gebietskategorien zum Zwecke einer vorläufigen Flächensicherung. Folgende Festlegungen sind dafür vorgesehen:

— Gebiete mit besonderer Bedeutung

— Vorranggebiete

— Vorrangstandorte[27].

Gebiete „mit besonderer Bedeutung" werden nach dem E-LROP ausgewiesen für die Land- und Forstwirtschaft, die Rohstoffgewinnung, die Erhaltung von Natur und Landschaft, die Erholung und für die Wassergewinnung[28]. Diese Festlegung von Gebieten „mit besonderer Bedeutung" hat zur Folge, daß alle anderen raumbedeutsamen Planungen und Maßnahmen so abzustimmen sind, daß diese besonderen

---

24 Zum „Gebot der Plantransparenz" vgl. *Schmidt-Aßmann*, DöV 1974, S. 541 (546) und *Wahl*, Rechtsfragen der Landesplanung, Bd. I, S. 215. *Schmidt-Aßmann* bezeichnet dies an anderer Stelle (DöV 1981, S. 237 [239]) als das Gebot der „Normenklarheit".

25 Ein Überblick zur Aussagedichte der hochstufigen Landesplanung in den anderen Bundesländern findet sich bei *Wahl*, Rechtsfragen der Landesplanung, Bd. I, S. 237.

26 Auch in der Bekanntgabe der allgemeinen Planungsabsichten für die Neuaufstellung des LROP vom 30. 6. 1975 (Bek. d. Nds. MI vom 30. 6. 1975, MBl. S. 870, 871) heißt es: „Dabei sollen die bisherigen Aussagen des LROP vom April 1973 nach dem derzeitigen Erkenntnisstand von Wissenschaft und Praxis überprüft und in einzelnen Bereichen vertieft werden."

27 E-LROP, Abschnitte C. 1.5 und C. 1.6.

28 E-LROP, Abschnitt C. 1.5.

Räume in ihrer Eignung und besonderen Bedeutung „*möglichst* nicht beeinträchtigt“ werden[29]. Ein Ausschluß jeglicher Beeinträchtigungen durch andere Raumansprüche wird allerdings nicht gefordert. Demgegenüber entfalten die „Vorranggebiete“ (für Rohstoffgewinnung, Wassergewinnung und Erhaltung von Natur und Landschaft) und die „Vorrangstandorte“ (für Verkehrsanlagen, Ver- und Entsorgungsanlagen, großindustrielle Anlagen) eine stärkere Bindungswirkung, da jegliche Beeinträchtigung der im E-LROP angestrebten Zweckbestimmung des Raumes ausgeschlossen werden muß. Dies ergibt sich aus der Aussage des E-LROP, daß in diesen Gebieten (Vorranggebiete und Vorrangstandorte) alle raumbedeutsamen Planungen und Maßnahmen mit der vorrangigen Zweckbestimmung „vereinbar“ sein müssen[30].

Die räumliche Darstellung der neuen Raumkategorien (Gebiete mit besonderer Bedeutung, Vorranggebiete, Vorrangstandorte) erfolgt in der zeichnerischen Darstellung zum Teil II des E-LROP im Maßstab 1 : 300 000. Die nähere Festlegung dieser Gebietsabgrenzungen bleibt der Regionalplanung vorbehalten[31], ebenso die zusätzliche Bestimmung von Vorranggebieten und -standorten von nur regionaler Bedeutung[32]. Mit den genannten neuen Raumeinheiten des E-LROP wird ein flächensicherndes Instrument geschaffen, welches auch für die Regionalplanung eine nicht unwesentliche Erweiterung der Planungssubstanz zur Folge haben wird. Sowohl die räumliche Konkretisierung der im E-LROP „generalisiert“ dargestellten Gebietszuschnitte wie auch die Möglichkeit der Ergänzung dieser Festlegungen um regionale Vorranggebiete und -standorte verstärken das planerische Gewicht der Regionalplanung gegenüber bisher. Die Abbildung der genannten Raumkategorien im E-LROP zeigt, daß nahezu der gesamte Planungsraum mit raumsichernden Funktionen belastet ist, wobei sich die einzelnen Festlegungen teilweise überlagern[33].

Auch in weiteren Abschnitten des E-LROP kann eine Verstärkung der Aussagedichte verzeichnet werden:

---

[29] E-LROP, Abschnitt B. 1.5. Ziff. 02.

[30] E-LROP, Abschnitt B. 1.6. Ziff. 02.

[31] E-LROP, Abschnitt C. 1.5. Ziff. 01 und C. 1.6. Ziff. 02; die zeichnerische Darstellung der Regionalplanung erfolgt im Maßstab 1 : 50 000, vgl. RdErl. d. MI vom 26. 6. 1978 (MBl. S. 922, 925).

[32] E-LROP, Abschnitt C. 1.6 Ziff. 02; die Befugnis der Regionalplanung, die im E-LROP lediglich „generalisiert“ festgelegten Gebiete und Standorte näher zu bestimmen, gilt ausnahmsweise nicht für bereits im E-LROP *abschließend* festgelegte Standorte für großindustrielle Anlagen, Flughäfen für den internationalen Luftverkehr, Großkraftwerke und Standorte für die Zwischenlagerung und Endlagerung von radioaktiven Stoffen, vgl. dazu E-LROP, Abschnitt C. 1.6. Ziff. 03.

[33] Zur Frage, welcher Festlegung bei räumlichen Überschneidungen der Vorrang einzuräumen ist, vgl. E-LROP, Abschnitt C. 1.6. Ziff. 04.

— Im Abschnitt „Naturhaushalt"[34] werden erstmals sehr detaillierte regionale Ziele vorgegeben und außerdem eine größere Zahl räumlicher Vorranggebiete bezeichnet.

— Gegenüber der bisher sehr allgemeinen und knappen Fassung des Abschnitts „Energie" werden nunmehr sehr detaillierte gesamträumliche Ziele formuliert und feste Standorte für überregional bedeutsame Anlagen der Energiegewinnung (Großkraftwerke) bestimmt[35].

— Weitere Beispiele für die Tendenz des E-LROP zu einer stärkeren Aussagedichte finden sich zum Umweltschutz[36], zur Abwasserbeseitigung[37] und zum öffentlichen Personennahverkehr[38].

Inwieweit diese Tendenz zur Verstärkung der Aussagedichte der staatlichen Vorgaben auch die spätere Endfassung des LROP bestimmen wird, ist derzeit noch nicht absehbar. Da die Anhörung der gem. § 5 Abs. 3 NROG zu beteiligenden öffentlichen Planungsträger noch bevorsteht, sind wesentliche Änderungen der bisherigen Konzeption nicht ausgeschlossen. Allerdings läßt sich festhalten, daß die Nds. Landesregierung mit der Verstärkung der Aussagedichte im E-LROP grundsätzlich die richtige Konsequenz aus der Verkleinerung der Regionalplanungsräume gezogen hat. Denn die stärkere Aussagedichte gegenüber dem LROP 1973 führt im Ergebnis zu einer zahlenmäßig und räumlich umfassenderen Lösung von Raumkonflikten bereits im LROP, während für die Regionalplanung prinzipiell die eher kleinräumigen Raumkonflikte verbleiben[39]. Das Ziel, möglichst alle wesentlichen kreisübergreifenden Raumkonflikte in das Landesraumordnungsprogramm zu integrieren, wird allerdings erheblich erschwert durch die in Niedersachsen auch nach der Gebietsreform noch bestehende große Bandbreite zwischen großen und kleinen Kreisen. Niedersachsen weist bei den Regionalplanungsräumen — wie schon erörtert — die größte räumliche Schwankungsbreite aller Bundesländer auf[40].

b) Ausgleich erhöhter Raumkonflikte durch eine verbesserte Abstimmung und eine erweiterte Aufsicht

Zweck der gesetzlich vorgeschriebenen Abstimmung zwischen benachbarten Regionalplanungsträgern ist es, unterschiedliche Raumvor-

---

[34] E-LROP, Abschnitt C. 8.

[35] E-LROP, Abschnitt C. 11.

[36] E-LROP, Abschnitt C. 13.

[37] E-LROP, Abschnitt C. 12.3.

[38] E-LROP, Abschnitt C. 7.2.

[39] Zur Bedeutung der Aussagedichte der hochstufigen Landesplanung für den räumlichen Zuschnitt der regionalen Planungsräume vgl. bereits F. I. 2.

[40] Vgl. B. II. 3.

stellungen bezüglich der Planinhalte mit kreisübergreifender Wirkung[41] rechtzeitig auszugleichen. Die Bedeutung eines wirkungsvollen Abstimmungsinstrumentariums ist dabei um so größer, je weniger funktional die Planungsräume abgegrenzt sind. Denn der Umfang grenzüberschreitender Raumkonflikte ist tendenziell bei nicht funktionell abgegrenzten Planungsräumen am größten[42]. Da die niedersächsischen Kreise als Ergebnis der Gebietsreform nur zum Teil funktionalen Verflechtungsbereichen entsprechen[43], muß hier der Lösung von grenzüberschreitenden Raumkonflikten besondere Beachtung geschenkt werden.

Das derzeitige rechtliche Abstimmungsinstrumentarium in Niedersachsen weist insbesondere zwei Mängel auf:

— Einmal fehlt es an der Möglichkeit, grenzüberschreitende Raumkonflikte durch eine vertikale Fremdkoordination der übergeordneten Planungsbehörde bereits in der Phase der Planerstellung auszuräumen,

— und außerdem besteht die Gefahr, daß kreisübergreifende Raumkonflikte wegen der Begrenzung der Befugnisse der Aufsichtsbehörde auf die Rechtsaufsicht gänzlich ungelöst bleiben.

Werden bereits im Stadium der Planerstellung unterschiedliche regionsübergreifende Planungsabsichten der Planungsträger sichtbar, die sich durch horizontale Abstimmung der Planträger nicht bereinigen lassen, so werden diese Raumkonflikte möglicherweise erst nach Abschluß des Planverfahrens im anschließenden Genehmigungsverfahren ausgeräumt[44]. Dies kann eine erhebliche Verzögerung des Planaufstellungsverfahrens zur Folge haben. Wünschenswert wäre es daher, wenn bereits während der Planerstellung grenzüberschreitende Raumkonflikte durch eine „vertikale Fremdkoordination" der Aufsichtsbehörde ausgeschaltet werden könnten. Eine solche Fremdkoordination durch die Bezirksregierung als obere Landesplanungsbehörde[45] sieht das NROG nicht vor, so daß die Aufsichtsbehörde nicht von sich aus regelnd in das Abstimmungsverfahren eingreifen kann[46]. Unabhängig von einer wünschenswerten rechtlichen Kodifizierung eines vorgeschalteten Entscheidungsrechts der Aufsichtsbehörde ist es in der Praxis aber nicht ausgeschlossen, sondern zu empfehlen, auch freiwillig die Aufsichtsbe-

41 Beispiele für Planinhalte mit kreisübergreifender Wirkung vgl. F. I. 2.

42 Vgl. B. II. 4. c).

43 Vgl. C. I.

44 Gem. § 8 Abs. 4 NROG bedarf das Regionale Raumordnungsprogramm der Genehmigung durch die obere Landesplanungsbehörde.

45 § 11 Abs. 1 NROG.

46 Anders in NRW, wo nach § 2 Ziff. 4 LPlG die oberste Landesplanungsbehörde über Meinungsverschiedenheiten bei der Erarbeitung des Gebietsentwicklungsplanes zu entscheiden hat.

hörde beim Ausgleich grenzüberschreitender Raumkonflikte einzuschalten[47].

Kreisübergreifende Raumkonflikte sind in Niedersachsen mit den Mitteln der Rechtsaufsicht[48] nicht in allen Fällen lösbar. Solche grenzüberschreitenden Raumkonflikte können einmal auftreten zwischen einem bereits rechtskräftigen Regionalen Raumordnungsprogramm und einem benachbarten Planentwurf. Wird ein solcher Planentwurf, der Raumaussagen enthält, die dem bereits rechtswirksamen benachbarten Regionalen Raumordnungsprogramm widersprechen, der Genehmigungsbehörde[49] vorgelegt, so kann diesem Entwurf bereits derzeit die Genehmigung versagt werden. Denn der Planentwurf ist mit den Zielen der Raumordnung nicht vereinbar, da auch die Zielaussagen des benachbarten rechtskräftigen Raumordnungsprogramms als prüfungsrelevante Ziele im Sinne von § 5 Abs. 4 BROG und § 9 NROG zu gelten haben[50].

Zwar läßt sich der kreisübergreifende Raumkonflikt derart im Wege der Genehmigungsversagung juristisch auslösen. Jedoch kann die Beschränkung der Aufsichtsbehörde auf die Genehmigungsversagung in diesen Fällen auch zu sehr unerwünschten Folgen führen. So könnte die sehr frühe einseitige Festlegung von neuen Zielen im Grenzbereich die Wirkung haben, daß die in einem benachbarten — zeitlich späteren — Regionalen Raumordnungsprogramm enthaltenen widerstreitenden Zielsetzungen nicht genehmigungsfähig wären[51]. Die Raumvorstellungen im Grenzbereich würde folglich derjenige vorab determinieren, der „der Schnellere" ist.

Noch begrenzter sind die Möglichkeiten der Rechtsaufsicht dann, wenn sich zwei benachbarte Regionale Raumordnungsprogramme mit widerstreitenden Planaussagen im Grenzbereich im Aufstellungsverfahren befinden und wenn beide Entwürfe isoliert betrachtet mit den Zielen der hochstufigen Landesplanung vereinbar sind. Hier fehlt es der auf die Rechtsaufsicht beschränkten Aufsichtsbehörde an einem Instrument zur Lösung des Raumkonflikts[52]. Dieses Problem lösen zu wol-

---

47 Dies empfiehlt auch der RdErl. d. Nds. MI vom 26. 6. 1978 (MBl. S. 922, 926), der von einer „möglicherweise notwendig werdenden Vermittlertätigkeit der oberen Landesplanungsbehörde während der Abstimmung zwischen benachbarten Trägern der Regionalplanung" spricht, ohne daß eine solche „Vermittlertätigkeit" rechtlich normiert wurde.

48 Vgl. zum Inhalt der Rechtsaufsicht D. III. 2. c) aa).

49 Gem. § 8 Abs. 4, § 11 Abs. 1 NROG die Bezirksregierung.

50 So auch der RdErl. d. Nds. MI vom 26. 6. 1978, Ziff. 2.8.1. (MBl. S. 922, 926).

51 So auch der RdErl. d. Nds. MI vom 26. 6. 1978, Ziff. 2.8.1. (MBl. S. 922, 926).

52 a. A. wohl *Sesselmann* (Übergang der Regionalplanung, S. 15 f.), der — ohne näher zu differenzieren — über Meinungsverschiedenheiten bei der Abstimmung der Regionalen Raumordnungsprogramme die Aufsichtsbehörde entscheiden lassen will.

len durch die vorgezogene Genehmigung eines der Planentwürfe, um dem anderen dann die Genehmigung zu verweigern, wäre wenig sachgerecht und wohl auch nicht rechtmäßig[53].

Kreisübergreifende Raumkonflikte dieser Art bedürfen daher zu ihrer Lösung einer über die Rechtsaufsicht hinausgehenden Befugnis der Aufsichtsbehörde, wie sie das niedersächsische Raumordnungsrecht derzeit nicht enthält. Dabei ist, um den kommunalen Entscheidungsspielraum nicht unnötig einzuengen, eine Erweiterung in Form einer uneingeschränkten Fachaufsicht gar nicht notwendig. Ausreichend für eine Lösung des hier dargestellten Problems wäre eine Ergänzung der Rechtsaufsicht lediglich für den Fall, daß kreisübergreifende Raumkonflikte auch nach vorheriger Abstimmung der Planungsträger ungelöst bleiben. Allerdings wäre das Mittel der Aufsichtsbehörde zur Lösung derartiger kreisübergreifender Raumkonflikte nicht mehr dem rechtsaufsichtlichen Instrumentarium zuzuordnen, da die Aufsichtsbehörde ihre Entscheidung wegen der Vereinbarkeit beider Raumordnungsprogramme mit den Zielen der Landesplanung nur an dem Maßstab der „Zweckmäßigkeit“ orientieren könnte.

Eine solche begrenzte Ergänzung der Rechtsaufsicht würde das Recht benachbarter Kreise zur freiwilligen Lösung dieser Raumkonflikte unberührt lassen und außerdem die Aufsichtsbehörde bei den Planinhalten mit nur kreisinterner Ausstrahlungskraft (z. B. Bestimmung der zentralen Orte, der Funktionszuweisungen außerhalb der Grenzbereiche) nach wie vor auf die enge Rechtsaufsicht beschränken.

Das niedersächsische Raumordnungsrecht ist zur Zeit also nicht in ausreichender Weise darauf abgestimmt, daß die Verkleinerung der Regionalplanungsräume eine erhöhte Zahl grenzüberschreitender Raumkonflikte zur Folge haben wird, die ein wesentlich verbessertes Abstimmungsinstrumentarium erfordern.

II. Das Verhältnis der Regionalplanung auf Kreisebene zur gemeindlichen Planungshoheit

Der Handlungsspielraum der gemeindlichen Planungshoheit wird wesentlich eingeschränkt durch die Festlegungen der übergeordneten Regionalplanung. § 1 Abs. 4 BBauG und § 5 Abs. 4 BROG begründen die gemeindliche Anpassungspflicht im Verhältnis zur Raumordnung und

---

[53] Auch die Verordnung über das Verfahren zur Aufstellung und Abstimmung sowie über die Art der Darstellung der Regionalen Raumordnungsprogramme vom 26. 1. 1979 (GVBl. S. 15) bietet keine Lösung. § 8 Abs. 1 dieser Verordnung bestimmt lediglich, daß benachbarte Raumordnungsprogramme keine miteinander unvereinbaren Zielsetzungen enthalten dürfen.

Landesplanung[54]. Die Interdependenz von regionaler Raumplanung und gemeindlicher Bauleitplanung ist im Schrifttum wiederholt Gegenstand rechtlicher und verwaltungswissenschaftlicher Erörterungen gewesen[55]. Im folgenden soll diese Diskussion nur insoweit aufgegriffen werden, wie dies unter dem Aspekt der Planungsträgerschaft von Bedeutung ist. Die Neugestaltung des niedersächsischen Landesplanungsrechts wirft dabei insbesondere folgende Fragen auf:

— Verändert die Verlagerung der Regionalplanungskompetenz von der staatlichen Bezirksebene auf die Kreise gleichzeitig den Schutzbereich der gemeindlichen Planungshoheit?

— Welche Konsequenzen ergeben sich aus der niedersächsischen Neuregelung des Wegfalls gemeindeinterner Funktionszuweisungen für die Regionalplanung?

— Ist die nach dem NROG vorgesehene gemeindliche Beteiligung an der Aufstellung des Regionalen Raumordnungsprogrammes unter planungswissenschaftlichen Aspekten[56] ausreichend?

1. Umfang des Schutzbereichs der gemeindlichen Planungshoheit bei kommunaler statt staatlicher Trägerschaft der Regionalplanung

Mit der Verlagerung von der Bezirksebene auf die Kreise ist die Regionalplanung räumlich näher an die gemeindliche Bauleitplanung herangerückt. Ob die Regionalplanung nun infolge der Kreisträgerschaft in ihren Aussagen detaillierter und damit für die Gemeinden einschränkender sein darf als bei staatlicher Planträgerschaft, ist abhängig von der Interpretation der gemeindlichen Selbstverwaltungsgarantie.

Vereinzelt wird die Auffassung vertreten, die Zielrichtung der Selbstverwaltungsgarantie des Art. 28 Abs. 2 Satz 1 GG sei nur gegen den Staat gerichtet, während das Verhältnis Kreis—Gemeinde unter dem Aspekt eines einheitlichen funktionalen Verwaltungsverbundes betrachtet werden müsse und die gemeindliche Selbstverwaltungsgarantie für die Abgrenzung der Kompetenzen innerhalb dieses Verbundes keine Anwendung finde[57]. Teilt man diese Auffassung, so ist es zulässig,

[54] Zum Verhältnis von § 1 Abs. 4 BBauG zu § 5 Abs. 4 BROG und zum Meinungsstreit über deren unterschiedliche Reichweite vgl. *Erbguth*, Probleme des Landesplanungsrechts, S. 129.

[55] Vgl. insbesondere *Rutkowski*, Einfluß der Regionalplanung, pass., m. w. N.

[56] Zur verwaltungswissenschaftlichen Einordnung der Regionalplanung als staatlich-gemeindliches Kondominium vgl. B. I. 1. c).

[57] *Schnapp*, Zuständigkeitsverteilung, S. 33 ff.; *Pappermann*, DVBl. 1976, S. 766; *ders.*, DöV 1973, S. 505 (508) verweist aber selbst darauf, daß es dazu einer Änderung des Grundgesetzes bedürfe.

den Kreisen im Rahmen der Regionalplanung eine stärkere Regelungskompetenz zuzuerkennen als staatlichen Planungsträgern.

Diese Auslegung der gemeindlichen Selbstverwaltungsgarantie wird jedoch zu Recht überwiegend abgelehnt[58]. Denn der Art. 28 Abs. 2 Satz 1 GG gewährleistet den Gemeinden das Recht der Selbstverwaltung *unabhängig* von der Reichweite und dem Bestand der in Art. 28 Abs. 2 Satz 2 GG festgelegten Gemeindeverbandsgarantie. Die Gewährleistung der gemeindlichen und der gemeindeverbandlichen Selbstverwaltung gilt nach Wortlaut und Zweck des Art. 28 Abs. 2 GG nicht dem Schutz eines kommunalen Verwaltungs*verbundes*, sondern der eigenverantwortlichen Aufgabenwahrnehmung durch Gemeinden einerseits und Kreise andererseits. Eine faktisch zunehmende Funktionsverbundenheit von Kreisen und kreisangehörigen Gemeinden ist zwar nicht zu verkennen[59], sie zwingt aber nicht dazu, die verfassungsrechtlich geschützte Eigenverantwortlichkeit beider kommunalen Ebenen aufzugeben. Jede Verfassungsinterpretation des Art. 28 Abs. 2 GG auf der Basis des kommunalen Verbundsystems führt zu einer vollständigen Aushöhlung der gemeindlichen Selbstverwaltungsgarantie, da sie einen Verlust an gemeindlicher Eigenverantwortung bewirkt und somit *einseitig* nur zu Lasten der Gemeinden geht. Auch der Versuch, den Entzug gemeindlicher Eigenverantwortung durch bloße Mitwirkungsrechte der Gemeinden auszugleichen[60], kann letztlich nicht ausreichend sein. Denn Partizipation kann zwar dazu dienen, den gemeindlichen Entscheidungsspielraum zu *erweitern*, sie darf ihn aber nicht in seinem Kern *ersetzen*[61].

Daraus folgt, daß es aus der Sicht der Gemeinden für die rechtliche Zulässigkeit regionalplanerischer Regelungen nicht ausschlaggebend sein kann, ob diese Eingriffe seitens eines staatlichen oder eines kommunalen Verwaltungsträgers erfolgen[62]. Für die einzelne Gemeinde besteht im Hinblick auf Art. 28 Abs. 2 S. 1 GG kein Unterschied, ob die Vorgaben der Regionalplanung von einer staatlichen oder von einer kommunal verfaßten Regionalplanung ausgehen[63]. Die niedersächsische

---

[58] *Blümel*, Das verfassungsrechtliche Verhältnis, S. 22; *ders.*, Gemeinden und Kreise, VVDStRL 36 (1978), S. 172 (238 f.); *Grawert*, Gemeinden und Kreise, VVDStRL 36 (1978), S. 278 (290 f.); *Richter*, Verfassungsprobleme, S. 151 ff.; *Schmidt-Jortzig*, DVBl. 1977, S. 801 (806); *Siedentopf*, DVBl. 1975, S. 13 (18); *ders.*, Gemeindliche Selbstverwaltungsgarantie, S. 16 f.; *Stüer*, Verfassungsrechtliche Maßstäbe, S. 264 ff. m. w. N.; *Wiese*, Staats- und Kommunalverwaltung 1975, S. 226 f.; zur Darstellung des Meinungsstandes vgl. auch *Seele*, der Landkreis 1980, S. 143 (144 f.); vgl. auch OVG Lüneburg, Urt. vom 8. 3. 1979, Der Städtetag 1980, S. 731 f.

[59] Vgl. *Göb / Laux / Salzwedel / Breuer*, Kreisentwicklungsplanung, S. 32.

[60] Vgl. dazu *Roters*, Kommunale Mitwirkung, S. 33, 93 ff.

[61] Vgl. B. I. 1. b) FN 40.

[62] *Siedentopf*, Gemeindliche Selbstverwaltungsgarantie, S. 26.

[63] *Bielenberg*, DöV 1967, S. 190 (192); *Ernst / Suderow*, Zulässigkeit, S. 15.

Verlagerung der Regionalplanung auf die Kreise läßt somit den verfassungsrechtlichen Schutzbereich der Gemeinden im Verhältnis zur Regionalplanung unberührt. Die Kreise sind nur in dem gleichen Umfang zur regionalplanerischen Einschränkung der Gemeinden berechtigt wie auch die früheren staatlichen Planungsstellen.

2. Der Wegfall gemeindeinterner Funktionszuweisungen in Niedersachsen

Landesplanerische Aussagen zeigen allgemein in jüngerer Zeit eine deutliche Neigung, ihren Konkretheitsgrad zu verstärken. Nach *Schmidt-Aßmann*[64] läßt sich der Konkretheitsgrad regionalplanerischer Vorgaben für die Gemeinden in vier Stufen einteilen:

— übergemeindlich

— gemeindescharf

— gemeindegebietsscharf

— parzellenscharf.

Ein intensiver Meinungsstreit besteht in der Frage, ob und unter welchen Voraussetzungen die Regionalplanung auch gebiets- und parzellenscharfe Festlegungen treffen darf[65]. Diese Diskussion soll im folgenden nicht weiter vertieft werden, da sie in Niedersachsen durch eine Änderung des Landesraumordnungsprogrammes weitgehend gegenstandslos geworden ist. Denn aufgrund eines Beschlusses des Niedersächsischen Landesministeriums vom 23. 5. 1978 über die Änderung des Landesraumordnungsprogrammes[66] werden nunmehr gemeindeinterne Funktionszuweisungen durch die Regionalplanung als unzulässig eingestuft[67]. Einige Folgewirkungen dieser für die Gemeinden sehr bedeutsamen Änderung sollen aufgezeigt werden.

---

64 *Schmidt-Aßmann*, Raumforschung und Raumordnung 1978, S. 11.

65 Für deren Zulässigkeit *Ernst / Suderow*, Zulässigkeit S. 15 ff.; a. A. *Siedentopf*, Gemeindliche Selbstverwaltungsgarantie, S. 23 ff.; vgl. zu diesem Problemkreis ferner: *Blümel*, VVDStRL 36 (1978), S. 252; *Niemeier*, Recht der Raumordnung, S. 71; *Rutkowski*, Einfluß der Regionalplanung, S. 130 ff.; *Schmidt-Aßmann*, Fortentwicklung des Rechts, S. 54 ff.; *Schultze*, Raumordnungspläne, S. 44.

66 Nds. MBl. 1978, S. 722; *Blümel* (Das verfassungsrechtliche Verhältnis, S. 33 FN 229) erhebt Zweifel an der Rechtmäßigkeit des Änderungsbeschlusses im Hinblick auf die Beteiligungsvorschrift des § 5 Abs. 2 S. 2 BROG.

67 Auch der Entwurf des neuen LROP vom Juni 1980 geht von der Unzulässigkeit gemeindeinterner Funktionszuweisungen aus, vgl. E-LROP, Abschnitt B. 1.2. Ersatzlos weggefallen sind im E-LROP außerdem die bisher vorgegebenen Einwohnerrichtzahlen. Folglich gibt es für die Regionalplanung nach dem E-LROP keine Grundlage mehr für die Begrenzung gemeindlicher Wohnbauflächen-Ausweisungen im Rahmen der Genehmigung gemeindlicher Bauleitpläne.

Das Verbot gemeindeinterner Funktionszuweisungen gilt für zentralörtliche Festlegungen[68], für die Bestimmung besonderer Entwicklungsaufgaben (Wohnen, Gewerbe, Erholung)[69] und für die Zuordnung von Schwerpunktfunktionen. Regionalplanerische Vorgaben in diesen Bereichen sollen lediglich globale Zuweisungen an die Gemeinden enthalten, wobei die Gemeinden ihrerseits eigenverantwortlich über die gemeindeinterne Verteilung im Rahmen der kommunalen Bauleitplanung entscheiden sollen. Diese Regelung gilt auch zugunsten der Samtgemeinden, so daß für die rechtlich selbständigen Mitgliedsgemeinden einer Samtgemeinde raumordnungsrechtlich keine unmittelbaren Funktionszuweisungen erfolgen dürfen. Absicht dieser Neuregelung in Niedersachsen sollte es sein, den Handlungsspielraum der Gemeinden im Planungsbereich zu erweitern[70]. Wie nicht anders zu erwarten, ist diese Änderung sowohl auf Zustimmung[71] wie auf Ablehnung[72] gestoßen.

Inwieweit den Gemeinden durch diese Änderung tatsächlich neuer Handlungsspielraum zuwächst, ist abhängig von den rechtlichen Bedingungen für die nunmehr von den Gemeinden vorzunehmende gemeindeinterne Verteilung der globalen Funktionszuweisungen.

a) Rechtsprobleme der gemeindeinternen Verteilung der regionalplanerischen Funktionszuweisungen

Die innergemeindliche Umsetzung der regionalplanerischen Funktionszuweisungen erfordert insbesondere Antworten zu den Fragen,

— wie die gemeindeinterne Verteilung rechtstechnisch vollzogen wird,

— an welche Maßstäbe die Gemeinde bei dieser Umsetzung gebunden ist,

— und in welcher Weise die gemeindeinterne Umsetzung aufsichtsbehördlich überprüfbar ist.

Das Landesraumordnungsprogramm geht von einer Umsetzung im Rahmen der städtebaulichen Ordnung aus[73]. Folglich müssen die ge-

---

[68] Das Nds. Landesraumordnungsprogramm vom 3. 4. 1973 (Nds. MBl. S. 846, Abschnitt V, Ziff. 3) unterscheidet folgende zentralörtliche Gliederung: Oberzentren, Mittelzentren, Grundzentren, Nebenzentren.

[69] Nach dem E-LROP (Abschnitt B. 1.2. Ziff. 02) sollen die Entwicklungsaufgaben „Wohnen“ und „Gewerbe“ entfallen, da *allen* Gemeinden diese Funktionen zustehen sollen. Lediglich die besondere Aufgabe „Erholung“ soll einer Auswahl von Gemeinden vorbehalten sein.

[70] So der Nds. MI in der Begründung des Entwurfs zur Änderung des Landesraumordnungsprogrammes vom 3. 1. 1978 (unveröffentlichtes Manuskript).

[71] *Blümel*, Das verfassungsrechtliche Verhältnis, S. 33.

[72] *Sesselmann*, Übergang der Regionalplanung, S. 20.

[73] Vgl. den Änderungsbeschluß vom 23. 5. 1978 (Nds. MBl. 1978, S. 722), in dem von einer Umsetzung im Rahmen der vorbereitenden Bauleitplanung die Rede ist.

meindlichen Bauleitpläne zukünftig deutlich erkennbar werden lassen, welcher Ortsteil/welche Mitgliedsgemeinde z. B. die seitens der Regionalplanung zugewiesene zentralörtliche Aufgabe erfüllen soll.

Dies ist insofern problematisch, als gerade die zentralörtliche Funktion nicht durch *ein* bestimmtes Merkmal geprägt wird, sondern ihre Bedeutung in der Bündelung einer Vielzahl öffentlicher und privater Infrastruktureinrichtungen liegt. Soweit also die Darstellung der Art der Bodennutzung im Flächennutzungsplan eine solche zentralörtliche Bestimmung nicht ausreichend deutlich macht[74], wird man fordern müssen, daß die Gemeinde im Erläuterungsbericht zum Flächennutzungsplan (§ 5 Abs. 7 BBauG) die zentralörtliche Festlegung vornimmt[75]. Ähnliches gilt für die gemeindeinterne Umsetzung der Entwicklungsaufgaben und der Schwerpunktfunktionen.

Maßstäbe und Handlungsspielraum bei der gemeindeinternen Umsetzung regionalplanerischer Funktionszuweisungen sind für die Gemeinden von besonderer Bedeutung. *Sesselmann* scheint zu befürchten, daß den Gemeinden hier ein zu großer Entscheidungsspielraum zuwächst, da nach seiner Auffassung die niedersächsische Regelung auf wichtige raumordnerische Steuerungsinstrumente verzichtet und damit die Effizienz der Raumordnung erheblich geschwächt wird[76]. Dieser Wertung kann allerdings nicht zugestimmt werden.

Die Vermutung, daß die Gemeinden die ihnen global zugewiesenen Funktionsmerkmale nach dem Proporzprinzip allen Ortsteilen/Mitgliedsgemeinden zubilligen, um damit notwendigen Prioritätsentscheidungen auszuweichen, ist bereits aus rechtlichen Gründen nicht aufrechtzuerhalten. So steht den Gemeinden bei der gemeindeinternen Umsetzung zentralörtlicher Funktionen nur ein sehr begrenzter Entscheidungsrahmen offen. Denn auch der Wortlaut des geänderten Landesraumordnungsprogrammes[77] geht im Abschnitt 5 Ziff. 9 Satz 2 von nur *einem* zentralen Ort innerhalb des Gemeindegebietes aus. In diesem zentralen Ort/Ortsteil sollen die zentralen Einrichtungen zusammengefaßt werden. Auch Abschnitt 5 Ziff. 10 des Landesraumordnungsprogrammes bestimmt, daß eine möglichst weitgehende räumliche *Zusammenfassung* der zentralen Einrichtungen angestrebt werden soll.

Ob diese aus dem Landesraumordnungsprogramm entwickelten Maßstäbe als Ziele im Sinne von § 1 Abs. 4 BBauG gelten können, ist abhän-

---

[74] Anhaltspunkte für die Bestimmung zentralörtlicher Funktionen werden im Flächennutzungsplan insbesondere aus der Darstellung der Gemeinbedarfsflächen gem. § 5 Abs. 2 Ziff. 2 BBauG zu entnehmen sein.

[75] Zu dieser weitergehenden Funktion des Erläuterungsberichts vgl. *Ernst / Hoppe*, Bau- und Bodenrecht, Rdnr. 186.

[76] *Sesselmann*, Übergang der Regionalplanung, S. 20.

[77] Nds. MBl. 1978, S. 722.

gig von ihrem Maß an „hinreichender Konkretisierung“[78]. Denn nur bei einer ausreichenden Konkretisierung der raumordnerischen Vorgaben wird nach anerkannter Rechtsprechung die gemeindliche Anpassungspflicht gem. § 1 Abs. 4 BBauG bejaht[79].

Das für die zentralörtliche Bestimmung aus dem Landesraumordnungsprogramm entwickelte Konzentrationsgebot („Zusammenfassung der zentralen Einrichtungen“) kann man als hinreichend konkrete Zielformulierung betrachten, da es den Anforderungen an Rechtsklarheit und ausreichender Bestimmtheit genügt[80].

Dementsprechend sind die Gemeinden bei der innerörtlichen Umsetzung der zentralörtlichen Funktionszuweisung an das Konzentrationsgebot als Ziel im Sinne von § 1 Abs. 4 BBauG gebunden, was allerdings einen eigenen gemeindlichen Entscheidungsspielraum bei der örtlichen Umsetzung dieses Zieles nicht ausschließt[81]. Die Bestimmung des zentralen Ortsteiles/Ortes innerhalb einer Gemeinde/Samtgemeinde wird also dort kaum zu Veränderungen führen, wo bereits bisher ein deutlicher „Zentralitätsvorsprung“ eines Ortsteiles gegeben war. In diesen Fällen wird die Gemeinde bei Beachtung des Konzentrationsgebotes wohl nicht zu einer von der bisherigen Festlegung abweichenden Entscheidung kommen können.

Raum für einen eigenen Entscheidungsspielraum der Gemeinden bei der Verteilung der zentralörtlichen Funktion wird es allerdings dann geben, wenn die Struktur der Gemeinde/Samtgemeinde durch annähernd gleich große Ortsteile/Mitgliedsgemeinden geprägt wird. Die Gemeinde/Samtgemeinde wird dann selbständig entscheiden können, welcher der Ortsteile/Mitgliedsgemeinden die zentralörtliche Funktion erfüllen soll. Dies mag in einzelnen Fällen dazu führen, daß bisher (zulässigerweise) von der Regionalplanung festgelegte zentralörtliche Ortsteile/Mitgliedsgemeinden nunmehr gemeindeintern umdisponiert werden. Zu einer Expansion zentralörtlicher Ortsteilausweisungen durch die Gemeinden wird es jedenfalls angesichts der gemeindlichen Bindung an das Konzentrationsgebot nicht kommen.

Ob die Gemeinden in der Praxis immer sehr glücklich sein werden über den neu gewonnenen Handlungsspielraum, kann man bezweifeln.

---

[78] Zum Spannungsverhältnis zwischen der notwendigen inhaltlichen Bestimmtheit der Ziele („Konkretisierung“) einerseits und der erforderlichen Offenheit zur Gewährleistung der gemeindlichen Planungshoheit andererseits vgl. *Evers*, Recht der Raumordnung, S. 145 f.

[79] So BVerwGE 6, 342, Urt. vom 20. 5. 1978; eine ausführliche Darstellung der sonstigen diesbezüglichen Rechtsprechung bei *Klein*, Ziele der Landesplanung, S. 161 ff.

[80] Nach *Klein* (S. 170) wäre das Konzentrationsgebot als abstrakt-generelles Oberziel einzuordnen.

[81] Nach *Klein* (S. 165) handelt es sich dabei um einen gemeindlichen Beurteilungsspielraum.

Denn der Verzicht auf regionalplanerische Ortsteilzuweisungen verlangt von den Ratsmitgliedern eigene gemeindeinterne Prioritätsentscheidungen. Während es bisher für die Gemeinden im Rahmen der Beteiligung an der Aufstellung des Regionalen Raumordnungsprogrammes zumindest möglich war, sich in der Stellungnahme zum Regionalplan auf die Addition gemeindlicher Ortsteilwünsche (z. B. möglichst dezentrale Ausweisung von Gewerbeflächen) zu beschränken, müssen sie nunmehr unter Beachtung des Konzentrationsgebotes gelegentlich auch unpopuläre Entschlüsse treffen. Denn die gemeindeinterne Verteilung raumordnerischer Funktionen nach dem Konzentrationsgebot erfordert Entscheidungen für *und* gegen bestimmte Gemeindeteile. Manchem Kommunalpolitiker wäre es daher sicherlich angenehmer, wenn diese Festlegung durch die Regionalplanung getroffen würden und die Kommunalpolitik sich auf die Rolle des Kritikers beschränken könnte (in Kenntnis der Tatsache, daß man in der Regel selbst nicht anders entschieden hätte).

Im Ergebnis besteht somit für die Gemeinden bei der Festlegung der Anzahl der zentralen Orte/Ortsteile kein größerer Handlungsspielraum als bisher. Lediglich die Auswahl des Standortes für den zu bestimmenden zentralen Ort/Ortsteil eröffnet den Gemeinden in begrenztem Umfang eigene Entscheidungsalternativen[82].

Auch die gemeindeinterne Bestimmung für die Lage des Schwerpunktes innerhalb von Schwerpunktorten wird hinsichtlich des gemeindlichen Entscheidungsspielraumes ähnlich zu beurteilen sein wie die zentralörtliche Dezentralisierung.

Anders dagegen ist die Rechtslage für die innergemeindliche Verteilung der Entwicklungsaufgaben[83] (G = Gewerbe, W = Wohnen, E = Erholung) zu beurteilen. Denn im Gegensatz zur Umsetzung *einer* zentralörtlichen Funktion, können einer Gemeinde *mehrere* unterschiedliche Entwicklungsaufgaben zugewiesen werden. Auch können mehrere Ortsteile/Mitgliedsgemeinden die gleiche Entwicklungsaufgabe erhalten (z. B. mehrere Ortsteile sind angesichts der naturräumlichen Voraussetzungen prädestiniert für die Entwicklungsaufgabe „Erholung").

Einen Maßstab für die innergemeindliche Verteilung der Entwicklungsaufgaben bietet allenfalls Abschnitt 7, Ziff. 6 des Landesraumord-

---

[82] Allerdings sieht der Entwurf des Nds. LROP vom Juni 1980 vor, gewisse Ausnahmen vom Konzentrationsgebot zu ermöglichen. Der E-LROP (Abschnitt A. 1.) spricht davon, daß die zentralen Einrichtungen „möglichst" räumlich gebündelt werden sollen.

[83] Die Gemeinden ohne eine solche Entwicklungsaufgabe sind beschränkt auf die Eigenentwicklung. Zum rechtlichen Gehalt der Eigenentwicklung vgl. *Riechels*, DVBl. 1968, S. 360 ff. Zu Tendenzen zum vollständigen Wegfall der Entwicklungsaufgaben vgl. *Cassing / Matthies / Mudra*, Regionale Raumordnung, S. 27 ff. und S. 63 sowie den E-LROP, vgl. FN 69.

nungsprogrammes, wonach Umfang und räumliche Festlegung von Planungen zur Erfüllung der besonderen Entwicklungsaufgaben abhängig sein sollen von der Größe, der Struktur und der Lage der jeweiligen Gemeinde. Mit diesen Kriterien (Größe, Struktur, Lage) sind jedoch nur sehr allgemeine Maßstäbe bestimmt, die nicht den Anforderungen einer hinreichenden Konkretisierung im Sinne von § 1 Abs. 4 BBauG genügen, so daß der gemeindliche Handlungsspielraum hier tatsächlich weitergehender sein dürfte als bei der gemeindeinternen Umsetzung der zentralörtlichen Funktion[84].

Da die innergemeindliche Umsetzung der regionalplanerischen Funktionszuweisungen ausschließlich im Rahmen der kommunalen Bauleitplanung erfolgt, kann diese auch nur im Genehmigungsverfahren für den Bauleitplan überprüft werden. Eine mittelbare Überprüfung kommt allenfalls dann noch in Betracht, wenn die Vergabe von Finanzzuweisungen an die Gemeinden von dem Vorliegen einer zentralörtlichen Funktion oder einer bestimmten Entwicklungsaufgabe abhängig gemacht wird.

b) Wegfall zentralörtlicher Funktionen bei bisherigen Doppelzuweisungen

Die zentralörtliche Bestimmung als Mittel-, Grund- oder Nebenzentrum erfolgt aufgrund der oben erläuterten Änderung des niedersächsischen Landesraumordnungsprogrammes[85] nur noch global für die gesamte Gemeinde/Samtgemeinde. Diese Änderung muß zwangsläufig dann zu Schwierigkeiten führen, wenn zwei Ortsteilen oder Mitgliedsgemeinden einer Samtgemeinde bisher unterschiedliche zentralörtliche Funktionen zugewiesen waren, wie dies in den niedersächsischen Bezirksraumordnungsprogrammen gelegentlich geschehen ist[86].

Folgendes Beispiel vermag dies zu verdeutlichen:

In einer Samtgemeinde S. mit den Mitgliedsgemeinden A, B, C und D war bisher im Regionalplan die Gemeinde A als Grundzentrum und die Gemeinde B als Nebenzentrum ausgewiesen. Zukünftig darf nach Maßgabe des geänderten Landesraumordnungsprogrammes nur noch die Samtgemeinde S. in ihrer Gesamtheit Adressat der zentralörtlichen Funktionsbestimmung sein.

---

84 Allenfalls in bezug auf die Entwicklungsaufgaben mögen die Befürchtungen von *Sesselmann* (vgl. FN 76) daher nicht ganz unbegründet sein.

85 Vgl. FN 77.

86 Vgl. z. B. das Regionale Raumordnungsprogramm für den Regierungsbezirk Osnabrück vom 31. 3. 1976 (Amtsblatt Nr. 6 A), S. 19: Bei der Samtgemeinde Bersenbrück wird die Mitgliedsgemeinde Bersenbrück als Grundzentrum und die Mitgliedsgemeinde Ankum als Nebenzentrum ausgewiesen.

Theoretisch bieten sich daher folgende Lösungsmöglichkeiten an:

— der Samtgemeinde S werden global die Funktionen Grundzentrum *und* Nebenzentrum zugewiesen, wobei die Samtgemeinde dann gemeindeintern im Rahmen der Bauleitplanung diese Funktion umsetzen kann,

— oder der Samtgemeinde S wird nur noch die Funktion Grundzentrum zugewiesen unter Wegfall des bisherigen Nebenzentrums.

Gegen eine doppelte Funktionszuweisung (Grundzentrum und Nebenzentrum) an die Samtgemeinde S bestehen allerdings raumordnungsrechtliche Bedenken. Zwar ist eine Doppelzuweisung nach dem Wortlaut des Nds. Raumordnungsgesetzes und des Landesraumordnungsprogrammes nicht ausdrücklich ausgeschlossen, jedoch würde damit der Zweck der niedersächsischen Neuregelung unterlaufen werden.

So war es der Grundgedanke der Änderung des Landesraumordnungsprogrammes, einer Samtgemeinde diejenige zentralörtliche Kategorie zuzuweisen, die ihr *insgesamt* nach ihrer Struktur zusteht. Maßstab für die zentralörtliche Funktionszuweisung ist demnach ausschließlich die Summe aller in einer Samtgemeinde vorhandenen zentralen Einrichtungen und damit gerade nicht die Frage, wie sich diese gesamte „Zentralitätssubstanz" innerörtlich verteilt. Die Zuweisung der doppelten Funktion (Grundzentrum und Nebenzentrum) würde seitens der Regionalplanung aber immer eine Prüfung voraussetzen, ob eine der Mitgliedsgemeinden die Voraussetzungen für ein solches Nebenzentrum erfüllt. Damit wäre durch die globale Doppelzuweisung mittelbar auch die raumordnerische Einstufung einer Mitgliedsgemeinde präjudiziert. Dies widerspricht aber dem Sinn und Zweck des geänderten Landesraumprogramms und dürfte demnach abzulehnen sein. Folglich besteht in diesem Fall die einzig zulässige Lösung darin, der Samtgemeinde S nur *eine* zentralörtliche Funktion zuzuweisen. Für die Mitgliedsgemeinde B als bisheriges Nebenzentrum bedeutet dies im Ergebnis den faktischen Verlust ihrer zentralörtlichen Funktion. Eine Entschädigung für den Entzug dieser raumordnerischen Funktion steht der Gemeinde nicht zu. Denn die Chancen einer gemeindlichen Entwicklung sind keine enteignungsfähigen Rechte im Sinne des Art. 14 GG[87].

3. Die gemeindliche Beteiligung an der Regionalplanung

Das Verhältnis der regionalen zur gemeindlichen Planungsebene wird ganz wesentlich geprägt von der Art und Intensität der gemeindlichen Beteiligung an der Regionalplanung. Im folgenden soll unter Berücksichtigung des staatlich-gemeindlichen Aufgabencharakters der

87 So *Ernst / Hoppe*, Bau- und Bodenrecht, Rdnr. 77 m. w. N.

Regionalplanung[88] untersucht werden, welche Merkmale die gemeindliche Beteiligung aufweisen sollte und inwieweit das NROG diesen Ansprüchen gerecht wird.

Der Begriff der „Beteiligung" ermöglicht sehr verschiedene Arten einer gemeindlichen Einflußnahme auf die Regionalplanung. Er reicht von der einfachen Mitteilung bis hin zu dem Gebot des Einvernehmens. Alle Varianten der Beteiligung lassen sich in zwei Grundtypen einordnen: die Mitwirkung und die Mitentscheidung[89]. Zur Kategorie der Mit*wirkung* zählen all jene Partizipationsformen, die keinen Konsenszwang der Beteiligten voraussetzen. Nach *Roters* gehören dazu die Mitteilung, die Anhörung, die Stellungnahme, die Erörterung und das Vorschlagsrecht[90]. Diese Arten der Mitwirkung lassen sich durch verschiedene Verfahrensmodalitäten noch verstärken, wie z. B. durch einen Begründungszwang bei Abweichung von den Vorstellungen des Beteiligten[91] oder durch die Pflicht, bei widerstreitenden Planvorstellungen Erörterungen mit der Plangenehmigungsbehörde vorzusehen. Die Mit*entscheidung* dagegen bezeichnet eine direkte Beteiligung an der Entscheidungsfindung selbst. Auch das Mitentscheidungsrecht kann in seiner Intensität sehr unterschiedlich sein und reicht von der konsensunabhängigen Entscheidungsteilnahme (z. B. durch Vertreter in den Entscheidungsgremien) bis hin zum Erfordernis des Einvernehmens[92]. Daneben gibt es mehrere Zwischenformen der Beteiligung wie das Vetorecht des Beteiligten[93] oder das Auswahlrecht auf der Grundlage einer vom Entscheidungsträger angebotenen Alternative[94].

Die Unterscheidung der institutionellen von der prozeduralen Beteiligung ergibt sich bereits aus der Fassung des § 5 Abs. 3 BROG. Danach stehen beide Partizipationsformen alternativ gegenüber, indem entweder die trägerschaftliche Mitwirkung der Gemeinden in den Planungsgemeinschaften oder ansonsten die prozedurale Mitwirkung in einem förmlich geregelten Verfahren angeboten werden. *David* folgert daraus, daß eine stärkere institutionelle (trägerschaftliche) Beteiligung der Gemeinde an der Regionalplanung ein Minus an prozeduraler Par-

---

[88] Zur verwaltungswissenschaftlichen Einordnung der Regionalplanung als staatlich-gemeindliches Kondominium vgl. B. I. 1. c).

[89] So *Schmidt-Aßmann*, AöR 101 (1976), S. 520 f.; ebenso *Schmitt Glaeser*, VVDStRL 31 (1973), S. 179 (184).

[90] *Roters*, Kommunale Mitwirkung, S. 73 ff.

[91] So in Rheinland-Pfalz gem. § 13 Abs. 2 LPlG.

[92] Zum Rechtsgehalt des „Einvernehmens" vgl. *Zeitler*, Einvernehmen, in: Verwaltung und Rechtsbindung, Festschrift, S. 51 ff.

[93] *Roters*, Kommunale Mitwirkung, S. 80.

[94] *Brentano*, Verfassungsrechtliche Probleme, S. 119; außerhalb des Raumordnungsrechts existiert ein solches Auswahlrecht z. B. gem. § 23 Schulverwaltungsgesetz NW bei der Besetzung von Schulleiterstellen.

tizipation erlaubt (und umgekehrt)[95]. Dieser Gedanke der Kompensation von Mitträgerschaft und formaler Beteiligung kann jedoch keine Zustimmung finden. Denn institutionelle und prozedurale Beteiligung unterliegen sehr unterschiedlichen Zwecken, die einer gegenseitigen Kompensation entgegenstehen. So dient die prozedurale Beteiligung der Gemeinden dazu, die *subjektive* Auffassung der betroffenen Gemeinde *unverändert* dem Entscheidungsträger vorzutragen und ggf. entgegenzustellen. Die Gemeinde steht im Rahmen dieser Verfahrensbeteiligung unter keinerlei Einschränkung oder Verpflichtung zur Rücksichtnahme auf die Planvorstellungen sonstiger Beteiligter. Dagegen ist die institutionelle Beteiligung der einzelnen Gemeinde von vornherein auf die Notwendigkeit einer demokratischen Mehrheitsentscheidung ausgerichtet. Die einzelnen gemeindlichen Vorstellungen sind daher bereits vor der Durchführung der Mehrheitsentscheidung Gegenstand der *politischen Willensbildung* mit den durch die Suche nach *Konsens* und *Kompromiß* bedingten Einflußnahmen. Aus diesen doch sehr unterschiedlichen Bedingungen von prozeduraler und institutioneller Beteiligung ist zu schließen, daß z. B. die prozedurale Beteiligung einer Gemeinde nicht bereits dadurch verzichtbar wird, daß die Gemeinde auch Vertreter in die Gremien des Entscheidungsträgers entsendet.

Die *rechtliche* Begründung für die Notwendigkeit einer gemeindlichen Beteiligung an der Regionalplanung ergibt sich nicht nur aus der Vorschrift des § 5 Abs. 3 BROG, sondern weitergehend auch aus den verfassungsrechtlichen Prinzipien des Rechtsstaates[96] und der gemeindlichen Selbstverwaltungsgarantie (Art. 28 Abs. 2 GG)[97]. Die erforderliche Beteiligungsintensität ist dabei im wesentlichen abhängig von der Funktion, die die gemeindliche Beteiligung erfüllt[98]. Denn die Partizipation kann sehr unterschiedlichen Zwecken dienen:

— der *Information* des Beteiligungsverpflichteten,

— als Ausgleich für die eigene *Betroffenheit* des Beteiligungsberechtigten bei fremden Aufgaben[99],

— als Ausdruck einer eigenen *Aufgaben(mit-)verantwortung* des Beteiligungsberechtigten[100].

---

[95] *David*, structur 1974, S. 193 (195 f.).

[96] Zur Partizipation an Verwaltungsentscheidungen als Rechtsstaatsgebot vgl. *Schmitt Glaeser*, VVDStRL 31 (1973), S. 179 (240 ff.). Vgl. ferner *Hoppe / Rengeling* (Gebietsreform, S. 112) zur Anhörungspflicht (rechtliches Gehör) unter rechtsstaatlichen Aspekten.

[97] Vgl. dazu *David*, structur 1974, S. 193 (195).

[98] *Schmidt-Aßmann*, AöR 101 (1976), S. 520 (522 ff.).

[99] Zur gemeindlichen Beteiligung an den Entscheidungen von Fachplanungsträgern aus Gründen der Betroffenheit vgl. § 38 BBauG sowie BVerwG DVBl. 1969, S. 362 ff. Urteil vom 14. 2. 1969.

Die gemeindliche Beteiligung zum Zwecke der Information dient der Steigerung der Sachrationalität und damit als Beitrag zur Sachaufklärung im Prozeß der Entscheidungsvorbereitung eines anderen Aufgabenträgers. Diesem Zweck wird ausreichend Rechnung getragen durch eine gemeindliche Beteiligung in Form der einfachen Mitwirkung (z. B. durch Anhörung).

Gleiches gilt für die gemeindliche Beteiligung an Aufgaben aus dem Verantwortungsbereich eines nichtgemeindlichen Verwaltungsträgers, wenn die Aufgabenwahrnehmung zur Betroffenheit der Gemeinde führt[101]. Auch hier wird als Regelform die einfache Beteiligung in Form der Mitwirkung ausreichen, wobei die rechtliche Begründung sowohl im Rechtsstaatsrinzip wie auch in der gemeindlichen Selbstverwaltungsgarantie zu suchen ist[102]. Beide Beteiligungsaspekte — Information und Betroffenheit — überschneiden sich in vielen Fällen. So dient die gemeindliche Beteiligung an der hochstufigen Landesplanung sowohl der Information der staatlichen Planungsbehörde zur Steigerung der Sachrationalität wie auch der Mitwirkung aus Gründen der Betroffenheit.

Eine andere Qualität muß die gemeindliche Beteiligung aber dann aufweisen, wenn die Aufgabe, an der die Gemeinde beteiligt werden soll, ausschließlich oder zumindest teilweise der gemeindlichen Aufgabenverantwortung unterliegt. Denn der Zweck der Partizipation läßt sich in diesen Fällen nicht nur durch die Aspekte Information und Betroffenheit erklären. Vielmehr muß der Gemeinde durch die Beteiligung die Chance eingeräumt werden, ihre eigene Aufgaben(mit-)verantwortung zu artikulieren. Dies erfordert folglich eine über die einfache Anhörung hinausgehende Beteiligung[103].

Der Zweck der gemeindlichen Beteiligung an der Regionalplanung ergibt sich aus deren Aufgabenstruktur[104]. Weist man die Regionalplanung ausschließlich dem staatlichen Verantwortungsbereich zu[105], so erfolgt die gemeindliche Partizipation nur zum Zwecke der Information des Planungsträgers und als Ausgleich für die regionalplanerische Betroffenheit der Gemeinde. Eine Mitwirkung in Form der gemeindlichen Anhörung wäre demnach ausreichend[106]. Vertritt man dagegen

---

100 Eine andere Typisierung der unterschiedlichen Beteiligungszwecke bei *Schmidt-Aßmann*, Fortentwicklung des Rechts, S. 44 ff.

101 So die Fallgruppen der staatlichen Fachplanungen in § 38 BBauG.

102 Zur Verschränkung beider Verfassungsprinzipien vgl. *Schmidt-Aßmann*, Fortentwicklung des Rechts, S. 46.

103 *Schmidt-Aßmann* (AöR 101 [1976], S. 520 [540 f.]) geht von der Mitentscheidung als Regelform aus.

104 Zur Aufgabenstruktur der Regionalplanung vgl. B. I. 1. c).

105 Vgl. B. I. 1. b) FN 30.

106 So *Rutkowski*, Einfluß der Regionalplanung, S. 27 und S. 158.

wie hier die Auffassung, daß die Regionalplanung als staatlich-gemeindliches Aufgabenkondominium einzuordnen ist[107], so kann bereits daraus abgeleitet werden, daß die gemeindliche Partizipation über die bloße Anhörung hinausgehen muß[108]. Wie intensiv die gemeindliche Beteiligung sein sollte, läßt sich aber nicht allgemeinverbindlich für alle regionalplanerischen Aussagen festlegen. Vielmehr ist der Umfang der gemeindlichen Mitverantwortung und damit die erforderliche Beteiligungsintensität abhängig von folgenden Kriterien[109]:

— Die *inhaltliche* Beziehung der jeweiligen regionalplanerischen Festlegung zum staatlichen oder gemeindlichen Verantwortungs- und Aufgabenbereich,

— die *Aussagedichte* der planerischen Festsetzungen[110],

— das Gewicht des örtlichen bzw. überörtlichen *Gestaltungsinteresses* an der Planaussage.

Der *Inhalt* der Festlegung ist deswegen von Bedeutung, weil einzelne Aussagebereiche der Regionalplanung durchaus unterschiedlich von staatlichen oder gemeindlichen Verantwortungsanteilen geprägt sind[111]. So wird man die Bestimmung gemeindlicher Siedlungsbereiche[112] stärker dem kommunalen Verantwortungsbereich zuordnen müssen als beispielsweise raumwirksame Aussagen im Bereich der Verteidigung oder der Energieversorgung[113]. Denn die Aufgabenverantwortung für die Bereiche „Verteidigung“ und „Energieversorgung“ ist ganz überwiegend dem staatlichen Sektor zuzuordnen, während die Festlegung

---

107 Zur kondominalen Aufgabenstruktur der Regionalplanung unter verwaltungswissenschaftlichen Aspekten vgl. B. I. 1. c).

108 So auch *Blümel*, Das verfassungsrechtliche Verhältnis, S. 18; *ders.*, VVDStRL 36 (1978), S. 171 (242 FN 356).

109 Eine Zusammenstellung zum Teil anderer Kriterien bei *Ernst / Suderow*, Zulässigkeit, S. 39.

110 Daß u. a. der Inhalt der regionalplanerischen Aussage und die Aussagedichte im Einzelfall Auswirkungen auf den Umfang der notwendigen Partizipation haben sollten, wird bei *Pühl* (Organisation der Regionalplanung, S. 135 f.) nicht berücksichtigt.

111 So auch *Brentano*, Verfassungsrechtliche Probleme, S. 119 ff. m. w. N.; darauf aufbauend der Vorschlag von *Schmidt-Aßmann* (AöR 101 [1976], S. 520 [541]), nach verschiedenen Aussagetypen der Regionalplanung differenzierte Beteiligungsformen zu normieren.

112 Die bisherige Festlegung innerörtlicher Siedlungsbereiche durch die Bezirksraumordnungsprogramme in Nds. ist nach der neuen Regelung über die Planzeichen (Verordnung vom 26. 1. 1979, GVBl. S. 15) als Darstellungsart nicht mehr vorgesehen. Zu den Siedlungsbereichen vgl. auch *Cassing / Matthies / Mudra*, Regionale Raumordnung, S. 19 ff.

113 So auch *Schmidt-Aßmann* (DVBl. 1975, S. 4 [11]), indem er für sein Modell instanziell-differenzierter Regionalplanung je nach Vorrang der kommunalen oder staatlichen Interessenverflechtung die Aussagetypen entweder der kommunalen Kreisraumordnungsplanung oder der staatlichen Bezirksraumordnungsplanung zuordnet.

von gemeindlichen Siedlungsbereichen eine der wichtigsten Funktionen im Rahmen der örtlichen Bauleitplanung darstellt. Entsprechend diesen unterschiedlichen Verantwortungsanteilen muß auch die Intensität der gemeindlichen Beteiligung ausgestaltet sein.

Soweit eine solche klare staatliche oder gemeindliche Aufgabenzuordnung nicht möglich ist[114], muß die erforderliche Beteiligungsintensität außerdem abhängig gemacht werden von der *Aussagedichte* der Planinhalte[115]. Planaussagen, die nur die Gemeinde in ihrer Gesamtheit als Adressat bezeichnen, erfordern eine geringere gemeindliche Beteiligung als gemeindegebiets- oder parzellenscharfe[116] Festlegungen[117]. Innerörtliche Raumstrukturen werden durch die Regionalplanung insbesondere in zwei Bereichen bestimmt:

— Festlegung der allgemeinen innerörtlichen Raumfunktionen (u. a. zentralörtliche Gliederung, Entwicklungsaufgaben)[118]

— Gemeindegebietsscharfe Abgrenzungen zum Zwecke der Flächenfreihaltung (Vorranggebiete und Vorrangstandorte)[119].

Soweit die Regionalplanung innerörtliche Festlegungen zur Zentralität oder zu den Entwicklungsaufgaben trifft, ist als gemeindliche Beteiligungsform das „Einvernehmen" zu fordern[120]. Denn die Festsetzung raumordnerischer Funktionen für Ortsteile greift unmittelbar und intensiv in die innere gemeindliche Struktur ein[121]. Außerdem ist zu berücksichtigen, daß ein überörtliches *Gestaltungsinteresse* an einer einseitigen Bestimmung der innerörtlichen Zentralität oder der Ent-

---

114 Für die meisten Aufgabenfelder, zu denen die Regionalplanung Aussagen trifft, ist eine solche ausschließlich staatliche oder gemeindliche Aufgabenzuordnung nicht möglich. Zu dem Aspekt, statt dessen die unterschiedliche Regelungsintensität von planerischen Festlegungen als Kriterium für die Verteilung öffentlicher Aufgaben im Verhältnis Staat/Kommunen zu bestimmen, vgl. *Wahl*, Rechtsfragen der Landesplanung, Bd. I, S. 174 ff.

115 Den Zusammenhang zwischen Aussagedichte und Beteiligungsintensität betonen auch *Brentano*, Verfassungsrechtliche Probleme, S. 119 ff. m. w. N., *Ernst / Suderow*, Zulässigkeit, S. 39 ff., und *Schmidt-Aßmann*, Fortentwicklung des Rechts, S. 62 f.

116 Zu den Begriffen vgl. E. II. 2.

117 Zum Wegfall gemeindeinterner Funktionszuweisungen in Niedersachsen vgl. F. II. 2.

118 Vgl. dazu bereits F. II. 2.

119 Zu den Arten der Vorranggebiete und Vorrangstandorte im Nds. E-LROP vgl. bereits F. I. 3. a).

120 So grundsätzlich auch *Brentano*, Verfassungsrechtliche Probleme, S. 121 und *Schmidt-Aßmann*, Fortentwicklung des Rechts, S. 63. Weitergehend *Siedentopf* (Gemeindliche Selbstverwaltungsgarantie, S. 23 ff.), der innerörtliche Festsetzungen durch die Regionalplanung in diesen Bereichen für unzulässig hält. Dagegen halten *Ernst / Suderow* (Zulässigkeit, S. 40) gemeindeinterne Funktionszuweisungen unter engen Voraussetzungen auch ohne gemeindliches Einvernehmen für rechtmäßig.

121 *Ernst / Suderow*, Zulässigkeit, S. 39.

wicklungsaufgaben nicht besteht[122]. Dem kann auch nicht der Einwand entgegengehalten werden, daß die Vergabe öffentlicher Mittel an solche innerörtlichen Festlegungen anknüpfen müsse, um eine wirksame Konzentration der finanziellen Ressourcen zu gewährleisten[123]. Dieser finanzwirtschaftliche Aspekt kann auch ohne innerörtliche Festlegungen durch die Regionalplanung beachtet werden, indem die Gemeinden selbst zur Berücksichtigung des Konzentrationsgebotes verpflichtet werden und ihnen somit der Handlungsspielraum für die gemeindeinterne Funktionsverteilung verbleibt[124].

Dagegen ist für die gemeindegebietsscharfe Festlegung von Vorranggebieten und Vorrangstandorten[125] nicht generell das „Einvernehmen" der Gemeinde erforderlich. Hier ist in jedem Einzelfall abzuwägen, ob eine einseitige Festsetzung solcher Vorranggebiete und -standorte ohne ein gemeindliches Einvernehmen aus Gründen eines vorrangigen überörtlichen Gestaltungsinteresses zu rechtfertigen ist. Nicht jedes beliebige überörtliche Interesse kann dafür ausreichend sein, sondern nur ein regionales Interesse von besonderer Bedeutung[126]. So wird z. B. für die gemeindegebietsscharfe Festlegung von Wassergewinnungsgebieten[127] nicht prinzipiell das Einvernehmen der Gemeinde verzichtbar sein. Dieses Einvernehmen wird nur dann entbehrlich sein, wenn die Ausweisung z. B. wegen der regionalen Wasserknappheit von besonderer überörtlicher Bedeutung ist.

Unabhängig von den besonderen Anforderungen an die gemeindliche Partizipation im Einzelfall muß es ein generelles Mindestmaß an gemeindlich-prozeduraler Beteiligung geben, daß der gemeindlichen Gesamtverantwortung an der Regionalplanung entspricht. Dieses erforderliche Minimum prozeduraler Beteiligung[128] der Gemeinden

— muß deutlich über die Partizipation anderer Verfahrensbeteiligter hinausgehen, da die Gemeinde im Gegensatz zu diesen *eigene* Aufgabenverantwortung wahrnimmt,

---

122 a. A. *Ernst / Suderow* (Zulässigkeit, S. 40), allerdings ohne ein solches überörtliches Gestaltungsinteresse zu konkretisieren oder dafür ein Beispiel zu geben.

123 So *Brentano*, Verfassungsrechtliche Probleme, S. 122.

124 So seit der Änderung des LROP in Niedersachsen, vgl. dazu F. II. 2.

125 Vgl. dazu F. I. 3. a).

126 So ebenfalls *Siedentopf*, Gemeindliche Selbstverwaltungsgarantie, S. 53.

127 Vgl. dazu z. B. den nds. E-LROP, Abschnitt C. 1.6. Ziff. 01 sowie die zeichnerische Darstellung von Wassergewinnungsgebieten zum Teil II des E-LROP.

128 Auch nach den strengen von *Schmidt-Aßmann* (AöR 101 [1976], S. 520 ff.) entwickelten Beteiligungsanforderungen ist für die kondominale Regionalplanung eine gemeindliche Mitentscheidung in Form der Parität nicht zwingend.

— muß bereits in einer sehr frühen Planungsphase einsetzen, um tatsächlich in die Planungsüberlegungen einfließen zu können[129],

— erfordert eine Erörterungs- und Begründungspflicht des Regionalplanungsträgers bei Planabweichung von den gemeindlichen Vorstellungen, da nur so eine nachprüfbare Abwägung regionaler und gemeindlicher Interessen gewährleistet ist.

Das niedersächsische Raumordnungsrecht erfüllt diese Ansprüche an eine gemeindliche Mindestbeteiligung nicht in allen Punkten[130]. Als völlig unzureichend muß die gesetzliche Beteiligungsregelung des § 8 Abs. 3 NROG gelten, wonach die Gemeinden den Entwurf des Regionalprogrammes zur Stellungnahme erhalten und gemeindliche Anregungen und Bedenken mit ihnen zu erörtern sind. Diese gemeindliche Partizipation geht kaum über die Verfahrensbeteiligung der sonstigen Träger öffentlicher Belange hinaus[131]. Daß sie erst nach Erstellung des Planentwurfs einsetzt, mindert ferner die Chancen gemeindlicher Einflußnahme. Auch fehlt es an einer Begründungspflicht des Regionalplanungsträgers, falls regionalplanerische Festlegungen von den gemeindlichen Vorstellungen abweichen.

Der Niedersächsische Verordnungsgeber hat nachträglich versucht, durch eine Rechtsverordnung gem. § 8 Abs. 8 NROG[132] die gemeindliche Partizipation zu präzisieren und in ihrem Umfang zu erweitern. Unabhängig von Zweifeln, ob die Partizipationsregelung dieser Verordnung noch mit dem gesetzlichen Wortlaut des § 8 Abs. 3 NROG im Einklang steht[133], reicht auch die dort verankerte Beteiligungsintensität nicht aus. Gegenüber der gesetzlichen Regelung führt sie lediglich zu einer frühzeitigeren Beteiligung der Gemeinde, da gem. § 5 Abs. 3 der Verordnung die Gemeinden bereits nach Bekanntgabe der Planungsabsichten des Regionalplanungsträgers die Gelegenheit erhalten, sich zu den Planungsabsichten zu äußern.

Die insgesamt sehr schwach ausgeprägte gemeindliche Partizipation an der Regionalplanung in Niedersachsen steht damit in deutlichem

---

[129] *Brohm*, VVDStRL 30 (1972), S. 245 (291); vgl. dazu ebenfalls *Roters*, Kommunale Mitwirkung, S. 84 ff.

[130] *Blümel* (Das verfassungsrechtliche Verhältnis, S. 18) hält die niedersächsische Regelung der gemeindlichen Beteiligung ebenso für nicht ausreichend; a. A. wohl *Sesselmann*, Übergang der Regionalplanung, S. 19.

[131] Die Erörterungspflicht zugunsten der Gemeinden (§ 8 Abs. 3 S. 2 NROG) gilt auch ohne ausdrückliche gesetzliche Normierung für die sonstigen Beteiligten, da ansonsten deren sachgerechte „Beteiligung“ im Sinne von § 8 Abs. 3 S. 1 NROG nicht möglich ist.

[132] Verordnung über das Verfahren zur Aufstellung und Abstimmung sowie über die Art der Darstellung der Regionalen Raumordnungsprogamme vom 26. 1. 1979 (GVBl. S. 15).

[133] Entsprechende Einwände bei *Blümel*, Das verfassungsrechtliche Verhältnis, S. 18, FN 76.

Gegensatz zur ansonsten sehr kommunalfreundlich ausgestalteten Organisation der Regionalplanung. Im Vergleich zur gemeindlichen Beteiligungspraxis der anderen Bundesländer[134] stellt die niedersächsische Regelung allerdings keine Ausnahme dar.

III. Das Verhältnis der Regionalplanung auf Kreisebene zu den Fachplanungen

Jede organisatorische Veränderung raumordnerischer Kompetenzen — wie sie Niedersachsen mit der Verlagerung der Regionalplanung auf die Kreise vorgenommen hat — ist auch im Hinblick auf Veränderungen im Verhältnis von Raumordnung und Fachplanung zu untersuchen. Dazu bedarf es zunächst der Klärung des Begriffs „Fachplanung", der im einzelnen recht unterschiedlich interpretiert wird. Zum Teil werden darunter nur jene Ressort-Planungen verstanden, die mit einem eigenen Planfeststellungsrecht ausgestattet sind[135]. Andere dagegen stellen lediglich auf den raumplanerischen Bezug der Planinhalte ab[136]. Im folgenden wird die Fachplanung verstanden als eine raumrelevante und nur auf einzelne Sachbereiche bezogene Planungsart[137]. Im Gegensatz zur Raumordnung, die als Gesamtplanung alle raumbedeutsamen Sachbereiche integriert, ist die Fachplanung ausschließlich auf einzelne Gegenstandsbereiche bezogen, wie z. B. Verkehr, Landwirtschaft, Naturschutz, Wasserwirtschaft, Verteidigung.

Umfang und Intensität fachplanerischer Aussagen sind in den vergangenen Jahren enorm angewachsen. So sind inzwischen — wie bereits dargestellt[138] — allein auf der Grundlage fachgesetzlicher Vorschriften rund 40 verschiedene Planfeststellungsverfahren außerhalb der allgemeinen Raumplanung (Bauleitplanung, Raumordnung) zu registrieren. Kritische Stimmen warnen vor einer noch weiteren „Planungszersplitterung"[139] und einer totalen „Verplanung" der davon Betroffenen[140]. Die Vielzahl dieser Fachplanungen gefährdet zunehmend den koordinierenden Anspruch der allgemeinen Raumordnung[141]. Denn das recht-

134 Vgl. B. I. 2.

135 *Ernst*, Verfassungsrechtliche Vorgaben, S. 16; *Wagener*, DVBl. 1970, S. 93; *Bielenberg* (Informationsbriefe für Raumordnung R 4.1.2., S. 3) unterscheidet zwischen Fachplanung im engeren (förmliche Planung) und im weiteren Sinne (auch alle nichtförmlichen Planungen der Fachressorts).

136 *Ley*, Stichwort „Fachplanung", in: HWB der Raumforschung und Raumordnung, Sp. 683.

137 So auch *Suderow*, Fachplanungen, S. 59.

138 Nachweise vgl. F. I. 2. FN 13.

139 *Püttner*, Stadtentwicklungsplanung, S. 41.

140 *Blümel*, VVDStRL 36 (1978), S. 252; *ders.*, Das verfassungsrechtliche Verhältnis, S. 12 f.

liche Verhältnis der Raumordnung zur Fachplanung läßt sich mit den herkömmlichen Methoden der Rechtssatzkonkurrenz nicht ausreichend lösen[142].

1. Berührungspunkte von Fachplanung und Raumordnung

Die horizontale Koordination der verschiedenen Fachplanungen mit der Raumordnung bereitet erhebliche Schwierigkeiten[143]. Denn die Beziehungen zwischen Raumordnung und Fachplanungen lassen sich nicht allein mit dem Vorrang der einen oder der anderen Planungsart erklären, sondern sind sehr viel differenzierter zu betrachten. Rechtliche Bindungswirkungen existieren in beiden Richtungen.

Die Einwirkungsmöglichkeiten der *Raumordnung auf die Aussagen der Fachplanungen* finden ihre rechtliche Grundlage in den allgemeinen Bindungsvorschriften des BROG, des NROG und in den Raumordnungsklauseln der Fachplanungsgesetze. Die raumordnungsrechtlichen Vorschriften des § 5 Abs. 4 in Verbindung mit § 4 Abs. 5 BROG und § 9 NROG[144] begründen eine Bindung aller öffentlichen Planungsträger an die Ziele[145] der Raumordnung und Landesplanung[146]. Diese Vorschriften begründen also unmittelbare Rechtswirkungen der Raumordnungsziele gegenüber den einzelnen Fachplanungsträgern. Verfahrensrechtliche Regelungen dazu, wie die materiellrechtliche Bindungswirkung des § 5 Abs. 4 BROG (§ 9 NROG) verwirklicht werden kann, fehlen jedoch weitgehend[147]. Die Bindungswirkung der Fachplanungen an die Raumordnung wird außerdem konkretisiert in den sog. Raumordnungsklauseln der meisten Fachplanungsgesetze. In materieller Hinsicht enthalten diese Raumordnungsklauseln in der Regel eine Ver-

---

141 Vgl. dazu insbesondere *Schulz zur Wiesch*, Informationen zur Raumentwicklung 1979, S. 449 (451 f.).

142 *Schmidt-Aßmann*, Fortentwicklung des Rechts, S. 41; zum rechtlichen Verhältnis der Raumordnung zur Fachplanung vgl. ferner das Rechtsgutachten von *Forsthoff / Blümel*, Raumordnungsrecht und Fachplanungsrecht, pass.

143 Vgl. dazu *Finckenstein*, DöV 1969, S. 56 (58); *Suderow*, Fachplanungen, S. 1; *Schulz zur Wiesch*, Informationen zur Raumentwicklung, 1979, S. 449 ff.; *Scharpf / Schnabel*, Informationen zur Raumentwicklung 1978, S. 29 ff.

144 Die nds. Regelung des § 9 NROG ist im wesentlichen identisch mit der bundesrechtlichen Vorschrift des § 5 Abs. 4 BROG. Zu den anderen Länderregelungen vgl. *Suderow*, Fachplanungen, S. 17 f.

145 Zur Bindung an die Grundsätze der Raumordnung (§ 2 BROG) vgl. § 3 BROG.

146 Mit Ausnahme des § 6 BROG; für die dort benannten privilegierten Bundesfachplanungen gilt die Bindungswirkung des § 5 Abs. 4 BROG nur dann, wenn der jeweilige Planungsträger im Aufstellungsverfahren beteiligt worden ist und dabei den Planungen des Raumordnungsprogramms nicht widersprochen hat.

147 Im einzelnen dazu *Suderow*, Fachplanungen, S. 113.

pflichtung der Fachplanung zur Berücksichtigung der Erfordernisse der Raumordnung[148]. Der verfahrensrechtliche Teil der Raumordnungsklauseln[149] regelt, in welchem Verfahren über die Berücksichtigung der Raumordnungserfordernisse zu entscheiden ist[150]. *Forsthoff / Blümel*[151] haben in diesem Zusammenhang die Frage untersucht, ob die bereits vor Inkrafttreten des BROG vorhandenen Raumordnungsklauseln noch fortgelten. Vergleicht man die Raumordnungsklauseln der Fachplanungsgesetze mit den Bindungsvorschriften der Raumordnungsgesetze, so ist festzustellen, daß die materielle Bindungswirkung in den Raumordnungsklauseln inhaltlich weitergehend ist[152]. Denn während die Raumordnungsgesetze nur die Bindung an Grundsätze und Ziele der Raumordnung manifestieren, sprechen die meisten Fachplanungsgesetze von den „Erfordernissen" der Raumordnung[153].

Inwieweit andererseits die *Fachplanungen auf die Inhalte der Raumordnungspläne* einwirken, ist abhängig von der Rechtsqualität der fachplanerischen Aussagen. Während ein nicht unbedeutender Teil der Fachplanungen keine rechtsverbindlichen Wirkungen entfaltet, beinhalten ebenso zahlreiche Fachplanungsgesetze eigene Verfahren zur rechtsverbindlichen Bestimmung fachplanerischer Festlegungen. Rechtsverbindliche Wirkung für alle am Verfahren beteiligten Behörden sehen u. a. die verschiedenen Planfeststellungsverfahren vor, die in vielen Fachplanungsgesetzen vorgesehen sind[154]. Gegenstand des Planfeststellungsverfahrens ist dabei immer ein konkretes Vorhaben in seinen öffentlich-rechtlichen Beziehungen zu den am Verfahren Beteiligten[155]. Dabei ist zu berücksichtigen, daß im Rahmen der Planfeststellung über die Zulässigkeit des Vorhabens auch im Hinblick auf die Belange der Raumordnung entschieden wird. Dem entspricht auch die Mitwirkung des jeweiligen Trägers der Raumordnung an dem Planfeststellungsverfahren[156].

---

148 Die bis 1963 in Bundesgesetzen geschaffenen Raumordnungsklauseln sind im 1. Bericht der Bundesregierung über die Raumordnung vom 1. 10. 1963 enthalten, vgl. BT-Drucksache IV/1492, S. 53 ff.; zu weiteren Raumordnungsklauseln vgl. *Suderow*, Fachplanungen, S. 59 ff., sowie *Forsthoff / Blümel*, Raumordnungsrecht und Fachplanungsrecht, S. 29 ff.

149 Allerdings enthalten zahlreiche Raumordnungsklauseln keine verfahrensmäßige Regelung zur materiellen Bindungsvorschrift, so z. B. § 6 LuftVG, § 37 Abs. 2 FlurberG, § 13 BWaStrG.

150 Vgl. z. B. die verfahrensrechtliche Regelung des § 16 Abs. 1 FStrG.

151 *Forsthoff / Blümel*, Raumordnungsrecht und Fachplanungsrecht, pass.

152 *Suderow*, Fachplanungen, S. 77.

153 So z. B. die in FN 149 genannten Gesetze.

154 So u. a. §§ 17 ff. Fernstraßengesetz, §§ 8 ff. Luftverkehrsgesetz, § 14 Bundeswasserstraßengesetz, § 28 Personenbeförderungsgesetz, §§ 41, 58 Flurbereinigungsgesetz.

155 § 75 Abs. 1 VwVfG.

156 *Suderow* (Fachplanungen, S. 95 ff.) untersucht im einzelnen die Stellung der Landesplanung in den verschiedenen Planfeststellungsverfahren.

Eine nur behördeninterne Verbindlichkeit[157] entfalten jene Fachplanungen, denen gesetzlich keine eigenen rechtsverbindlichen Instrumente eingeräumt werden. Folglich sind auch die Träger der Regionalplanung an Planungen dieser Art nicht gebunden. Als Beispiel einer Fachplanung ohne rechtsverbindlichen Charakter gilt die Landschaftsplanung[158]. Die auf mehreren Planungsebenen in Form von Landschaftsprogrammen, Landschaftsrahmenplänen und Landschaftsplänen[159] erarbeiteten Zielvorstellungen entfalten gegenüber Behörden außerhalb der Naturschutzverwaltung keine verbindliche Rechtswirkung[160].

Voraussetzung für eine Verwirklichung von Planungen ist jedoch eine ausreichende Bindungswirkung. Soweit die Fachgesetze selbst dies nicht ermöglichen, bietet sich als weitere Möglichkeit die Übernahme von fachplanerischen Aussagen in die allgemeinen Raumordnungsprogramme an. Werden fachplanerische Aspekte in den Raumordnungsprogrammen zu Raumordnungszielen bestimmt, so ist damit gleichzeitig deren Rechtsverbindlichkeit gewährleistet. Die mit einer solchen Integration von Fachplanungen in das Regionale Raumordnungsprogramm verbundenen Probleme sollen im folgenden näher dargestellt werden.

---

157 Unter „behördeninterne Verbindlichkeit" wird hier verstanden die eigene Bindung der Fachbehörde sowie der ihr zugeordneten und weisungsgebundenen Verwaltungsträger. Keine Bindung entsteht demnach für sonstige Träger öffentlicher Verwaltung (z. B. Gemeinden). *Bielenberg / Erbguth* (BROG, § 5 Rdnr. 70) benutzen dagegen den Begriff der behördeninternen Verbindlichkeit weitergehend.

158 Siehe dazu § 5 ff. des Bundesnaturschutzgesetzes (Rahmengesetz) vom 20. 12. 1976 (BGBl. S. 3574, 1977 S. 650); in Nds. den Entwurf eines Gesetzes über Naturschutz und Landschaftspflege (NNatSchG) vom 28. 9. 1978, LT-Drucksache 9/150; eine eigene Rechtsverbindlichkeit erlangt die Landschaftsplanung lediglich in NRW, vgl. dazu § 10 und §§ 23 ff. des Landschaftsgesetzes vom 18. 2. 1975 (GV S. 190) sowie *Fatheuer*, der Landkreis 1978, S. 386 (387).

159 Nach dem Entwurf des NNatSchG vom 28. 9. 1978, LT-Drucksache 9/150, sollen Landschaftsrahmenplan *und* Landschaftsplan von den Landkreisen erstellt werden (§§ 5, 6, 40 Abs. 2 Entwurf NNatSchG). *Blümel* (Das verfassungsrechtliche Verhältnis, S. 30) hält diese Zuständigkeitsregelung für verfassungswidrig und für einen Verstoß gegen die §§ 5 und 6 des Bundesnaturschutzgesetzes (BGBl. I 1976, S. 3574). Zum rechtlichen Verhältnis von überörtlicher Landschaftsplanung und Raumordnungsplanung vgl. ferner *Hendler*, Natur und Recht 1981, S. 41.

160 Mit Ausnahme von NRW (vgl. FN 158); mittelbar kann der Landschafts-(rahmen-)plan allerdings als Grundlage für den Einsatz von Fördermitteln und als Handlungsrichtlinie für die untere Naturschutzbehörde erhebliche faktische Bedeutung haben; so auch Begründung zum Entwurf des NNatSchG vom 28. 9. 1978, LT-Drucksache 9/150, S. 53.

2. Probleme einer Integration von fachplanerischen Aussagen in das Regionale Raumordnungsprogramm

Die rechtliche Grundlage für die Integration von Fachplanungen in das Regionale Raumordnungsprogramm bildet § 6 Abs. 2 Buchst. e NROG. Danach sollen raumbeanspruchende und raumbeeinflussende Fachplanungen, soweit diese Planungen für die Entwicklung des Planungsraumes von Bedeutung sind, im Regionalen Raumordnungsprogramm festgelegt werden.

a) Übernahme rechtsverbindlicher Fachplanungen

§ 6 Abs. 2 Buchst. e NROG differenziert nicht nach bereits verbindlichen Fachplanungen. Soweit die Fachplanung bereits aufgrund eines eigenen fachgesetzlichen Verfahrens für ein konkretes Vorhaben rechtsverbindliche Wirkung erlangt hat (z. B. die Festlegung eines Wasserschutzgebietes durch ein förmliches Verfahren gem. §§ 39 ff. NWG[161]), wird dieses fachplanerische Ergebnis unverändert in das Raumordnungsprogramm übernommen. Eine solche Übernahme bereits rechtsverbindlicher fachplanerischer Festlegungen in das Raumordnungsprogramm hat aber nicht nur einen nachrichtlichen Wert. Denn der fachgesetzliche Schutz des fachplanerischen Ergebnisses (z. B. Bestimmungen zum Schutz eines Wasserschutzgebietes gem. § 40 NWG) wird durch die Übernahme in das Regionale Raumordnungsprogramm ergänzt um den Sicherungsschutz, wie er für raumordnerische Ziele zur Verfügung steht (so die Sicherungsmittel der §§ 14 - 16 NROG). Diese raumordnerische Sicherungsfunktion des Regionalplanes kommt nunmehr auch zum Ausdruck in dem neuen Planzeichen „vorhanden und zu sichern“[162] gegenüber dem bisher benutzten Zeichen „vorhanden“.

b) Übernahme nicht rechtsverbindlicher Fachplanungen

Das Ziel der Übernahme unverbindlicher Fachplanungen in das Raumordnungsprogramm ist demgegenüber weitergehend darauf abgestellt, die fachplanerischen Aussagen zu Raumordnungszielen zu transformieren, um dadurch die Bindungswirkung gem. § 9 NROG zu begründen[163]. Denn nur rechtsverbindliche Planziele bieten der Fachplanungsbehörde die Möglichkeit, ihre Planungsvorstellungen mit verbindlicher Wirkung für die gemeindliche Bauleitplanung und sonstige

[161] Niedersächsisches Wassergesetz (NWG) vom 1. 12. 1970 (GVBl. S. 457), zuletzt geändert durch Gesetz vom 1. 2. 1978 (GVBl. S. 81).

[162] Vgl. Anlage zu § 3 Abs. 1 der Verordnung über das Verfahren zur Aufstellung und Abstimmung sowie über die Art der Darstellung der Regionalen Raumordnungsprogramme vom 26. 1. 1979 (Nds. GVBl. S. 15).

[163] So auch *Piest*, der Landkreis 1975, S. 22 (24).

Planungsträger durchzusetzen. In zunehmendem Maße streben daher die Fachressorts danach, die von ihnen erstellten Fachpläne in die Regionalen Raumordnungsprogramme übernehmen zu lassen[164].

aa) Rechtliche Grenzen für die Übernahme von Fachplanungen

§ 6 Abs. 2 Buchst. e NROG stellt eindeutig klar, daß für die Übernahme nicht nur eigene Fachplanungen des Trägers der Regionalplanung, sondern auch Fachplanungen sonstiger Behörden in Betracht kommen. Als Grenze der Integration bestimmt diese Vorschrift das Kriterium der Raumrelevanz sowie die regionale Bedeutung der Fachplanung.

Raumrelevante Fachplanungen sind gem. § 6 Abs. 2 Buchst. e NROG solche mit raumbeanspruchender und raumbeeinflussender Wirkung. Eine gesetzliche Definition dieser Begriffe enthält § 3 Abs. 1 BROG. Raum*beanspruchend* sind danach solche Maßnahmen, „die Grund und Boden in Anspruch" nehmen[165]. Die derzeitige Praxis der Regionalplanung in Niedersachsen beschränkt sich noch im wesentlichen auf die Festlegung von raumbeanspruchenden Fachplanungen (Verkehr, Landespflege und Erholung, Wasserwirtschaft, Abfallbeseitigung, Verteidigung)[166]. Der Anwendungsbereich des § 6 Abs. 2 Buchst. e NROG erfaßt jedoch darüber hinaus auch die raum*beeinflussenden* Fachplanungen; das sind gem. § 3 Abs. 1 BROG alle Maßnahmen, die „die räumliche Entwicklung eines Gebietes beeinflussen". Weder raumbeanspruchend noch raumbeeinflussend sind die sog. raumirrelevanten Aufgaben[167] (z. B. Sozialhilfe, Lastenausgleich, Katasterwesen, Personalwesen), die folglich nicht als Fachplanung in das Regionale Raumordnungsprogramm übernommen werden können[168].

Die Abgrenzung zwischen raumirrelevanten und raumbeeinflussenden Fachplanungen ist vielfach schwierig. *Zinkahn / Bielenberg* unterscheiden die raumbeeinflussenden Maßnahmen nach ihrer unmittelbaren oder mittelbaren Raumwirksamkeit[169]. Unmittelbar raumwirksame Maßnahmen bezwecken die Raumbeeinflussung (z. B. Fördermit-

---

164 *Sesselmann*, Übergang der Regionalplanung, S. 17; so auch Nds. Landkreistag, Anlage zum RdSchr. Nr. 34/1978, S. 8.

165 Zu der früher in diesem Sinne herrschenden Bodennutzungstheorie vgl. *Zinkahn / Bielenberg*, BROG, § 3 Rdnr. 8.

166 Vgl. beispielhaft für die derzeitigen Bezirksraumordnungsprogramme das Regionale Raumordnungsprogramm für den Regierungsbezirk Osnabrück vom 15. 3. 1976 (Amtsblatt für den Reg.Bez. Nr. 6 A/1976), S. 3 (Inhaltsverzeichnis).

167 Zu diesem Begriff *Lehmann-Grube*, Planung, in: Verwaltungsregion, S. 70 (71).

168 Ob die raumirrelevanten Aufgaben Gegenstand der Entwicklungsplanung sind, ist streitig, vgl. dazu *Ernst*, Verfassungsrechtliche Vorgaben, S. 9.

169 *Zinkahn / Bielenberg*, BROG, § 3 Rdnr. 8.

tel zur Landschaftspflege), während raumbeeinflussende Maßnahmen mit nur mittelbarer Raumwirkung primär andere öffentliche Zwecke verfolgen, dabei aber die Raumwirkung als Nebeneffekt auftritt (z. B. Maßnahmen der Wirtschaftsförderung). Beide Kategorien raumbeeinflussender Planung sind demnach auf die Vorschrift des § 6 Abs. 2 Buchst. e NROG anzuwenden[170].

Als Voraussetzung für die Integration muß die Fachplanung gem. § 6 Abs. 2 Buchst. e NROG ferner „für die Entwicklung des Planungsraumes von Bedeutung" sein. Die fachplanerischen Aussagen müssen sich demnach auf „regional" bedeutsame Regelungen beschränken. Art und Dichte der regionalplanerischen Festlegung haben sich dabei allein am regionalen Interesse zu orientieren[171]. Dies schließt allerdings gemeindeinterne Festlegungen nicht aus. Denn der Wegfall gemeindeinterner regionalplanerischer Funktionszuweisungen in Niedersachsen gilt nur für einige Festlegungen zur Siedlungsentwicklung[172], nicht aber für die sonstigen Planaussagen des Regionalplanes.

Solche innerörtlichen fachplanerischen Festlegungen sind auch aus sachlichen Gründen nicht verzichtbar. Dies gilt insbesondere im Bereich zukunftssichernder Flächenfreihaltung. So wird z. B. die Ausweisung von Wassergewinnungsgebieten, von Rohstoffsicherungsgebieten oder von regionalen Verkehrslinien[173] zwangsläufig innerörtliche Festlegungen erforderlich machen, falls diese Planinhalte von überörtlicher, d. h. von regionaler Bedeutung sind[174].

bb) Rechtliche Voraussetzungen für die Übernahme von Fachplanungen

Die Landkreise als Träger der Regionalplanung sind selbstverständlich nicht gezwungen, fachplanerische Ergebnisse unverändert in das Regionale Raumordnungsprogramm zu übernehmen. Vielmehr gebietet es die koordinierende Funktion der Regionalplanung, die fachplane-

170 So auch *Zinkahn / Bielenberg*, BROG, § 3 Rdnr. 8. Eine solchermaßen extensive Auslegung des Begriffes „raumbeeinflussend" hat auch Konsequenzen für die Bindungswirkung des § 5 Abs. 4 BROG. Die Gemeinden z. B. müssen demnach alle raumwirksamen Maßnahmen im weitesten Sinne (z. B. gemeindliche Finanzplanung mit Raumauswirkung) den Zielen der Landesplanung unterordnen. Zu diesem bisher wenig geklärten Aspekt vgl. *Bielenberg*, in: Ernst / Zinkahn / Bielenberg, BBauG, Anhang zur Einleitung, Rdnr. 67.

171 *Lange*, Informationen zur Raumentwicklung 1979, S. 441 (446).

172 Vgl. F. II. 2.

173 Zur Art der Plandarstellung dieser Festlegungen vgl. die entsprechenden Planzeichen in der Anlage zu § 3 Abs. 1 der Verordnung über das Verfahren zur Aufstellung und Abstimmung sowie über die Art der Darstellung der Regionalen Raumordnungsprogramme vom 26. 1. 1979 (GVBl. S. 15).

174 Zum Aspekt der gemeindlichen Beteiligung an solchen innerörtlichen Festlegungen vgl. bereits F. II. 3.

rischen Aussagen vorher sowohl mit anderen raumrelevanten Maßnahmen und Planungen (ggf. widerstreitenden anderen Fachplanungen[175]) wie auch mit den sonstigen raumordnerischen Zielen der Regionalplanung abzustimmen. Denn es dürfen im Raumordnungsprogramm keine Festlegungen getroffen werden, die sich in ihren räumlichen Zielaussagen gegenseitig ausschließen[176]. Daher wird es in aller Regel nicht zur unveränderten Übernahme einer Fachplanung kommen. Vielmehr wird nach erfolgter Abstimmung mit dem jeweiligen Fachplanungsträger und den Trägern evtl. konkurrierender Fachplanungen[177] das bereits korrigierte Plankonzept auszurichten sein auf die angestrebte Entwicklung des Planungsraumes. In diesem Prozeß werden also die räumlichen Leitvorstellungen des Regionalplanungsträgers darüber entscheiden müssen, in welchem Umfang und mit welchem Inhalt fachplanerische Aussagen in das Regionale Raumordnungsprogramm übernommen werden. Das dem Regionalplanungsträger hierfür zustehende Planungsermessen[178] ergibt sich in Niedersachsen bereits aus der Einordnung der Regionalplanung als Angelegenheit des eigenen Wirkungskreises[179].

Soweit die Kreise selbst zum Träger einer Fachplanung bestimmt sind, werden ihnen diese fachplanerischen Aufgaben zum Teil als weisungsgebundene Angelegenheiten zugewiesen. So sind die Kreise in Niedersachsen nach dem Entwurf des Nds. Naturschutzgesetzes als untere Naturschutzbehörde den Weisungen der übergeordneten Fachbehörden unterworfen[180]. Das Nebeneinander von weisungsgebundener Fachplanung und weisungsfreier Regionalplanung bei den Kreisen führt dann nicht zum Widerspruch, wenn beide Aufgabenbereiche sachgerecht voneinander abgegrenzt werden. So ist der Kreis als untere Naturschutzbehörde weisungsgebunden, soweit es um Planungen oder Maßnahmen aus fachplanerischer Sicht geht. Die Entscheidung hingegen, welche fachplanerischen Aussagen zum Naturesschutz der Kreis gem. § 6 Abs. 2 Buchst. e NROG in das Regionale Raumordnungsprogramm übernimmt, obliegt ihm als Träger der Regionalplanung und damit als weisungsfreie Angelegenheit.

---

175 Konflikte können z. B. entstehen zwischen den Fachplanungen „Naturschutz" einerseits und „Erholungsnutzung" andererseits; vgl. dazu der Bundesminister für Ernährung, Landschaftsplanung, S. 19.

176 So ausdrücklich § 1 Abs. 2 der Verordnung über das Verfahren zur Aufstellung und Abstimmung sowie über die Art der Darstellung der Regionalen Raumordnungsprogramme vom 26. 1. 1979 (Nds. GVBl. S. 15).

177 Vgl. FN 175.

178 *Sesselmann*, Übergang der Regionalplanung, S. 17, spricht allgemein von der Ermessensfreiheit des Planungsträgers.

179 § 7 Satz 2 NROG.

180 So § 40 Abs. 2 Satz 1 Entwurf NNatSchG, LT-Drucksache 9/150; kritisch hierzu *Blümel*, Das verfassungsrechtliche Verhältnis, S. 31 f.

Die Integration fachplanerischer Aussagen in das Regionale Raumordnungsprogramm erfordert — wie bereits dargestellt — einen intensiven Abstimmungsprozeß mit anderen ggf. konkurrierenden Planungen und Maßnahmen. Um dafür die koordinierende Funktion der Regionalplanung zu gewährleisten, ist eine verwaltungsorganisatorische Trennung der Funktionen Regionalplanung und Fachplanung innerhalb der Kreisverwaltung notwendig[181]. Denn geschieht dies nicht, so würde der Regionalplaner in Personalunion zunächst eine Planung „Naturschutz" unter fachplanerischen Aspekten erstellen, um dann in einem nächsten Schritt diese von ihm selbst erstellte Fachplanung unter raumordnerischen Kriterien zwecks Aufnahme in das Regionale Raumordnungsprogramm zu beurteilen. Soweit bisher bereits ein Überblick über die personelle Ausstattung der Regionalplanungsstellen möglich ist, muß man leider feststellen, daß bei der Mehrheit der Kreise in Niedersachsen eine solche abzulehnende Aufgabenverknüpfung erfolgt[182].

3. Die Bedingungen für eine Integration von Fachplanungen in das Regionale Raumordnungsprogramm auf der Kreisebene

Von der Integration von Fachplanungen in das Regionale Raumordnungsprogramm ist bisher in Niedersachsen von den Regierungspräsidenten als (frühere) Träger der Regionalplanung nur sehr zurückhaltend Gebrauch gemacht worden[183]. Zwar enthalten alle Bezirksraumordnungsprogramme Abschnitte zu den Fachplanungen Verkehr, Landespflege und Erholung, Wasserwirtschaft, Abfallbeseitigung und Immissionsschutz, Energieversorgung und Verteidigung[184], jedoch erschöpfen sich die dort getroffenen Festlegungen in relativ allgemein gehaltenen Formulierungen[185].

Die Ursache für die relativ aussageschwachen fachplanerischen Inhalte der Regionalen Raumordnungsprogramme ist u. a. in der räumlichen Größe der alten Regierungsbezirke zu sehen. Denn ein höheres

181 Der Nds. Landkreistag empfiehlt daher auch im Anhang zum RdSchr. 34/1978 (S. 22) unmißverständlich: „Das Amt für Regionalplanung sollte nicht für die Aufstellung von Fachplanungen zuständig sein." Ähnlich *Zimmermann / Ahrens / Rosenfeld*, Neues Archiv für Niedersachsen 1979, S. 565 (567).

182 Näheres dazu bei *Zimmermann / Ahrens / Rosenfeld*, S. 565 (567).

183 So auch *Pühl*, Organisation der Regionalplanung, S. 110.

184 Vgl. die einzelnen Bezirksraumordnungsprogramme: Regierungsbezirk Aurich 1976, Verwaltungsbezirk Braunschweig 1975, Regierungsbezirk Hannover 1976, Regierungsbezirk Hildesheim 1977, Regierungsbezirk Lüneburg 1976, Verwaltungsbezirk Oldenburg 1976, Regierungsbezirk Osnabrück 1976, Regierungsbezirk Stade 1976.

185 Sehr viel detaillierter ist dagegen das Regionale Raumordnungsprogramm Großraum Hannover 1975, das im zeichnerischen Teil allein 9 Pläne unter speziellen Fachgesichtspunkten enthält.

Maß an Aussagebreite der planerischen Festlegungen erfordert einen intensiveren Kontakt des Trägers der Regionalplanung zu den Gemeinden[186], der verständlicherweise bei sehr großen Planungsräumen wesentlich schwieriger ist. Es ist daher zu erwarten, daß die neuen Regionalen Raumordnungsprogramme auf Kreisebene in der Lage sein werden, fachplanerische Aussagen in stärkerem Umfang als bisher zu integrieren. Ein Anhaltspunkt für diese Erwartung ist die für die Regionalen Raumordnungsprogramme nunmehr vorgegebene Planzeichen-Verordnung[187], die sehr viel differenziertere Festlegungen ermöglicht, als sie bisher in den Bezirks-Raumordnungsprogrammen enthalten waren[188]. So enthält die neue Planzeichen-Verordnung z. B. nur im Abschnitt Verkehr insgesamt 71 verschiedene Planzeichen, das ist gegenüber den bisherigen Ausweisungen[189] in diesem Bereich das Drei- bis Vierfache an unterschiedlichen Festsetzungsmöglichkeiten.

Im Ergebnis ist also infolge der Verlagerung der Regionalplanung auf die Kreise eine deutlich stärkere Integration fachplanerischer Aussagen für die Regionalen Raumordnungsprogramme zu erwarten[190]. Diese Erwartung wird gestützt durch die Tatsache, daß die Kreise bereits heute Träger zahlreicher raumbedeutsamer Fachplanungen sind[191]. Die beim Kreis gewährleistete Aufgabenverknüpfung von Regionalplanung und Fachplanung bietet somit gegenüber dem ausschließlichen Planungsverband bessere Voraussetzungen für die regionalplanerische Integration fachplanerischer Aussagen.

Die Vorteile einer solchen stärkeren Integration von Fachplanungen ergeben sich aus den folgenden Gesichtspunkten:

— Bindungswirkung der fachplanerischen Ziele gem. § 9 NROG[192],

— Möglichkeiten einer vorausschauenden Flächensicherung,

— Gesamtraum-Bezug der fachplanerischen Aussagen.

Die Erlangung der Bindungswirkung raumbezogener Aussagen wird für all diejenigen Fachplanungsträger von besonderer Bedeutung sein,

186 *Pühl*, Organisation der Regionalplanung, S. 110.

187 Vgl. FN 173.

188 Eine Verordnung über die Planzeichen für die alten Bezirksraumordnungsprogramme gab es nicht.

189 Zu den bisher gebräuchlichen Planzeichen vgl. die einzelnen Bezirksraumordnungsprogramme (FN 184).

190 So auch die Begründung zum Entwurf einer Verordnung über das Verfahren zur Aufstellung und Abstimmung der Regionalen Raumordnungsprogramme vom 30. 5. 1978, S. 17 (unveröffentlichtes Manuskript); *Schmidt-Aßmann* (DöV 1981, S. 237 [238]) spricht in diesem Zusammenhang von einem „Kampf der Fachplanungsträger um die Regionalplanung".

191 Überblick dazu bei *von der Heide*, der Landkreis 1978, S. 509 ff.; vgl. auch E. II. 2.

192 Dazu *Piest*, der Landkreis 1975, S. 22 (24).

denen ein fachgesetzliches Instrumentarium (z. B. Planfeststellungsverfahren) für rechtsverbindliche Festlegungen nicht zur Verfügung steht. Dies gilt — wie bereits ausgeführt — beispielsweise für die Landschaftsplanung. So sind die Landschaftsprogramme, Landschaftsrahmenpläne und Landschaftspläne nach den §§ 4 - 6 des Entwurfes des Nds. Naturschutzgesetzes ohne eine eigene Rechtsverbindlichkeit außerhalb der weisungsgebundenen Fachbehörden[193]. Soweit die raumbedeutsamen Aussagen dieser Fachpläne im Anschluß an die notwendige Abstimmung in das Regionale Raumordnungsprogramm aufgenommen werden, nehmen sie an dessen Rechtswirkung teil (§ 9 NROG).

Aber auch für die Fachplanungen mit eigener Rechtsverbindlichkeit bietet die Integration die Möglichkeit, bereits vor dem Eintritt der fachgesetzlichen Bindungswirkung eine vorausschauende und zukunftsorientierte Flächensicherung zu betreiben. Dies kann immer dann von Bedeutung sein, wenn die rechtlichen Voraussetzungen für eine fachgesetzliche Raumsicherung noch nicht vorliegen oder tatsächliche Gründe dem noch entgegenstehen. Dieser Gesichtspunkt wird insbesondere in den Sachbereichen von Bedeutung sein, die eine sehr langfristige Infrastruktur-Vorsorge erfordern (u. a. Wasserversorgung, Abwasserbeseitigung, Abfallbeseitigung, Verkehrsverbindungen). So läßt sich z. B. ein für die übergemeindliche Wasserversorgung bedeutsames Gebiet mit wichtigem Wasservorkommen bereits räumlich sichern, bevor das fachgesetzliche förmliche Verfahren nach den §§ 39 NWG abgeschlossen sein kann.

Entsprechend dieser wichtigen Funktion erfolgt die Festlegung der meisten fachplanerischen Aussagen im Regionalen Raumordnungsprogramm nunmehr klar getrennt nach folgenden Kategorien:

— „Vorhanden und zu sichern" — für die bereits fachgesetzlich rechtsverbindlich bestimmten Räume,

— „erforderlich und von entgegenstehenden Nutzungen freizuhalten" — für raumordnerische Flächensicherung *vor* der fachgesetzlichen Festlegung[194].

Ein weiterer Vorteil der Integration ergibt sich aus dem Gesamtraum-Bezug der Inhalte des Regionalen Raumordnungsprogramms. Die Übernahme der fachplanerischen Aussagen ermöglicht eine bessere Einfügung in ein räumliches Gesamtkonzept im Gegensatz zur isolierten und mit anderen Fachplanungen nicht abgestimmten Einzelpla-

---

[193] Begründung zu § 5 Entwurf Nds. Naturschutzgesetz vom 28. 9. 1978, LT-Drucksache 9/150, S. 52 f.

[194] Die weitere Kategorie „erforderlich, bedarf weiterer Abstimmung", die für den Bereich Verkehr gilt, entfaltet noch keine flächensichernde Bindungswirkung. Zu den Planzeichen vgl. die Planzeichen-Verordnung (FN 173).

nung. Sie leistet daher einen wesentlichen Beitrag, die Vielfalt staatlicher und kommunaler raumbeeinflussender Planungen durch Koordination zu harmonisieren und damit überschaubarer und letztlich auch wirkungsvoller zu gestalten. Durch die Integration fachplanerischer Aussagen in das Regionale Raumordnungsprogramm auf der Kreisebene kann ferner die zunehmende Entkommunalisierung öffentlicher Aufgabenbereiche[195] begrenzt werden zugunsten einer Erweiterung kommunaler Handlungsspielräume. Dieser positive Aspekt der Kreisträgerschaft zeigt sich insbesondere bei den ansonsten weisungsgebundenen raumrelevanten Kreisaufgaben (z. B. der Naturschutz), die im Hinblick auf ihre Integration in das Regionale Raumordnungsprogramm fachaufsichtlichen Weisungen entzogen sind. Der Integrationsprozeß bewirkt in aller Regel eine Modifizierung der fachplanerischen Aussagen aufgrund der notwendigen Abstimmung mit anderen Fachplanungen und mit den Zielsetzungen der Raumordnung[196]. Somit besteht die nicht unerhebliche Einflußmöglichkeit des Trägers der Regionalplanung, durch die Integration von Fachplanungen eigene verbindliche Zielaussagen in diesen Bereichen zu formulieren.

Für die Gemeinde ergibt sich aus der Integration die Chance, mehr als bisher auf die fachplanerischen Inhalte Einfluß zu nehmen. Denn wenn die Intensität der gemeindlichen Beteiligung im Rahmen der Aufstellung des Regionalen Raumordnungsprogramms der kondominalen Aufgabenstruktur der Regionalplanung gerecht wird[197], so werden die Gemeinden damit wesentlich mehr Einwirkungsmöglichkeiten haben als in den meisten isolierten fachplanerischen Verfahren. Die Gemeinden sollten diese Chance zur gewichtigen inhaltlichen Mitgestaltung nutzen.

---

[195] *Blümel*, Das verfassungsrechtliche Verhältnis, S. 7; die Nds. Sachverständigenkommission zum Kommunalverfassungsrecht (S. 10, Ziff. 1.1.2.8) weist auf die Tendenz hin, kommunale Aufgaben immer stärker staatlich zu normieren.

[196] Vgl. dazu bereits F. III. 2. b) bb).

[197] Vgl. F. II. 3.

G. Die kreisfreien Städte als Träger der Regionalplanung

Mit der Übertragung der Regionalplanung auf die Landkreise entstand für den niedersächsischen Gesetzgeber gleichzeitig die Notwendigkeit, die regionalplanerische Zuständigkeit im Bereich der kreisfreien Städte zu regeln. Gem. § 7 NROG wurden auch die kreisfreien Städte zu Trägern der Regionalplanung bestimmt, wobei der Flächennutzungsplan das Regionale Raumordnungsprogramm ersetzt (§ 8 Abs. 1 NROG). Dies bedeutet, daß es zukünftig für die kreisfreien Städte keine regionalplanerischen Vorgaben mehr gibt und somit die hochstufige Landesplanung die einzige raumordnerische Vorgabe darstellt.

Auch die bisherigen Großraumverbände Hannover und Braunschweig sind inzwischen durch Gesetz aufgelöst worden[1], so daß zukünftig 9 kreisfreie Städte in einer Größenordnung von 53 000 Einwohnern (Emden) bis zu 549 000 Einwohnern (Hannover)[2] das Regionale Raumordnungsprogramm durch den eigenen Flächennutzungsplan ersetzen können. Im Mittelpunkt der wissenschaftlichen Diskussion zu diesem Problemkreis steht fast ausschließlich die kritische Auseinandersetzung mit der Auflösung der niedersächsischen Großraumverbände[3]. Dies nicht zuletzt deswegen, weil gerade der Großraumverband Hannover sehr lange als ein gelungener Modellfall zur Anpassung einer Verwaltungsorganisation an verdichtungsräumliche Verflechtungen angesehen wurde[4].

---

1 Vgl. A. II., FN 35 und 36; Die Fraktion der SPD im Nds. Landtag hatte im Landtag einen Gesetzentwurf zur Änderung des Gesetzes über den Großraum Hannover eingebracht, vgl. Entwurf vom 27. 11. 1979 (LT-Drucksache 9/1200). Danach sollte der Großraumverband mit reduziertem Aufgabenbestand erhalten werden.

2 Vgl. C. I. 2. Siehe zu den Zahlen auch *von Unruh*, Gebiets- und Verwaltungsreform, S. 87.

3 *Adrian*, DöV 1978, S. 345; *Güldenberg*, Informationen zur Raumentwicklung 1979, S. 227; *Poeschel*, DöV 1977, S. 231; *Pühl*, Organisation der Regionalplanung, S. 105; *Sesselmann*, Übergang der Regionalplanung, S. 28; *Weyl*, AfK 16 (1977), S. 178; vgl. ferner die Beiträge im Sammelband der Friedrich-Naumann-Stiftung, Der Stadt-Umland-Verband, pass.; zur Situation in den anderen Bundesländern vgl. *Schröder*, Die Verwaltung 1979, S. 1 ff.

4 So *Adrian*, DöV 1978, S. 345 (348); *Weyl* (AfK 16 [1977], S. 178 [190]) bezieht die positive Wertung nur auf das für den Großraumverband Hannover bis 1974 geltende erste Verbandsmodell.

I. Die raumplanerischen Bedingungen in den Verdichtungsräumen

Wenn im folgenden von Verdichtungsräumen die Rede ist, so geschieht dies in Kenntnis der Tatsache, daß nach dem herrschenden raumplanerischen Sprachgebrauch nicht alle kreisfreien Städte in Niedersachsen als Verdichtungsräume im engeren Sinne bezeichnet werden können[5]. Trotzdem werden die regionalplanerischen Stadt-Umland-Probleme aller kreisfreien Städte verdichtungsräumliche Gemeinsamkeiten aufweisen, deren Intensität im einzelnen allerdings abhängig ist von der jeweiligen Raumstruktur des Verflechtungsbereichs.

Die besondere Situation der Verdichtungsräume wird geprägt durch ein besonders hohes Maß an Verflechtungsbeziehungen zwischen der Stadt und ihrem Umland. Die arbeitsteilige Wahrnehmung verschiedener Raumfunktionen von Stadt und Umland zeigt sich unter folgenden Aspekten:

— Die hohe Zahl von Arbeits- und Bildungspendlern aus den Umlandgebieten zur Innenstadt mit den entsprechenden Verkehrsproblemen[6],

— die Mitbenutzung der von der Stadt angebotenen öffentlichen Dienstleistungen mit Zuschußbedarf (Personennahverkehr, Theater, Museen usw.) durch die Bevölkerung des Umlandes,

— die Wahrnehmung vor allem flächenintensiver Versorgungsfunktionen für die Stadt durch das Umland (Naherholungsgebiete, Wassergewinnung, Abwasser- und Abfallbeseitigung)[7].

Eine wesentliche Ursache für die dargestellten Verflechtungsbeziehungen ist in der gewachsenen räumlichen Mobilität der Bevölkerung zu sehen, die es ermöglicht, die Hauptlebensfunktionen (Wohnen, Arbeiten, Erholung, Bildung) über einen sehr viel größeren Raum

---

[5] Zur Terminologie der Begriffe Verdichtungsraum und Ballungsraum vgl. *Boustedt / Müller / Schwarz*, Abgrenzung von Verdichtungsräumen, S. 1 ff. und 8 ff.

[6] z. B. umfaßt die Wohnbevölkerung der Stadt Hannover ca. 550 000 Einwohner, während die Tagesbevölkerung als Summe aus der Wohnbevölkerung, den Berufs- und Ausbildungspendlern und den Tagesbesuchern auf etwa 800 000 Personen geschätzt wird. Die Zahl allein der Berufseinpendler stieg von 91 000 (1961) auf 136 000 Personen im Jahre 1978, und das trotz zwischenzeitlich durchgeführter Gebietsreform. Vgl. dazu *Weyl*, Notwendigkeit besonderer Planungsverbände, in: Friedrich-Naumann-Stiftung, Dokumentation, S. 32 (33 und 37).

[7] Zur Problemsituation der Stadt-Umland-Bereiche vgl. *v. Ladiges / Trümper*, Kommunale Planung, S. 21 ff.; *Wagener*, Modell der Stadt-Umland-Verwaltung, in: Festschrift für W. Weber, S. 957 f.; *Weyl*, Notwendigkeit besonderer Planungsverbände, in: Friedrich-Naumann-Stiftung, Dokumentation, S. 32 (33 f.).

auszudehnen. Die daraus resultierende Verflechtungsintensität wird sich dabei für die Zukunft noch weiter vergrößern, denn die Problembereiche im Stadt-Umland-Verhältnis haben sich in den letzten Jahren eher verschärft. So ist seit geraumer Zeit ein Prozeß der Verstädterung und der Bevölkerungskonzentration im Umlandbereich der Großstädte zu beobachten[8]. Die Wohnbedürfnisse der Bürger mit der Tendenz zu weniger verdichteten und dafür mehr aufgelockerten Wohnformen begünstigen die verstärkte Ansiedlung im Stadtrand- und Umlandgebiet[9]. Die städtebauliche Ausuferung der Stadtrandgebiete in Verzahnung zu den Umlandgemeinden und die entsprechende Entleerung der Stadtzentren als Wohnstätte markieren bei einer insgesamt schrumpfenden Gesamtbevölkerung die allgemeine Problemsituation vieler Verdichtungsräume[10].

Im Gegensatz dazu verlaufen die administrativen Grenzen zwischen der Stadt und den Umlandgemeinden mitten durch die sozioökonomischen Verflechtungsbereiche. Die funktionale Verflechtung über administrative Grenzen hinweg führt folglich in Verdichtungsräumen zu einer sehr viel größeren Zahl zwischengemeindlicher Raumkonflikte als dies zwischen benachbarten Landkreisen der Fall ist[11]. Die für Verdichtungsräume typische Einbindung der Stadt und der Umlandgemeinden in ein System der arbeitsteiligen Wahrnehmung unterschiedlicher Raumfunktionen führt zu einer starken wechselseitigen Abhängigkeit und häufig auch zu natürlichen Rivalitäten zwischen den beteiligten Kommunen. Die raumrelevanten Interessengegensätze zwischen Stadt und Umland werden sich naturgemäß noch vertiefen, wenn es in Zeiten von Wachstumskrisen keine Zuwächse, sondern Mangel zu verteilen gilt[12].

II. Regionalplanerische Lösungsalternativen in Verdichtungsräumen

Zur Lösung der Planungs- und Verwaltungsprobleme in Verdichtungsräumen wurden in Praxis[13] und Wissenschaft[14] eine große Zahl

8 *v. Ladiges / Trümper*, Kommunale Planung, S. 27 ff. und S. 224.

9 *Wagener*, Stadt-Umland-Verband, in: Friedrich-Naumann-Stiftung, Dokumentation, S. 5 (8).

10 *Wagener*, S. 5 ff.; die Stadt Hannover als Verdichtungszentrum verlor allein von 1961 bis 1971 nahezu 50 000 Einwohner bei entsprechend beträchtlichen Einwohnerzuwachsraten des Umlandes, vgl. dazu Bericht der Arbeitsgruppe Großraumverbände des Nds. Ministers des Innern, Teilbericht Hannover, Ziff. 4.2.

11 Zur Bedeutung der Raumstruktur für die Intensität der Raumkonflikte vgl. B. II. 1. c).

12 So auch *Pühl*, Organisation der Regionalplanung, S. 107.

13 Darstellung der verdichtungsräumlichen Planungspraxis der Bundes-

unterschiedlicher kommunalverfassungsrechtlicher Modelle entwickelt. Im folgenden sollen nur die wichtigsten Grundtypen dieser Modelle dargestellt werden.

Unter rechtlichen Gesichtspunkten lassen sich die vielfältigen Stadt-Umland-Modelle in zwei Kategorien einteilen:

— Die gebietskörperschaftlichen Modelle,

— die Modelle einer interkommunalen Zusammenarbeit[15].

Alle gebietskörperschaftlichen Lösungen zielen darauf ab, den gesamten Verdichtungsraum (Stadt-Umland-Bereich) zu einer neuen administrativen und gebietskörperschaftlichen Einheit zusammenzufassen. Die extremste gebietskörperschaftliche Lösung liegt in der Vergrößerung der kreisfreien Stadt durch die Eingemeindung aller Kommunen des Umlandbereichs[16]. Demgegenüber läßt die Wiedereinkreisung der kreisfreien Stadt[17], wie sie auch in Niedersachsen für mehrere Städte realisiert wurde[18], die Existenz der Umlandgemeinden zwar unberührt, eröffnet aber gleichzeitig den Kreisen eine Verwaltungs- und Planungskompetenz für den gesamten Verdichtungsraum.

Die Alternative zu den gebietskörperschaftlichen Lösungen besteht in den verschiedenen Formen einer interkommunalen Zusammenarbeit. Die Intensität der Zusammenarbeit und der Umfang ihrer Integrationswirkung prägen den unterschiedlichen Charakter der einzelnen Modelle. In der schwächsten Form der Zusammenarbeit ist der interkommunale Kontakt reduziert auf die gesetzlich vorgeschriebene Abstimmung zwischen benachbarten Planungsträgern. Dagegen kann die Zusammenarbeit in Form eines Verbandsmodelles auch so stark intensiviert und institutionalisiert werden, daß eine solche Verbandslösung faktisch den gebietskörperschaftlichen Lösungen sehr nahe kommt[19].

---

länder bei *David*, Verdichtungsräume, S. 27 ff., sowie bei *Schröder*, Die Verwaltung 1979, S. 1 ff.

[14] Zu der umfangreichen Literatur vgl. *Wagener*, Stadt-Umland-Verwaltung, in: Festschrift für W. Weber, S. 957 (960 FN 12) m. w. N.; ferner *von Ladiges / Trümper*, Kommunale Planung, pass. m. w. N.

[15] So auch *Stüer*, Stadt-Umland-Verbände, in: Friedrich-Naumann-Stiftung, Dokumentation, S. 49; eine andere Einteilung bei *Wagener*, Stadt-Umland-Verwaltung, in: Festschrift für W. Weber, S. 957 (960 ff.).

[16] Zu den einzelnen gebietskörperschaftlichen Modellen (Regionalstadt, Regionalkreis, Zwei-Stufen-Stadtmodell, Bezirksverwaltungsmodell u. a.) vgl. *Stüer*, Stadt-Umland-Verbände, in: Friedrich-Naumann-Stiftung, Dokumentation, S. 49.

[17] Zur Wiedereinkreisung vgl. *Schröder*, Die Verwaltung 1979, S. 1 (11).

[18] Vgl. C. I. 2. FN 13.

[19] Zu den umstrittenen rechtlichen Kriterien für die Unterscheidung zwischen gebietskörperschaftlicher und zweckverbandsähnlicher Organisation vgl. *David*, Verdichtungsräume, S. 122.

Merkmale für den systematischen Standort der einzelnen Modelle ergeben sich u. a. aus den folgenden Kriterien, die als Gradmesser für den Umfang der Intergration herangezogen werden können:

— die Existenz einer eigenen regionalen Institution mit eigenen Willensbildungsorganen (Zweckverbände, Planungsverbände sonstiger Art),
— der Umfang der Aufgabenbündelung durch die regionale Institution in den Bereichen Planung, Durchführung und Finanzierung[20],
— die Gestaltung der Wahl zu den Entscheidungsgremien der Regionalebene (unmittelbar, mittelbar)[21],
— die Art der Einnahmegestaltung (Umlagen, schlüsselmäßige Finanzzuweisungen, Zweckzuweisungen)[22],
— die Verwaltungskraft der regionalen Verwaltungsebene (personelle und sächliche Ausstattung).

Niedersachsen hat mit der Übertragung der Regionalplanung auf die kreisfreien Städte und mit der Auflösung der Großraumverbände Hannover und Braunschweig[23] für alle Verdichtungsräume auf die Bildung einer regionalen Verbandsebene verzichtet. Die kreisfreien Städte und das Umland stehen für die Regionalplanung verwaltungsorganisatorisch völlig unverbunden nebeneinander. Regionalplanerische Zusammenarbeit von Stadt und Umlandkreis(en) vollzieht sich nach dem NROG nur noch in Form der wechselseitigen Abstimmung der Planentwürfe.

III. Der faktische Verzicht auf Regionalplanung für die kreisfreien Städte in Niedersachsen

Da der Flächennutzungsplan der kreisfreien Städte rechtlich das Regionale Raumordnungsprogramm ersetzt[24], bedeutet dies faktisch einen Verzicht auf jegliche regionalplanerische Vorgaben für diese Städte. Bedenken gegen diese niedersächsische Praxis bestehen sowohl aus rechtlichen wie aus raumplanerischen Gründen. Rechtlich gesehen besteht zwar grundsätzlich keine bundesrechtliche Verpflichtung des Landesgesetzgebers für eine insgesamt flächendeckende Regionalplanung. Denn § 5 Abs. 3 BROG fordert eine Regionalplanung nur dort, wo

---

20 Zur Frage, ob Aufgabenzuweisungen enumerativ erfolgen sollen oder ob dem Verband die „Kompetenz-Kompetenz" zustehen soll, vgl. *Poeschel*, DöV 1977, S. 231 (238).

21 Dazu *Weyl*, AfK 16 (1977), S. 178 (185).

22 Dazu ausführlich *Wagener*, Stadt-Umland-Verband, in: Friedrich-Naumann-Stiftung, Dokumentation, S. 5 (16 f.).

23 Vgl. A. II. FN 35 und 36.

24 So § 8 Abs. 1 NROG.

diese für Teilräume des Landes geboten erscheint. Allerdings hat der Bundesgesetzgeber den regionalplanerischen Spielraum der Länder eingeschränkt durch die Schaffung bestimmter räumlicher Gebietskategorien, für deren jeweilige Raumstruktur § 2 BROG bestimmte Raumordnungsgrundsätze benennt. Als notwendige Maßnahmen in Verdichtungsräumen bezeichnet § 2 Abs. 1 Ziff. 6 BROG u. a. eine „vorausschauende regionale Planung“ sowie die Entwicklung von gemeindlichen „Entlastungsorten“ in angemessener Entfernung zum Verdichtungszentrum. Aus dieser gesetzlichen Regelung wird zweierlei deutlich: erstens die Wertung des Gesetzgebers, daß die räumliche Verflechtung in Verdichtungsräumen eine besondere regelungsbedürftige Qualität aufweist, und zweitens, daß der Bundesgesetzgeber zur Bewältigung der Verflechtungsprobleme eine „regionale Planung“ für notwendig erachtet[25]. Der niedersächsische Verzicht auf jegliche regionale Planung für *alle* kreisfreien Städte und damit auch für die Verdichtungsräume[26] ist mit dieser bundesrahmenrechtlichen Vorschrift wohl kaum in Einklang zu bringen.

Außer den rechtlichen Bedenken bestehen auch raumplanerische Vorbehalte gegen die niedersächsische Regelung. Sie macht in völlig undifferenzierter Weise alle kreisfreien Städte zu Trägern der Regionalplanung ohne Rücksicht auf die sehr unterschiedlichen Raumstrukturen der jeweiligen Stadt-Umland-Gebiete. Dies schafft insbesondere für die großen Verdichtungsräume Hannover und Braunschweig angesichts der starken sozioökonomischen Verflechtungen erhebliche Raumkonflikte, für deren Lösung es aber keine regionale Planungsinstanz mehr gibt. Damit wird auf Regionalplanung gerade dort verzichtet, wo der Bedarf an grenzüberschreitender regionaler Planung angesichts der tatsächlichen Verflechtung am größten ist.

Daß diese Raumkonflikte selbst aus der Sicht der betroffenen Gemeinden im Stadt-Umland-Bereich eine regionale Planungsinstanz erfordern, bestätigen sehr eindrucksvoll die Stellungnahmen der Gemeinden zur Auflösung des Großraumverbandes Hannover. So haben sich von den früheren 22 Verbandsmitgliedern des Großraumverbandes Hannover lediglich 2 Gemeinden für die Auflösung des Großraumverbandes ausgesprochen[27].

In Zukunft sollen in Niedersachsen die Raumkonflikte zwischen der Stadt und dem Umland allein mit dem Mittel der gegenseitigen Ab-

---

[25] So auch *Pühl*, Organisation der Regionalplanung, S. 82 und 108.

[26] Nicht alle nds. kreisfreien Städte sind als Verdichtungsräume anzusehen, vgl. G. I.

[27] Näheres zu den Stellungnahmen vgl. im Bericht der Arbeitsgruppe Großraumverbände des Nds. Ministers des Innern, Teilbericht Hannover, Ziff. 4.4.

stimmung gelöst werden. Es wurde bereits an anderer Stelle darauf hingewiesen, daß das Abstimmungsverfahren nach dem niedersächsischen Landesplanungsrecht ohnehin mit einigen Unzulänglichkeiten behaftet ist[28]. Diese Abstimmungsprobleme verschärfen sich aber erst recht im Stadt-Umland-Bereich, wo Art und Zahl der Raumkonflikte wesentlich vielfältiger sind als zwischen benachbarten Landkreisen[29].

Als Grundlage für die Abstimmung gilt seitens der kreisfreien Stadt der Flächennutzungsplan und seitens der angrenzenden Landkreise das Regionale Raumordnungsprogramm. Flächennutzungsplan und Regionalplan unterscheiden sich aber ganz wesentlich in der Art der Darstellung (z. B. unterschiedliche Planzeichen) und vor allem in der räumlichen Aussageschärfe der Planinhalte. Diese Unterschiedlichkeit der abzustimmenden Pläne wird den Abstimmungsvorgang bereits aus formalen Gründen erschweren. Nicht der Abstimmungspflicht auf seiten der kreisfreien Stadt unterliegen außerdem die Planinhalte der städtischen Entwicklungsplanung, obwohl deren Aussagen gem. § 1 Abs. 5 BBauG als Grundlage für die Flächennutzungsplanung zu berücksichtigen sind.

Der Verzicht auf regionalplanerische Vorgaben für die kreisfreien Städte wird auch nicht auszugleichen sein durch entsprechend detaillierte Aussagen der hochstufigen Landesplanung. Denn die vom Darstellungsmaßstab sehr viel großräumigeren Festlegungen des Landesraumordnungsprogramms[30] ermöglichen es kaum, die relativ kleinräumigen Raumkonflikte im Stadt-Umland-Bereich bereits auf der Landesebene zu lösen.

Aus den dargestellten raumplanerischen Vorbehalten soll nicht die Forderung abgeleitet werden, für *alle* kreisfreien Städte in Niedersachsen zwingend Planungsverbände einzuführen. Für eine solche undifferenzierte Forderung ist die Struktur der Stadt-Umland-Bereiche der einzelnen kreisfreien Städte viel zu unterschiedlich. Allerdings gilt für die kleineren kreisfreien Städte unterhalb der 75 000-Einwohner-Grenze[31], daß sie ohnehin kaum leitbildgerechten Maßstäben entsprechen[32] und außerdem eine Wiedereinkreisung auch aus den dargestellten

---

28 Vgl. F. I. 3. a).

29 *Weyl*, Notwendigkeit besonderer Planungsverbände, in: Friedrich-Naumann-Stiftung, Dokumentation, S. 32 (33 f.).

30 Der Maßstab des Nds. LROP beträgt 1 : 500 000 (Plan A: Entwicklungskonzeptionen), die zeichnerischen Festlegungen der Regionalen Raumordnungsprogramme erfolgen dagegen im Maßstab 1 : 50 000 (vgl. RdErl. des Nds. MI vom 26. 6. 1978, MBl. S. 922, 925). Nach dem E-LROP (Juni 1980) erfolgt die zeichnerische Darstellung allerdings im Maßstab 1 : 300 000.

31 Das sind Emden mit 53 418 und Delmenhorst mit 71 450 Einwohnern, vgl. *von Unruh*, Gebiets- und Verwaltungsreform, S. 87.

32 Zu den Richtwerten für kreisfreie Städte vgl. C. I. 3.

raumplanerischen Gründen sinnvoll wäre. Dagegen sollte die Entscheidung, ob die größeren Verdichtungsräume zur Lösung der Raumkonflikte einer eigenen regionalen Planungsinstanz bedürfen, im wesentlichen abhängig gemacht werden von folgenden Faktoren:

— Der Intensität der sozioökonomischen Verflechtung im Stadt-Umland-Bereich

— und der Zahl der Regionalplanungsträger im Verflechtungsbereich, für die das Abstimmungserfordernis gilt.

Denn je intensiver die Stadt-Umland-Verflechtungen sind und je mehr Abstimmungspartner koordiniert werden müssen, um so schwieriger wird ein gemeinsamer Konsens im Abstimmungsprozeß zu erreichen sein.

Doch selbst dann, wenn man alle raumrelevanten Konflikte im Wege des Kompromisses letztlich für lösbar hält, bleibt dabei unberücksichtigt, daß mit zunehmender Verflechtungsintensität des Stadt-Umland-Bereiches gleichzeitig das Bedürfnis nach einem gesamträumlichen Entwicklungskonzept wächst. Ein solches regionales Gesamtinteresse muß dabei weder identisch sein mit den Interessen der einzelnen Stadt-Umland-Mitglieder noch mit entsprechenden Kompromißlösungen zwischen diesen[33]. Vielmehr beweist die Planungspraxis, daß die als Kompromiß zwischen der Stadt und den Umlandsgemeinden erreichbare Lösung im Einzelfall dem Interesse der Gesamtregion durchaus zuwiderlaufen kann[34].

Die Intensität der räumlichen Verflechtung sowie der Umfang der Interessendivergenz der kommunalen Partner sind somit maßgeblich dafür, ob eine ausreichende Berücksichtigung des regionalen Gesamtinteresses noch mit den Mitteln der Koordination zu gewährleisten ist oder ob es dazu der Korrektive eines regionalen Planungsträgers bedarf. Zu Recht wird daher die niedersächsische Regelung insbesondere im Hinblick auf eine unzureichende Lösung der raumplanerischen Probleme in den größeren Verdichtungsräumen kritisiert[35]. Der Landesgesetzgeber sollte, wenn er tatsächlich den Handlungsspielraum der Planungsträger erweitern will, zumindest die fakultative Bildung von regionalen Planungsverbänden in Verdichtungsräumen ermöglichen. Dies erfordert jedoch eine Änderung des § 7 NROG mit der Maßgabe,

---

[33] So auch der Bericht der Arbeitsgruppe Großraumverbände des Nds. Ministers des Innern, Teilbericht Hannover, Ziff. 4.5.3.2 (S. 61).

[34] Bericht der Arbeitsgruppe, Ziff. 4.5.3.2. (S. 61); Beispiele aus der Planungspraxis des Großraumverbandes bei *Adrian*, DöV 1978, S. 345 (346 ff.).

[35] Vgl. Nachweise bei FN 3; auch die Arbeitsgruppe Großraumverbände des Nds. MI (Ziff. 4.8.) hält mehrheitlich eine regionale Planungsinstanz im Gebiet des Großraumverbandes für notwendig.

den Regionalplanungsträgern in Verdichtungsräumen die Bildung regionaler Verbände freizustellen.

Geschieht dies nicht, so ist zu befürchten, daß die im Wege der gesetzlich vorgeschriebenen Abstimmung ungelösten Raumkonflikte faktisch durch die staatliche Aufsicht entschieden werden[36]. Dies kann jedoch angesichts der ansonsten tendenziell kommunalfreundlichen Neuregelung der Regionalplanung in Niedersachsen nicht erstrebenswert sein.

36 So auch *Güldenberg*, Informationen zur Raumentwicklung 1979, S. 227 (233).

Zusammenfassung

1. Die derzeit festzustellende große Zahl unterschiedlicher Organisationsmodelle zur Regionalplanung in den einzelnen Bundesländern ist raumplanerisch auf einen fehlenden Konsens über die Funktion der regionalplanerischen Ebene zurückzuführen. Auch rechtlich begründet § 5 Abs. 3 BROG als bundesgesetzliche Rahmenvorschrift nur wenig zwingende Maßgaben für die von den Ländern vorzunehmende Ausgestaltung der Regionalplanung.

2. In den meisten Bundesländern läßt die Organisation der Regionalplanung eine klare staatliche Dominanz erkennen. Niedersachsen hat dagegen seit dem 1. 1. 1978 mit der Verlagerung der Regionalplanung auf die Kreise und der Beschränkung des Staates auf die Rechtsaufsicht die Vollkommunalisierung dieser raumordnerischen Aufgabe vollzogen. Eine Beurteilung des niedersächsischen Modells steht allerdings zur Zeit unter dem Vorbehalt, daß die Auswirkungen der Neuregelung auf die Planinhalte der Regionalplanung noch nicht erkennbar sind, da die niedersächsischen Landkreise ihre Aufstellungsverfahren bisher nicht abgeschlossen haben.

3. Die Regionalplanung ist verwaltungswissenschaftlich als ein staatlich-gemeindliches Aufgabenkondominium einzuordnen. Dies ergibt sich sowohl aus ihrer Entstehung wie auch aus ihrer Aufgabenstruktur im Spannungsfeld von hochstufiger Landesplanung und gemeindlicher Planungshoheit. Die Gestaltungsverantwortung der Gemeinden erfaßt folglich auch die *Mit*verantwortung für eine arbeitsteilige Zuweisung von Raumfunktionen der in der Region tätigen Kommunen.

4. Erfolg und Wirksamkeit der Regionalplanung sind wesentlich abhängig von einem sachgerechten Zuschnitt des Planungsraumes. Funktionalitäts- und Homogenitätsprinzip können nur Orientierungshilfen für die jeweils konkret vorzunehmende Raumabgrenzung sein. Anzustreben ist auch für die Regionalplanung die Dekkungsgleichheit von Planungs- und Verwaltungsraum. Sie bietet die entsprechenden Vorteile aus der Zusammenführung von Planung, Durchführung und Finanzierung, erleichtert die Beschaffung der notwendigen Datenbasis und verzichtet auf die Schaffung einer weiteren Verwaltungsebene. Voraussetzung ist jedoch ein annähernd funktionaler Raumzuschnitt der Verwaltungsräume, da an-

dernfalls die Zahl der grenzüberschreitenden Raumkonflikte überdurchschnittlich groß ist.

5. Welchem Verwaltungsträger die Regionalplanung zugewiesen werden sollte, läßt sich nicht nach absoluten Maßstäben (Einwohnerzahl, Flächengröße) bestimmen. Entscheidend ist vielmehr die länderweise sehr unterschiedliche Aussagedichte der hochstufigen Landesplanung. Denn die Regelungsdichte der hochstufigen Landesplanung bestimmt weitgehend auch den räumlichen Zuschnitt der regionalplanerisch zu lösenden Raumkonflikte. Je stärker die räumliche Aussagedichte des Landesraumordnungsprogramms ist, um so kleinräumiger sind die für die Regionalplanung verbleibenden Raumkonflikte. Außerdem ist zu berücksichtigen, inwieweit die bestehenden Verwaltungsräume selbst raumordnungsgerecht (funktional/homogen) gestaltet sind.

6. Niedersachsen hat mit der Gebietsreform in der Mittelinstanz die Zahl der Kreise von 60 auf 38 reduziert. Als nachteilig für die regionalplanerische Kompetenz der Kreise erweist sich dabei die Tatsache, daß die Bandbreite im Größenzuschnitt der niedersächsischen Kreise — im Vergleich zu den Regionalplanungsräumen der anderen Bundesländer — besonders groß ist. Dies verschlechtert die Bedingungen für einheitliche und ungestufte Aufgabenzuweisungen.

7. Die Aufgabenverlagerung der Regionalplanung auf die Landkreise verstößt weder gegen verfassungsrechtliche Vorschriften noch gegen vorrangiges Bundesrecht (BROG). Auch die Einordnung der Kreis-Regional-Planung als Angelegenheit des eigenen Wirkungskreises ist rechtlich nicht zu beanstanden. Außerdem gibt es keine zwingenden rechtlichen Gründe, als Äquivalent für die Vollkommunalisierung der Regionalplanung eine stärkere Aussagedichte der landesplanerischen (staatlichen) Vorgaben zu fordern.

8. Eine Umsetzung der Ziele der Regionalplanung erfolgte bereits bisher zu einem nicht unerheblichen Teil auf der Ebene der Landkreise. Da die Kreise durch die Übertragung der Regionalplanung nunmehr zusätzlich auch eine raumwirksame Planungskompetenz erhalten haben, ergeben sich damit die aus der institutionellen Zusammenfassung von Planung, Durchführung und Finanzierung resultierenden Vorteile. Außerdem verbessert die Kreisträgerschaft der Regionalplanung die Bedingungen für eine demokratische Legitimation der Planinhalte. Aus der Einbindung der Regionalplanung in den sonstigen raumrelevanten Aufgabenbestand der Landkreise ergibt sich ferner die Chance für die Entwicklung eines eigenständigen „regionalen Bewußtseins".

9. Personell erfordert die Wahrnehmung der Regionalplanung auf Kreisebene mindestens einen Beamten des höheren Landesplanungsdienstes. Angesichts der derzeitigen Zurückhaltung der Kreise bezüglich einer ausreichenden personellen Ausstattung der Regionalplanungsstellen liegt es nahe, die Erfüllung personeller Mindestbedingungen als Voraussetzung für die Aufgabenzuweisung zu bestimmen (ähnlich § 64 Abs. 2 NBauO). Die personelle Ausstattung der Regionalplanungsstellen wird in Zukunft darüber Aufschluß geben, in welchem Maße die Kreise bereit sind, die Gestaltung des regionalen Raumes aus kommunaler Sicht mitzubeeinflussen.

10. Soweit die niedersächsischen Kreise auch nach der Kreisreform keinen raumordnungsgerechten Zuschnitt aufweisen, lassen sich erhöhte Raumkonflikte durch ein verbessertes Abstimmungsinstrumentarium und durch eine begrenzte Erweiterung der Rechtsaufsicht reduzieren. Außerdem ist zu erwarten, daß das neue LROP in Niedersachsen ein höheres Maß an Aussagedichte aufweisen wird, um mögliche kreisübergreifende Raumkonflikte bereits auf der Ebene der hochstufigen Landesplanung zu lösen. Diese Annahme wird mit dem soeben vorgelegten Entwurf des LROP (Juni 1980) bestätigt.

11. Die Änderungen des niedersächsischen Landesplanungsrechts beeinflussen das Verhältnis von Regionalplanung und gemeindlicher Planungshoheit unter folgenden Aspekten:

    — Der Schutzbereich der gemeindlichen Planungshoheit (Art. 28 II GG) bleibt durch die Kommunalisierung der Regionalplanung unverändert;

    — der Wegfall gemeindeinterner Funktionszuweisungen verschafft den Gemeinden unter Beachtung des raumordnungsrechtlichen Konzentrationsgebotes einen neuen, allerdings begrenzten Gestaltungsspielraum;

    — die gemeindliche Beteiligung an der Regionalplanung im Planverfahren (prozedurale Beteiligung) sollte der kondominalen Aufgabenstruktur der Regionalplanung gerecht werden. Weder in Niedersachsen noch in den meisten anderen Bundesländern entspricht die gemeindliche Partizipation diesen Anforderungen.

12. Die Kreisträgerschaft der Regionalplanung verbessert die Bedingungen für eine stärkere Integration fachplanerischer Aussagen. Voraussetzung für die Aufnahme fachplanerischer Aussagen in das Regionale Raumordnungsprogramm ist die vorherige Abstimmung der Fachplanung mit konkurrierenden Fachplanungen und mit den Zielen des Regionalplanes.

Soweit die niedersächsischen Kreise fachplanerische Aufgaben als Auftragsangelegenheiten wahrnehmen, sind sie bei der Entscheidung über die regionalplanerische Integration dieser Fachplanung nicht der Fachaufsicht, sondern nur der Rechtsaufsicht unterworfen.

Die bei der Mehrzahl der Kreise zu beobachtende verwaltungsorganisatorische Aufgabenverknüpfung von Fachplanung und Regionalplanung ist abzulehnen, da sie dem übergeordneten und koordinierenden Auftrag der Regionalplanung widerspricht.

13. Da für die kreisfreien Städte in Niedersachsen der eigene Flächennutzungsplan das Regionale Raumordnungsprogramm ersetzt, ist dieser faktische Verzicht auf jegliche regionalplanerische Festlegung sowohl unter rechtlichen wie auch unter raumordnerischen Gesichtspunkten bedenklich.

Rechtliche Zweifel ergeben sich gem. § 2 Abs. 1 Ziff. 6 BROG, da der Bundesgesetzgeber nach dieser Vorschrift für Verdichtungsräume eine „regionale Planung“ für unverzichtbar hält. Raumordnerisch wird damit auf Regionalplanung gerade dort verzichtet, wo der Bedarf an grenzüberschreitender regionaler Planung angesichts der tatsächlichen Verflechtungen am größten ist. Der nds. Gesetzgeber sollte durch eine Änderung des NROG zumindest die Voraussetzungen dafür schaffen, daß im Stadt-Umland-Bereich der kreisfreien Städte die fakultative Bildung von regionalen Planungsstellen zweckverbandsähnlicher Art ermöglicht wird.

Anlage 1

Die Regionalplanungsräume in den Bundesländern nach Fläche und Einwohnerzahl[a)]

	Einwohnerzahl	Fläche/qkm
Baden-Württemberg (Stand vom 30. 6. 1979)		
Mittlerer Neckar	2 346 293	3 653
Unterer Neckar	1 016 188	2 442
Mittlerer Oberrhein	863 773	2 137
Südlicher Oberrhein	852 446	4 070
Franken	704 944	4 764
Neckar-Alb	575 725	2 530
Hochrhein-Bodensee	559 580	2 756
Bodensee-Oberschwaben	507 186	3 500
Nordschwarzwald	492 882	2 339
Schwarzwald-Baar-Heuberg	435 585	2 530
Ost-Württemberg	396 160	2 139
Donau-Iller (Bad.-Württ./Bayern)	807 689	5 460
Bayern (Stand vom 30. 9. 1979)		
München	2 280 188	5 505
Mittelfranken	1 149 919	2 935
Augsburg	714 535	4 069
Südostbayern	643 897	5 225
Donau-Wald	571 937	5 704
Regensburg	552 037	5 185
Oberfranken-West	551 821	3 676
Oberfranken-Ost	516 734	3 713
Oberpfalz-Nord	468 395	5 199
Würzburg	459 077	3 061
Main-Rhön	413 543	3 992
Allgäu	406 623	3 345
Westmittelfranken	362 891	4 309
Oberland	360 948	3 956
Landshut	351 883	3 766
Ingolstadt	338 722	2 848
Bayerischer Untermain	317 790	1 477
Hessen (Stand 30. 6. 1979)		
Untermain	2 048 257	3 943
Nordhessen	918 911	6 248
Starkenburg	899 606	2 443
Mittelhessen	823 223	4 380
Rhein-Main-Taunus	557 005	1 417
Osthessen	313 530	2 680

a) Die einzelnen Daten wurden ermittelt aufgrund einer Umfrage bei den obersten Landesplanungsbehörden der Bundesländer.

	Einwohnerzahl	Fläche/qkm
Niedersachsenb)		
Hannover	531 480	2 083
Hildesheim	289 619	1 205
Osnabrück	281 845	2 121
Göttingen	256 060	1 121
Emsland	236 479	2 859
Cuxhaven	191 352	2 129
Diepholz	181 617	1 986
Goslar	176 404	964
Harzburg	172 669	1 244
Aurich	164 958	1 278
Celle	164 332	1 543
Stade	155 868	1 304
Northeim	155 241	1 265
Hameln-Pyrmont	153 061	795
Schaumburg	152 694	675
Leer	142 364	1 085
Rotenburg	134 876	2 070
Soltau-Fallingbostel	127 081	1 872
Lüneburg	123 847	1 069
Peine	119 603	539
Wolfenbüttel	118 901	722
Gifhorn	118 380	1 555
Nienburg/Weser	116 093	1 397
Grafschaft Bentheim	116 091	999
Cloppenburg	107 774	1 416
Verden	105 019	787
Helmstedt	102 268	673
Uelzen	96 786	1 452
Vechta	95 480	812
Wesermarsch	94 759	821
Osterode	94 365	634
Friesland	93 734	605
Oldenburg	92 400	1 062
Osterholz	90 873	650
Ammerland	88 676	724
Holzminden	86 264	692
Wittmund	54 613	660
Lüchow-Dannenberg	49 526	1 218
Nordrhein-Westfalen (Stand 30. 6. 1979)		
RB Düsseldorf	5 211 135	5 287
RB Köln	3 888 745	7 373
RB Arnsberg	3 685 757	7 997
RB Münster	2 402 591	6 896
RB Detmold	1 804 930	6 514

b) Die Basiszahlen bei *von Unruh* (Gebiets- und Verwaltungsreform, S. 86 f.) wurden korrigiert um die Gebietsänderungen aufgrund des Gesetzes zur Neugliederung der Landkreise in den Räumen Friesland/Wittmund/Ammerland und Holzminden/Hildesheim vom 16. 12. 1979 (GVBl. S. 332). Die Umgliederung der Samtgemeinde Duingen (6521 Einwohner, 60 qkm Fläche) vom Landkreis Holzminden in den Landkreis Hildesheim erfolgt erst mit Wirkung vom 1. 7. 1981 (vgl. § 14 des Gesetzes v. 16. 12. 1979, GVBl. S. 332).

	Einwohnerzahl	Fläche/qkm
Rheinland-Pfalz (Stand 30. 6. 1979)		
Mittelrhein-Westerwald	1 125 241	6 431
Rheinpfalz	842 873	2 468
Rheinhessen-Nahe	744 257	3 060
Westpfalz	521 150	3 062
Trier	471 048	4 923
Schleswig-Holstein (Stand 31. 12. 1978)		
Planungsraum I	797 288	4 037
Planungsraum III	692 376	3 448
Planungsraum V	429 075	4 150
Planungsraum II	412 951	1 604
Planungsraum IV	259 595	1 437

Anlage 2

Stand des Aufstellungsverfahrens für die Regionalen Raumordnungsprogramme bei den niedersächsischen Landkreisen[a].

Von den 37 niedersächsischen Landkreisen[b] sind nach dem Stand vom 15. 8. 1980 folgende Verfahrensabschnitte abgeschlossen worden:

Verfahrensabschnitte gem. der „Verordnung über das Verfahren zur Aufstellung und Abstimmung sowie über die Art der Darstellung der Regionalen Raumordnungsprogramme" vom 26. 1. 1979 (Nds. GVBl. S. 15)	Zahl der Landkreise, in denen der jeweilige Verfahrensabschnitt bereits abgeschlossen wurde (Stand 15. 8. 1980)
1. Einleitung des Aufstellungsverfahrens gem. § 5 der Verordnung durch Bekanntmachung der allgemeinen Planungsabsichten	32
2. Auswertung der aufgrund der Bekanntmachung (Pkt. 1) eingegangenen Äußerungen (§ 5 Abs. 3 der Verordnung)	18
3. Vorlage eines Entwurfes des Regionalen Raumordnungsprogramms	14
4. Einleitung des Beteiligungsverfahrens gem. § 7 Abs. 1 der Verordnung	6[c]
5. Abschluß des Erörterungsverfahrens gem. § 7 Abs. 2 der Verordnung	1[d]

a) Die Daten ergeben sich aus der Auswertung einer Umfrage des Nds. Landkreistages. Zur Umfrage vgl. das Rundschreiben des Nds. Landkreistages Nr. 45/1980 vom 20. 2. 1980. Stand der Daten vom 15. 8. 1980.

b) Der Landkreis Wittmund blieb unberücksichtigt.

c) Das sind die Landkreise Celle, Emsland, Lüneburg, Oldenburg, Osterholz und Schaumburg.

d) Landkreis Celle.

Literaturverzeichnis

Adrian, Hanns: Die Organisation von Agglomerationsräumen am Beispiel des Großraumes Hannover, DöV 1978, S. 345

Becker, Jörg: Vier Jahre Bezirksplanungsräte in Nordrhein-Westfalen — Ein Rückblick auf die erste Arbeitsperiode, Verwaltungsrundschau 1980, S. 188

Becker-Marx, Kurt: Regionalplanung, in: Verfassungs- und Verwaltungsprobleme der Raumordnung und Landesplanung, Berlin 1965, S. 54

— Stichwort „Regionale Planungsgemeinschaften", in: Handwörterbuch der Raumforschung und Raumordnung 2. Auflage, Hannover 1970, Sp. 2610

Berkenhoff, H. A.: Zur Idee „Kreisentwicklungsplanung", Städte- und Gemeinderat 1973, S. 345

Beus, Hans-Bernd: Rechtsprobleme bei der Ausgestaltung der Raumordnung und Landesplanung als Entwicklungsplanung, Münster 1978

Bielenberg, Walter: Fachplanungsgesetze des Bundes und Raumordnung, Informationsbriefe für Raumordnung, Heft R 4.1.2, 1967

— Zuständigkeit der kommunalen Selbstverwaltungskörperschaften in der Regionalplanung (Erwiderung auf Klotz, DöV 1967, 184), DöV 1967, S. 190

Bielenberg, Walter / *Erbguth,* Wilfried / *Söfker,* Wilhelm: Raumordnungs- und Landesplanungsrecht des Bundes und der Länder, Kommentar und Sammlung der Rechts- und Verwaltungsvorschriften, Bielefeld 1979
(zit.: Bielenberg / Erbguth, BROG)

Blümel, Willi: Gemeinden und Kreise vor den öffentlichen Aufgaben der Gegenwart, VVDStRL 36 (1978), S. 172

— Raumordnung und kommunale Selbstverwaltung, DVBl. 1973, S. 436

— Das verfassungsrechtliche Verhältnis von Gemeinden und Landkreisen, Hannover 1979

— „Demokratisierung der Planung" oder rechtsstaatliche Planung? in: Festschrift für Ernst Forsthoff, München 1972, S. 9 ff.

Böckenförde, Ernst-Wolfgang: Planung zwischen Regierung und Parlament, Der Staat 1972, S. 429

Bonner Kommentar: Kommentar zum Bonner Grundgesetz, Hamburg 1950 ff., Stand Juni 1979
(zit.: Bearbeiter, in: Bonner Kommentar)

Borchmann, Michael: 150 Jahre Bezirke in Bayern, DöV 1978, S. 763

Borchmann, Michael / *Riffel,* Egon: Organisationsstrukturen der Regionalplanung, der Landkreis 1980, S. 631

Borghorst, Hermann: Bürgerbeteiligung in der Kommunal- und Regionalplanung: Eine kritische Problem- und Literaturanalyse, Leverkusen 1976

Boustedt: Olaf: Grundriß der empirischen Regionalforschung, Teil I: Raumstrukturen, Hannover 1975
(zit.: Boustedt, Raumstrukturen)

Boustedt, Olaf / *Ranz*, Herbert: Regionale Struktur- und Wirtschaftsforschung, Aufgaben und Methoden, Hannover 1957

Boustedt / Müller / Schwarz: Zum Problem der Abgrenzung von Verdichtungsräumen unter Berücksichtigung der Möglichkeiten zur Messung von Verdichtungsschäden, Gutachten, Bad Godesberg 1968

Brede, Helmut / *Ossorio*, Carles: Begriff und Abgrenzung der Region, unter besonderer Berücksichtigung der Agglomerationsräume, München 1967

Brenken, Günter: Organisation der Regionalplanung insbesondere in territorialer Hinsicht, Hannover 1968

Brentano, Ingelore: Verfassungs- und raumordnungsrechtliche Probleme der Regionalplanung, Münster 1978

Breuer, Rüdiger: Buchbesprechung zu Evers, Regionalplanung als gemeinsame Aufgabe von Staat und Gemeinden, Wien 1976, in: Die Verwaltung 1978, S. 100

Breusing, Rolf: Kreisentwicklungsplanung in Schleswig-Holstein, der Landkreis 1974, S. 461

Brösse, Ulrich: Ziele in der Regionalpolitik und in der Raumordnungspolitik, Zielforschung und Probleme der Realisierung von Zielen, Berlin 1972

Brohm, Winfried: Die Dogmatik des Verwaltungsrechts vor den Gegenwartsaufgaben der Verwaltung, VVDStRL 30 (1972), S. 245

— Zur Einführung: Strukturprobleme der planenden Verwaltung, JuS 1977, S. 500

— Verwirklichung überörtlicher Planungsziele durch Bauleitplanung, NJW 1980, S. 653

Brügelmann, H. / *Asmuss*, G. / *Cholewa*, E. W. / *v. d. Heide*, H. J.: Raumordnungsgesetz, Kommentar, Stuttgart
Stand Sept. 1970
(zit.: Brügelmann [Bearbeiter], BROG)

Buchsbaum, Richard: Das Bundesraumordnungsprogramm und seine Verbindlichkeit, DöV 1975, S. 545

— Organisation und Instrumente der Landes- und Regionalplanung, Informationen zur Raumentwicklung 1976, S. 263

Burmeister, Joachim: Verfassungstheoretische Neukonzeption der kommunalen Selbstverwaltungsgarantie, München 1977

Cassing, Gerhard / *Matties*, Hans-Hermann / *Mudra*, Thomas: Regionale Raumordnung, Vorschläge zur Aufstellung der Regionalen Raumordnungsprogramme in Niedersachsen, Teil I: Katalog regionalplanerischer Festlegungen, Hannover Juni 1978

Christaller, Walter: Die zentralen Orte in Süddeutschland: Eine ökonomisch-geographische Untersuchung über die Gesetzmäßigkeit der Verbreitung und Entwicklung der Siedlungen mit städtischen Funktionen, Jena 1933

Conrady, Hans-Peter: „Angelegenheiten der örtlichen Gemeinschaft“ nach Art. 28 Abs. 2 S. 1 GG?, DVBl. 1970, S. 408

Curdes, Gerhard / *Fester*, Florian / *Helmer*, Peter: Grundsätzliche Probleme der Raumabgrenzung für raumwirksame Maßnahmen, Informationen zur Raumentwicklung 1976, S. 41

Dahl, Otto: Rechts- und Organisationsfragen der Regionalplanung in Nordrhein-Westfalen, jur. Diss. 1978

Dahlke, Winfried: Zur Novellierung des Landesplanungsgesetzes NW, Verwaltungsrundschau 1980, S. 145

David, Carl-Heinz: Entwicklungen und Tendenzen in der Planungs- und Verwaltungsorganisation der großen Verdichtungsräume. Regionale Selbstverwaltung in den Ballungsräumen im Spannungsfeld der laufenden Funktionalreformen, Essen 1976
(zit.: David, Verdichtungsräume)

— Zur bundesraumordnungsrechtlichen Grenze der Entkommunalisierung der Landesplanung, structur 1974, S. 193

Dehmel, Hans-Hermann: Übertragener Wirkungskreis, Auftragsangelegenheiten und Pflichtaufgaben nach Weisung, Berlin 1970

Depenbrock, Johannes: Bezirksplanungsräte in Nordrhein-Westfalen, Archiv für Kommunalwissenschaften 1977, S. 197

Erbguth, Wilfried: Probleme des geltenden Landesplanungsrechts, Ein Rechtsvergleich, Münster 1975

Ernst, Paul Christoph: Verfassungsrechtliche und sonstige rechtliche Vorgaben der Kreisentwicklungsplanung. Ein Beitrag zum Verhältnis von Kreisentwicklungsplanung, Bauleitplanung und Regionalplanung, Köln 1979

Ernst, Werner: Gleichwertige Lebensbedingungen — Aufgabe der Raumordnung?, in: Ernst, Stepper, Marx u. a., Beiträge zum Konzept der ausgeglichenen Funktionsräume, Münster 1977, S. 9
(zit.: Ernst, Gleichwertige Lebensbedingungen in: Ausgeglichene Funktionsräume)

— Die Situation der Raumordnung und Landesplanung, der Landkreis 1974, S. 455

— Raumordnungspolitik — Illusion oder Wirklichkeit?, Neues Archiv für Niedersachsen 1980, S. 115

Ernst, Werner / *Hoppe*, Werner: Das öffentliche Bau- und Bodenrecht, Raumplanungsrecht, München 1978

Ernst, Werner / *Suderow*, Wolfgang: Die Zulässigkeit raumordnerischer Festlegungen für Gemeindeteile, Rechtsgutachten, März 1976

Ernst / Zinkhahn / Bielenberg: Bundesbaugesetz, Kommentar, 3. Auflage, München, auf dem Stand vom 1. 5. 1979
(zit.: Bearbeiter, in: Ernst / Zinkahn / Bielenberg, BBauG)

Evers, Hans-Ulrich: Regionalplanung als gemeinsame Aufgabe von Staat und Gemeinden, Wien 1976
(zit.: Evers, Regionalplanung)

— Regionalplanung als gemeinsame Aufgabe von Staat und Gemeinden, Berichte zur Raumforschung und Raumplanung 1975, Heft 3, S. 3

— Das Recht der Raumordnung, München 1973
(zit.: Evers, Recht der Raumordnung)

Fatheuer, Horst: Grundlagen und Rechtsprobleme der Landschaftsplanung, der Landkreis 1978, S. 386

Finckenstein, Graf: Raumordnung, eine gemeinschaftliche Aufgabe aller beteiligten Verwaltungen, DöV 1969, S. 56

Forsthoff, Ernst: Lehrbuch des Verwaltungsrechts, Erster Band, Allgemeiner Teil, 10. Auflage, München 1973

Forsthoff, Ernst / *Blümel*, Willi: Raumordnungsrecht und Fachplanungsrecht, Ein Rechtsgutachten, Frankfurt 1970

Frank, Harro: Der Umlandkreis — Die Ordnung des Stadt-Umlandes durch den Umlandkreis oder Nachbarkreis?, jur. Diss. Hamburg 1971

Fürst, Gerhard: Stadt und Land in der Methodik der Statistik, Allgemeines Statistisches Archiv, 1930, S. 484

Gerhardt, Kurt: Das Kreisentwicklungsprogramm in Baden-Württemberg, der Landkreis 1974, S. 463

Göb / Laux / Salzwedel / Breuer: Kreisentwicklungsplanung, Gutachten erstattet im Auftrage des Landkreistages Nordrhein-Westfalen, Köln 1974

Götz, Volkmar: Staat und Kommunalkörperschaften in der Regionalplanung, in: Im Dienst an Recht und Staat, Festschrift für Werner Weber, Berlin 1974, S. 979
(zit.: Götz, Staat- und Kommunalkörperschaften, in: Festschrift für W. Weber)

Götz, Volkmar / *Petri*, Wilhelm: Die Verwaltungs- und Gebietsreform in Niedersachsen, Die Verwaltung 1980, Heft 1, S. 37

Grawert, Rolf: Gemeinden und Kreise vor den öffentlichen Aufgaben der Gegenwart, VVDStRL 36 (1978), S. 278

Grünschläger, Richard: Bezirksplanungsrat — Erfahrungen und Perspektiven, Städte- und Gemeinderat 1980, S. 91

Güldenberg, Eckart: Auflösung des Verbandes Großraum Hannover? Informationen zur Raumentwicklung 1979, S. 227

Haack, Dieter: Raumordnung und Chancengleichheit, Bulletin der Bundesregierung, 1978, S. 911

Haarmann, Wennemar: Stand und Probleme des Raumordnungsrechts, DVBl. 1963, S. 833

Hahlweg, Horst / *Nebe*, Michael: Kreisneugliederung und Abgrenzung von Regionen in Baden-Württemberg nach dem Kreisreform- und dem Regionalverbandsgesetz, Informationen des Instituts für Raumordnung, 1972, Nr. 9, S. 231

Halstenberg, Friedrich: Die Planung und ihre Träger, in: Stadtplanung, Landesplanung, Raumordnung — Vorträge und Berichte, Köln und Opladen 1962, S. 46

Heigl, Ludwig: Stand und Tendenzen der Raumordnung und Landesplanung in der Bundesrepublik Deutschland, in: Wirtschaft und Verwaltung — Vierteljahresbeilage zum Gewerbearchiv, 1976/2, S. 1

Heiland, Ingolf: Der Begriff Region, Notwendige Überlegungen beim Aufbau eines Fachthesaurus, Institut für Raumordnung, Informationen 1968, S. 657

Hendler, Reinhard: Gemeindliches Selbstverwaltungsrecht und Raumordnung, Göttingen 1972

— Das rechtliche Verhältnis von überörtlicher Landschaftsplanung und Raumordnungsplanung, Natur und Recht 1981, S. 41

Hoffmann: Die schleichende Aushöhlung der kommunalen Selbstverwaltung, Städte- und Gemeindebund 1977, S. 132

Hohberg, Heinz: Das Recht der Landesplanung — Eine Synopse der Landesplanungsgesetze in der Bundesrepublik Deutschland, Hannover 1966

Hollihn, Frank: Partizipation und Demokratie. Bürgerbeteiligung am kommunalen Planungsprozeß?, Baden-Baden 1978

Honnacker, Heinz: Die Region-, Planungs- oder Verwaltungseinheit in Bayern?, in: Recht und Staat, Festschrift für Günther Küchenhoff, Zweiter Halbband, Berlin 1972, S. 501

Hoppe, Werner: Zur Struktur von Normen des Planungsrechts — Bemerkungen zu rechtsstaatlichen Anforderungen an die Begriffsbildung im Planungsrecht, DVBl. 1974, S. 641

Hoppe, Werner / *Rengeling*, Hans-Werner: Rechtsschutz bei der kommunalen Gebietsreform, Frankfurt 1973

Hottes, Karlheinz: Planungsräume, ihr Wesen — ihre Abgrenzungen in: Theorie und Praxis bei der Abgrenzung von Planungsräumen — dargestellt am Beispiel Nordrhein-Westfalen, Hannover 1972, S. 1

Hübler, Karl-Hermann: Großräumige Vorranggebiete als Gegenkonzept zu ausgeglichenen Funktionsräumen, in: Ernst, Stepper, Marx u. a., Beiträge zum Konzept der ausgeglichenen Funktionsräume, Münster 1977, S. 73
(zit.: Hübler: Großräumige Vorranggebiete, in: Ausgeglichene Funktionsräume)

Isard, Walter: Regional Science, the Concept of Region, and Regional Structure, in: Papers and Proceedings of the Regional Science Association, 2. Jg. 1956, S. 20

Isbary, Gerhard: Zur Gliederung des Bundesgebietes in Planungsräumen DöV 1963, S. 793

Kistenmacher, Hans: Planen wir zuviel? der landkreis 1979, S. 144

Klein, Günther: Zur Rechtsnatur und Bindungswirkung der Ziele der Landesplanung, Münster 1972

Klemmer, Paul: Ansatzpunkte zur Abgrenzung von Planungsräumen für die Raumordnungspolitik, Information zur Raumentwicklung 1976, S. 51

Klotz, Erhard: Zuständigkeit der kommunalen Selbstverwaltungskörperschaften in der Regionalplanung, DöV 1967, S. 184

Kluczka, Georg: Zentrale Orte und zentralörtliche Bereiche, in: Grundlagen für Fragen der Raumordnung, Tagungsbericht, Bonn-Bad Godesberg 1970, S. 66 ff.
(zit.: Kluczka, Zentrale Orte, in: Grundlagen)

— Zentrale Orte und zentralörtliche Bereiche mittlerer und höherer Stufe in der Bundesrepublik Deutschland, Bonn-Bad Godesberg 1970
(zit.: Kluczka, Zentrale Orte und zentralörtliche Bereiche)

Klüber, Hans: Die Gemeinden im bundesdeutschen Verfassungsrecht, Düsseldorf 1974

Knecht, Erwin Rudolf: Das Landesplanungsrecht von Rheinland-Pfalz unter besonderer Berücksichtigung der Regionalplanung, jur. Diss. Mannheim 1969

Knemeyer, Franz-Ludwig: „Die Kommune als Partner der Raumordnung und Landesplanung" — Bericht über die wissenschaftliche Plenarsitzung der Akademie für Raumforschung und Landesplanung am 18. Oktober 1979 in Augsburg, BayVBl. 1980, S. 15

— Gewährleistung des notwendigen Handlungs- und Entfaltungsspielraumes der kommunalen Selbstverwaltung, NJW 1980, S. 1140

Knoepfel, Peter: Demokratisierung der Raumplanung, Grundsätzliche Aspekte und Modell für die Organisation der kommunalen Nutzungsplanung unter besonderer Berücksichtigung der schweizerischen Verhältnisse, Berlin 1977

Köttgen, Arnold: Wesen und Rechtsform der Gemeinden und Gemeindeverbände, in: Handbuch der kommunalen Wissenschaft und Praxis, von Peters, Hans (Hrsg.), Band I, Kommunalverfassung, Berlin - Göttingen - Heidelberg 1956, S. 185

Korte, Heinz W.: Die Aufgabenverteilung zwischen Gemeinde und Staat unter besonderer Berücksichtigung des Subsidiaritätsprinzips, Verwaltungsarchiv Bd. 61 (1970), S. 3 und S. 141

Kreiter, Franz M.: Die Rolle politischer Parteien in der kommunalen Entwicklungsplanung, in: Gabriel / Kreiter / Ronneberger u. a., Studien zur Kommunalpolitik, Strukturprobleme des lokalen Parteisystems, Bonn 1975, S. 65

Kroner, Günter / *Kessler*, Hans-Reiner: Vorschlag einer räumlichen Gliederung des Bundesgebietes nach der Erreichbarkeit von Oberzentren, Informationen zur Raumentwicklung 1976, S. 15

Kühn, Wolfgang: Das Prinzip der Allzuständigkeit der Gemeinden, Diss. jur. Münster 1971

Kunzmann, Klaus R. / *Müller*, Sebastian: Eine Bedarfsrechnung für Raumplaner in der Bundesrepublik Deutschland, Stadtbauwelt 1976, S. 1172

Landwehr, Reinhard: Die methodischen Grundlagen der Regionalanalyse, Münster 1975

— Die Gliederung des Raumes: Typisierung, Regionsabgrenzung und Regionierung, Münster 1975

Lange, Hans-Georg: Konflikte bei der Abstimmung zwischen Regional- und Bauleitplanung, Informationen zur Raumentwicklung 1979, S. 441

Lange, Klaus: Rechtsprobleme kommunaler Wirtschaftsförderung DVBl. 1977, S. 873

— Regionale Raumordnung und Verwaltungsreform, Kommunalwirtschaft 1969, S. 63

— Stichwort „Regionen", in: Handwörterbuch der Raumforschung und Raumordnung, 2. Auflage, Hannover 1970, Sp. 2705

— Die Organisation der Region, Siegburg 1968

Langer, Heinz: Abgrenzung von Planungsräumen in Westfalen, in: Theorie und Praxis bei der Abgrenzung von Planungsräumen — dargestellt am Beispiel Nordrhein-Westfalen —, Hannover 1972, S. 67

Lauschmann, Elisabeth: Grundlagen einer Theorie der Regionalpolitik, 3. Auflage, Hannover 1976

Laux, Eberhard: Die administrative Funktion des Kreises, in: Der Kreis, Ein Handbuch, Bd. I, Köln und Berlin 1972, S. 93

Lehmann, Alfred: Abgrenzung von Planungsräumen im Rheinland, in: Theorie und Praxis bei der Abgrenzung von Planungsräumen — dargestellt am Beispiel Nordrhein-Westfalen, Hannover 1972, S. 31

Lehmann-Grube, Hinrich: Planung und raumrelevante Verwaltung, in: Die Verwaltungsregion, Aufgaben und Verfassung einer neuen Verwaltungseinheit, Stuttgart 1967, S. 70

Ley, Norbert: Stichwort „Fachplanung", in: Handwörterbuch der Raumforschung und Raumordnung, 2. Auflage, Hannover 1970, Sp. 683

Macher, Ludwig: Der Grundsatz des gemeindefreundlichen Verhaltens, Zur Aktualisierung oder Garantie der kommunalen Selbstverwaltung (Art. 28 II GG), Berlin 1971

Mäding, Erhard: Funktionelle Organisation der Kreisverwaltung, in: Der Kreis, Bd. 2, Köln und Berlin 1976, S. 33

Marx, Detlef: Die Schaffung ausgeglichener Funktionsräume als Strategie für Raumordnung und Landesplanung, in: Ernst, Stepper, Marx u. a., Beiträge zum Konzept der ausgeglichenen Funktionsräume, Münster 1977, S. 59 ff.
(zit.: Marx, Funktionsräume, in: Ausgeglichene Funktionsräume)

Maunz / Dürig / Herzog / Scholz: Grundgesetz Kommentar, München, Stand Juni 1978
(zit.: Bearbeiter, in: Maunz / Dürig, GG-Kommentar)

Mayer, Franz: Region und Mittelstufe der öffentlichen Verwaltung, in: Franz Mayer (Hrsg.), Region und Mittelstufe der öffentlichen Verwaltung, Bd. 2, Bonn 1976, S. 131

— Fragen der Kommunalisierung auf der Mittelstufe der öffentlichen Verwaltung, in: Im Dienst an Recht und Staat, Festschrift für Werner Weber, Berlin 1974, S. 935

Meinke, Dieter: Neuere Ansätze zur Bildung von Regionen, Raumforschung und Raumordnung, 1970, S. 1

Menges, Günter: Zur europäischen Regionalstatistik, Allgemeines Statistisches Archiv 1962, S. 1

Motyl, Monika: Die Gemeinden in der Landesplanung, Würzburg 1973

Müller, Gottfried: Regionalplanung — Standort, Aufgaben und Organisation, in: Regionalplanung, Köln 1966, S. 9

Müllmann, Adalbert: Naturschutz und Landschaftspflege, in: der landkreis 1976, S. 325

Niemeier, Hans-Gerhart: Die Stellung der Kreise in der Raum- und Entwicklungsplanung, in: Der Kreis, Ein Handbuch, Bd. 2, S. 128

— Entwicklungstendenzen im Landesplanungsrecht, in: Raumplanung — Entwicklungsplanung, Hannover 1972, S. 1

— Das Recht der Raumordnung und Landesplanung in der Bundesrepublik Deutschland, Hannover 1976

— Regionalplanung und Selbstverwaltung, in: Raumplanung und Eigentumsordnung, Festschrift für Werner Ernst, München 1980, S. 335
(zit.: Niemeier, Regionalplanung, in: Raumplanung, Festschrift für W. Ernst)

Niemeier / Dahlke / Lowinski: Landesplanungsrecht NRW, Kommentar, Essen 1977

Ossenbühl, Fritz: Welche normativen Anforderungen stellt der Verfassungsgrundsatz des demokratischen Rechtsstaates an die planende staatliche Verwaltung?, Gutachten B für den 50. Deutschen Juristentag, München 1974
(zit.: Ossenbühl, Gutachten B, 50. DJT)

— Die Quellen des Verwaltungsrechts, in: Erichsen / Martens, Allgemeines Verwaltungsrecht, 3. Auflage, Berlin, New York 1978, S. 55

Otremba, Erich: Stichwort „Raum und Raumgliederung“, in: Handwörterbuch der Raumforschung und Raumordnung, Hannover 1966, Sp. 1559

Papier, Hans-Jürgen: Die rechtlichen Grenzen der Bauleitplanung, DVBl. 1975, S. 461

Pappermann: Ernst: Verwaltungsverbund im kreisangehörigen Raum, DöV 1975, S. 181

— Zur Problematik der Kreisentwicklungsplanung, Bemerkungen zur derzeitigen Praxis und zur Diskussion um eine gesetzliche Regelung in Nordrhein-Westfalen, DöV 1973, S. 505

— Die Zielrichtung der Selbstverwaltungsgarantie, DVBl. 1976, S. 766

Pappermann, Ernst / *Roters*, Wolfgang / *Vesper*, Emil: Maßstäbe für die Funktionalreform im Kreis. Exemplarische Erläuterung am Beispiel Nordrhein-Westfalens, Köln 1976

Patzig, Werner: Die Entwicklung des kommunalen Finanzausgleichs seit 1967, DVBl. 1974, S. 485

Petersen, Gerd: Regionale Planungsgemeinschaften als Instrument der Raumordnungspolitik in Baden-Württemberg, Probleme und kritische Würdigung ihrer Planungspraxis, Berlin 1972

Petri, Wilhelm: Die staatlichen Zweckzuweisungen im kommunalen Finanzsystem, dargestellt am Beispiel des Landes Niedersachsen, Berlin 1977

Piest, Rainer: Landschaftsplanung zwischen Regionalplanung und Kreisentwicklungsplanung, der landkreis 1975, S. 22

Poeschel, Jürgen: Verband Großraum Braunschweig und kommunale Selbstverwaltung, DöV 1977, S. 231

Pühl, Manfred: Die Organisation der Regionalplanung nach der Gebiets- und Verwaltungsreform, Göttingen 1979

Püttner, Günter: Überlegungen aus der Sicht der Verwaltungswissenschaft zu den heutigen Bestrebungen einer Gebiets- und Verwaltungsreform, in: Grundfragen der Gebiets- und Verwaltungsreform in Deutschland, hrsg. von Alfred Hartlieb von Wallthor und Franz Petri, Aschendorff, Münster 1973, S. 24
(zit.: Püttner, Verwaltungswissenschaft, in: Grundfragen der Gebiets- und Verwaltungsreform)

— Stadtentwicklungsplanung und Kreisentwicklungsplanung im Gefüge öffentlicher Planung, Gutachten, Berlin 1974
(zit.: Püttner, Stadtentwicklungsplanung)

— Unterschiedlicher Rang der Gesetze?, DöV 1970, S. 322

Richter, Gerd-Jürgen: Verfassungsprobleme der kommunalen Funktionalreform — zur dogmatischen Einordnung des Art. 28 Abs. 2 GG, Köln 1977

Riechels, Ernst: Eigenentwicklung — ein planungsstrategisches Problem der Raumordnung, DVBl. 1968, S. 360

Ritter, Ernst-Hasso: Regionale Entwicklungsplanung zwischen staatlicher Steuerung und kommunaler Autonomie, Innere Kolonisation — Land und Gemeinde 1978, S. 130

Roesler, Konrad / *Stürmer*, Wilhelmine: Koordinierung in der Raumordnungspolitik, Schriften der Kommission für wirtschaftlichen und sozialen Wandel, Bd. 61, Göttingen 1975

Rohmeier, Helmut: Die niedersächsischen Landkreise und kreisfreien Städte. Ein sozioökonomischer Strukturvergleich mit Hilfe einer EDV-unterstützten Typisierungsmethode, Neues Archiv für Niedersachsen, Bd. 26, 1977, S. 192

Roters, Wolfgang: Kommunale Mitwirkung an höherstufigen Entscheidungsprozessen, zur künftigen Rolle der kommunalen Selbstverwaltung im politisch administrativen System der Bundesrepublik Deutschland, Köln 1975

— Kommunale Spitzenverbände und funktionales Selbstverwaltungsverständnis, DVBl. 1976, S. 359

— Zur Verfassungsmäßigkeit und Effektivität der Bezirksplanungsräte nach dem Landesplanungsgesetz NW, Staats- und Kommunalverwaltung 1976, S. 226

Roters, Wolfgang / *Ballke*, Wolfgang: Funktionalreform in der mittleren Verwaltungsebene, Köln 1978

Rothe, Karl-Heinz: Zur Kritik an der Selbstverwaltung (I), Die demokratische Gemeinde 1974, S. 353

Rutkowski, Gerhard: Einfluß der Regionalplanung auf die gemeindliche Bauleitplanung, jur. Diss., Münster 1974

Salzwedel, Jürgen: Staatliche Genehmigungsvorbehalte gegenüber der Selbstverwaltung, Archiv für Kommunalwissenschaften 1962, S. 203

Scharpf, Fritz W. / *Schnabel*, Fritz: Durchsetzungsprobleme der Raumordnung im öffentlichen Sektor, Informationen zur Raumentwicklung 1978, S. 29

Scheuner, Ulrich: Zur Neubestimmung der kommunalen Selbstverwaltung, Archiv für Kommunalwissenschaften 1973, S. 1

— Stellung und Aufgaben komunaler Regionalverbände, in: Die Verwaltungsregion, 1967, S. 11
(zit.: Scheuner, Regionalverbände, in: Die Verwaltungsregion)

Schmidt-Aßmann, Eberhard: Fortentwicklung des Rechts im Grenzbereich zwischen Raumordnung und Städtebau, Forschungsauftrag des Bundesministers für Raumordnung, Bauwesen und Städtebau, Bonn-Bad Godesberg 1977
(zit.: Schmidt-Aßmann, Fortentwicklung des Rechts)

— Grundfragen des Städtebaurechts, Göttingen 1972
(zit.: Schmidt-Aßmann, Grundfragen)

— Der Ausbau der Kreisplanung in Stufen — erläutert am Beispiel der nordrhein-westfälischen Rechtsentwicklung, DVBl. 1975, S. 4

— Zulässigkeit und Grenzen landesplanerischer Bestimmungen für die innergebietliche räumliche Gliederung der Gemeinden, Raumforschung und Raumordnung 1978, S. 11

— Verfassungsrechtliche und verwaltungspolitische Fragen einer kommunalen Beteiligung an der Landesplanung, AöR 101 (1976), S. 520

— Rechtsfragen der Landesplanung und Landesentwicklung und das Allgemeine Verwaltungsrecht, Der Staat 1980, S. 108

— Planung unter dem Grundgesetz, DöV 1974, S. 541

— Die Stellung der Gemeinden in der Raumplanung — Systematik und Entwicklungstendenzen, Verwaltungsarchiv 1980, S. 117

— Rechtsstaatliche Anforderungen an Regionalpläne, DöV 1981, S. 237

Schmidt-Jortzig, Eduard: Gemeinden und Kreise vor den öffentlichen Aufgaben der Gegenwart, DVBl. 1977, S. 801

Schmitt Glaeser, Walter: Partizipation an Verwaltungsentscheidungen, VVDStRL 31 (1973), S. 179

— Systemgerechtigkeit in der Raumplanung, in: Verwaltung und Rechtsbindung, Festschrift zum hundertjährigen Bestehen des Bayerischen Verwaltungsgerichtshofes, Stuttgart-München 1980, S. 291

— Die kommunale Landschaft nach den Gebietsreformen und ihre Folgewirkungen für die Raumordnung und Landesplanung, Der Landkreis 1980, S. 130

Schmitz, Gottfried: Angrenzung und Gliederung des Planungsraumes Ruhrgebiet, in: Theorie und Praxis bei der Abgrenzung von Planungsräumen — dargestellt am Beispiel Nordrhein-Westfalen, Hannover 1972, S. 51

Schnapp, Friedrich E.: Zuständigkeitsverteilung zwischen Kreis und kreisangehörigen Gemeinden, Frankfurt 1973

Schnitker, Rudolf: Das Raumordnungsverfahren nach dem niedersächsischen Landesplanungsgesetz, Informationen zur Raumentwicklung 1979, S. 141

Schnur, Roman: Planungsraum = Verwaltungsraum?, in: Integrationsprobleme der Regionalplanung in Verdichtungsräumen, Essen 1971

— Politische Entscheidung und räumliche Interessen, Die Verwaltung 1970, S. 257

Schröder, Meinhard: Zwischenbilanz zur Stadt-Umland-Reform in der Bundesrepublik Deutschland, Die Verwaltung 1979, S. 1

Schultze, Harald: Raumordnungspläne und gemeindliche Selbstverwaltung, Die Anpassung der Bauleitpläne an die Ziele der Raumordnung und Landesplanung, 1969

Schulz zur Wiesch, Jochen: Konflikte bei der Abstimmung zwischen Fach- und Regionalplanungen, Informationen zur Raumentwicklung 1979, S. 449

— Regionalplanung in Hessen, Ein Beitrag zur empirischen Planungsforschung, Stuttgart 1977
(zit.: Schulz zur Wiesch, Regionalplanung)

Seele, Günter: Der Kreis als Aufgabenträger, der Landkreis 1974, S. 227

— Die Neugliederung der Kreise — eine erste Bilanz, der Landkreis 1978, S. 494

— Die Neuordnung der Regionalebene, der Landkreis 1972, S. 429

— Aktuelle Status- und Reformprobleme im Verhältnis von Kreisen und Gemeinden, Bericht über das Professorengespräch 1979 des Deutschen Landkreistages, der Landkreis 1980, S. 143

Sesselmann, Willy: Politische, rechtliche und materielle Aspekte zum Übergang der Regionalplanung auf die Landkreise und kreisfreien Städte, Göttingen 1978

Siedentopf, Heinrich: Die Kreise vor einem neuen Leistungs- und Gestaltungsauftrag? Von der Territorial- zur Funktionsreform, DVBl. 1975, S. 13

— Gemeindliche Selbstverwaltungsgarantie im Verhältnis zur Raumordnung und Landesplanung, Göttingen 1977

Steinberg, Günter: Zum Begriff Region in Wissenschaft und Praxis der Gegenwart, in: Grundfragen der Gebiets- und Verwaltungsreform in Deutschland, hrsg. von Alfred Hartlieb von Wallthor und Franz Petri, Aschendorff, Münster 1973, S. 12

Steiner, Udo: Öffentliche Verwaltung durch Private, Hamburg 1975

Stolley, K. M.: Vergleich ausgewählter Regionalpläne — Inhalt, Methodik, Kartographie, Planungsträger, Feststellungsverfahren, März 1973

Stüer, Bernhard: Verfassungsrechtliche Maßstäbe für die gemeindliche, kreisliche und regionale Funktionalreform, jur. Diss. Münster 1978

— Der verfassungsrechtliche Stellenwert der Stadt-Umland-Verbände, in: Friedrich-Naumann-Stiftung, Dokumentation über das kommunalwissenschaftliche Hearing zum Thema: Der Stadt-Umland-Verband, eine notwendige Alternative im Kommunalsystem, Hannover, November 1979, S. 49
(zit.: Stüer, Stadt-Umland-Verbände, in: Friedrich-Naumann-Stiftung, Dokumentation)

Suderow, Wolfgang: Das Verhältnis der Fachplanungen zur Raumordnung und Landesplanung, Münster 1976

Thelen, Peter: Abgrenzung von Regionen als Grundlage für eine raumbezogene Politik, Jahrbuch für Sozialwissenschaft, Bd. 23, 1972, S. 227

Thieme, Werner: Zur Situation der Forschung im Bereich der Kommunalwissenschaften, Archiv für Kommunalwissenschaften 17 (1978), S. 234

Thoss, Rainer: Bemerkungen zur Diskussion über die Abgrenzung von Regions-Hierarchien für regionale Entwicklungspolitik, Informationen zur Raumentwicklung 1976, S. 35

Tiedeken, Hans: Planen wir zuviel?, der Landkreis 1978, S. 489

Timmer, Reinhard: Raumordnung und Industrialisierung, Hannover 1977

Ullrich, Konrad: Kritik am sogenannten funktionalen Selbstverwaltungsverständnis, DöV 1978, S. 73

Umlauf, Josef: Möglichkeiten und Grenzen der Landesplanungsgemeinschaft, in: Stadtplanung, Landesplanung, Raumordnung — Vorträge und Berichte, Köln und Opladen 1962, S. 30

— Wesen und Organisation der Landesplanung, Essen 1958

von der Heide, Hans-Jürgen: Flurbereinigung bei Planungsräumen, Informationen zur Raumentwicklung 1976, S. 1

— Fachplanungskompetenz der Kreise, der Landkreis 1978, S. 509

— Landkreise und Regionalplanung, Archiv für Kommunalwissenschaften 1967, S. 47

von der Heide, Hans-Jürgen / *Neumann*, Ulrich: Die Kreise in der Raumplanung, der Landkreis 1976, S. 301

von Ladiges, Carl-Henning / *Trümper*, Andreas: Kommunale Planung im Verflechtungsbereich von Oberzentren in solitärer Lage, Berlin 1978

von Unruh, Georg Christoph: Gemeinderecht, in: von Münch (Hrsg.), Besonderes Verwaltungsrecht, 4. Aufl., Berlin 1976, S. 77

— Der Kreis — Ursprung, Wesen und Wandlungen, in: Der Kreis, Ein Handbuch, Bd. I, Köln und Berlin 1972
(zit.: von Unruh, Der Kreis, in: Der Kreis, Bd. I)

— Die Einrichtung der kommunalen Selbstverwaltung als staatspolitische Aufgabe, DVBl. 1973, S. 1

— „Einheit der Verwaltung" — Betrachtungen über Möglichkeiten und Grenzen eines Organisationsmaßstabs, DVBl. 1979, S. 761

— Gebiets- und Verwaltungsreform in Niedersachsen 1965 - 1978, Hannover 1978

Wagener, Frido: Neubau der Verwaltung. Gliederung der öffentlichen Aufgaben und ihrer Träger nach Effektivität und Integrationswert, Berlin 1969

— Modelle der Stadt-Umland-Verwaltung, in: Festschrift für Werner Weber, Berlin 1974, S. 957

— Der Kreis im Gefüge der Verwaltungsorganisation, in: Der Kreis, Ein Handbuch, Bd. I, Köln und Berlin 1972, S. 48

— Gemeindeverbandsrecht in Nordrhein-Westfalen, Kommentar zur Landkreisordnung, Landschaftsverbandsordnung und zum Gesetz über kommunale Gemeinschaftsarbeit, Köln 1967

— Der Stadt-Umland-Verband als Idealtypus — Voraussetzungen, Aufgaben, Aufbau, in: Friedrich-Naumann-Stiftung, Dokumentation über das kommunalwissenschaftliche Hearing zum Thema: Der Stadt-Umland-Verband, eine notwendige Alternative im Kommunalsystem?, Hannover, November 1979, S. 5

— Zur künftigen Aufgabenstellung und Bedeutung der Kreise, DöV 1976, S. 253

– Zweckmäßig abgegrenzte Räume für die Raumordnungspolitik, Informationen zur Raumentwicklung 1976, S. 57

— Von der Raumplanung zur Entwicklungsplanung, DVBl. 1970, S. 93

— Verwaltungsstruktur und Raumordnung, Informationsbriefe für Raumordnung, R. 2.2.3

Wahl, Rainer: Rechtsfragen der Landesplanung und Landesentwicklung, Erster Band: Das Planungssystem der Landesplanung, Grundlagen und Grundlinien, Berlin 1978
(zit.: Wahl, Rechtsfragen der Landesplanung, Bd. I)

— Rechtsfragen der Landesplanung und Landesentwicklung, Zweiter Band: Die Konzepte zur Siedlungsstruktur in den Planungssystemen der Länder, Berlin 1978
(zit.: Wahl, Rechtsfragen der Landesplanung, Bd. II)

Weber, Werner: Entspricht die gegenwärtige kommunale Struktur den Anforderungen der Raumordnung? Empfehlen sich gesetzliche Maßnahmen der Länder und des Bundes? Welchen Inhalt sollen sie haben? Gutachten für den 45. Deutschen Juristentag, Berlin 1964

— Kommunalaufsicht als Verfassungsproblem, in: Aktuelle Probleme der Kommunalaufsicht, Berlin 1963, S. 17

— Der Kreis und die untere Verwaltungsinstanz, in: Der Kreis, Ein Handbuch, Bd. I, Köln und Berlin 1972, S. 75

— Planende Verwaltung als Aufgabe der Gegenwart, in: Aufgaben und Möglichkeiten der Raumplanung in unserer Zeit, Hannover 1972, S. 9

— Stichwort „Verwaltungsgliederung und Raumordnung, Verwaltungs- und Gebietsreform", in: Handwörterbuch der Raumforschung und Raumordnung, 2. Auflage, Hannover 1970, Sp. 3600 (3634)

Weidemann, Gunde: Bindung und Freiheit in der Raumordnung für Bund und Länder nach dem Raumordnungsgesetz, Köln 1971

Weyl, Heinz: Die Notwendigkeit besonderer Planungsverbände in Verdichtungsräumen, in: Friedrich-Naumann-Stiftung, Dokumentation über das kommunalwissenschaftliche Hearing zum Thema: Der Stadt-Umland-Verband, eine notwendige Alternative im Kommunalsystem?, Hannover, November 1979, S. 32

— Der Verband Großraum Hannover — Ein Modell interkommunaler Zusammenarbeit, Archiv für Kommunalwissenschaften 16 (1977), S. 178

Wiese, Rolf: Probleme der Funktionsreform im Kreis, Staats- und Kommunalverwaltung 1975, S. 226

Wolff, Hans J. / *Bachof*, Otto: Verwaltungsrecht I, 9. Auflage, München 1974

— Verwaltungsrecht II (Organisations- und Dienstrecht), 4. Auflage, München 1976

Zeitler, Herbert: Einvernehmen und Benehmen im Bauplanungsrecht, in: Verwaltung und Rechtsbindung, Festschrift zum hundertjährigen Bestehen des Bayerischen Verwaltungsgerichtshofes, Stuttgart - München 1979, S. 51

Zimmermann, Dieter / *Ahrens*, Dirk / *Rosenfeld*, Bernd: Zum Stand der Regionalplanung in Niedersachsen, Ergebnis einer Umfrage, Neues Archiv für Niedersachsen 1979, S. 565

Zinkahn, Willy / *Bielenberg*, Walter: Raumordnungsgesetz des Bundes, Kommentar unter Berücksichtigung des Landesplanungsrechts, Berlin 1965 (zit.: Zinkahn / Bielenberg, BROG)

Zoubeck, Gerhard: Das Raumordnungsverfahren. Eine rechtsvergleichende Untersuchung des förmlichen landesplanerischen Abstimmungsinstrumentes, Münster 1978

Materialien ohne Verfasserangabe

Bericht der Arbeitsgruppe Großraumverbände des Nds. Ministers des Innern zur Neugliederung der Verwaltungsebenen in den Großräumen Braunschweig und Hannover, Teilbericht Hannover, 1978

Bundesminister für Ernährung, Landwirtschaft und Forsten, Inhalte und Verfahrensweisen der Landschaftsplanung, Stellungnahme des Beirats für Naturschutz und Landschaftspflege beim Bundesminister für Ernährung, Landwirtschaft und Forsten, Juni 1976

Deutsche Gesellschaft für Landesentwicklung, Möglichkeiten zur Abgrenzung arbeitsmarktpolitischer Aktionsräume im Lande Nordrhein-Westfalen (Vorstudie), Düsseldorf 1970

Der Deutsche Landkreistag, Der Kreis in der Reform, Entschließung des Präsidiums des Deutschen Landkreistages vom 9. 11. 1971 zur Verwaltungs- und Gebietsreform, der Landkreis 1972, S. 5

Deutscher Landkreistag und Deutscher Gemeindetag, Forderungen zur Raumordnung, der Landkreis 1963, S. 34

Enquête-Kommission für Fragen der Verfassungsreform, Zwischenbericht vom 21. 9. 1972, Bundestags-Drucksache VI/3829

Entwurf eines Achten Gesetzes zur Verwaltungs- und Gebietsreform vom 7. 8. 1975, Niedersächsischer Landtag, Drucksache 8/1000

Entwurf eines Gesetzes zur Änderung des Niedersächsischen Gesetzes über Raumordnung und Landesplanung vom 18. 5. 1973, Landtags-Drucksache 7/2000

Entwurf eines Gesetzes zur Änderung des Bayerischen Landesplanungsgesetzes vom 22. 1. 1981, Landtags-Drucksache 9/7160

Entwurf eines Gesetzes über die Auflösung des Verbandes Großraum Hannover vom 16. 10. 1979, Niedersächsischer Landtag, Drucksache 9/1091

Entwurf eines Gesetzes zur Änderung des Gesetzes über den Großraum Hannover vom 27. 11. 1979, Fraktion der SPD, Niedersächsischer Landtag, Drucksache 9/1200

Entwurf eines Niedersächsischen Gesetzes über Naturschutz und Landschaftspflege vom 28. 9. 1978, Landtags-Drucksache 9/150

Entwurf des Landesraumordnungsprogrammes Niedersachsen vom Juni 1980, Hannover 1980 (Entwurf zur Beteiligung gem. § 5 Abs. 3 NROG)
(zit.: Entwurf LROP 1980)

Friedrich-Naumann-Stiftung, Dokumentation für das kommunalwissenschaftliche Hearing der Friedrich-Naumann-Stiftung zum Thema: Der Stadt-Umland-Verband, eine notwendige Alternative im Kommunalsystem?, Hannover, November 1979

Koalitionsvereinbarung zwischen CDU und FDP vom 5. Dezember 1976 für die 8. Wahlperiode des Niedersächsischen Landtages

Die kommunale und staatliche Neugliederung des Landes Nordrhein-Westfalen, Abschnitt B: Die Neugliederung der Städte und Gemeinden in den Ballungszonen und die Reform der Kreise, 1968

Landesraumordnungsprogramm Niedersachsen vom 18. 3. 1969 mit der 1. Änderung vom 2. 2. 1971, der 2. Änderung und Ergänzung vom 3. 4. 1973 und der 3. Änderung vom 23. 5. 1978 (Nds. MBl. 1978, S. 722)

Änderung des Landesraumordnungsprogramms Niedersachsen, Entwurf mit Begründung vom 3. 1. 1978

Niedersächsische Sachverständigenkommission zur Fortentwicklung des Kommunalverfassungsrechts, Bericht, hrsg. vom Niedersächsischen Minister des Innern, Köln u. a., April 1978

Niedersächsischer Landkreistag, Anlage zum Rundschreiben Nr. 34/1978 vom 20. 2. 1978: Niederschrift über die Informationsveranstaltungen des Nds. Landkreistages vom 19. 12. 1977 und 23. 1. 1978 anläßlich der Übertragung der Regionalplanung auf die Landkreise

Niederschrift über die 24. Sitzung des Niedersächsischen Landtagsausschusses für Innere Verwaltung am 1. 10. 1975

Raumordnungsbericht 1974, Schriftreihe des Bundesministers für Raumordnung, Bauwesen und Städtebau, Bonn/Bad-Godesberg 1975

Raumordnungsbericht Niedersachsen 1978, Bericht der Landesregierung gem. § 10 NROG, Hannover 1978

Raumplanung — Entwicklungsplanung, Forschungsberichte des Ausschusses „Recht und Verwaltung“ der Akademie für Raumforschung und Landesplanung, Hannover 1972
(zit.: Raumplanung — Entwicklungsplanung)

Regionales Raumordnungsprogramm für den Regierungsbezirk Aurich vom 26. 7. 1976, Amtsblatt für den Regierungsbezirk Aurich Nr. 25/1976

Regionales Raumordnungsprogramm für den Verwaltungsbezirk Braunschweig vom 13. 8. 1975, Amtsblatt für den Verwaltungsbezirk Braunschweig Nr. 18/1975

Regionales Raumordnungsprogramm für den Regierungsbezirk Hannover vom 15. 12. 1976, Amtsblatt für den Regierungsbezirk Hannover Nr. 28/1976

Regionales Raumordnungsprogramm für den Regierungsbezirk Hildesheim vom 12. 5. 1977, Amtsblatt für den Regierungsbezirk Hildesheim Nr. 12 a/1977

Regionales Raumordnungsprogramm für den Regierungsbezirk Lüneburg vom 6. 12. 1976, Amtsblatt für den Regierungsbezirk Lüneburg Nr. 2 a/1977

Regionales Raumordnungsprogramm für den Verwaltungsbezirk Oldenburg vom 6. 12. 1976, Amtsblatt für den Verwaltungsbezirk Oldenburg Nr. 52 a/1976

Regionales Raumordnungsprogramm für den Regierungsbezirk Osnabrück vom 15. 3. 1976, Amtsblatt für den Regierungsbezirk Osnabrück Nr. 6 A/1976

Regionales Raumordnungsprogramm für den Regierungsbezirk Stade vom 30. 11. 1976, Amtsblatt für den Regierungsbezirk Stade Nr. 25 A/1976

Regionales Raumordnungsprogramm 1975 für den Verband Großraum Hannover, Amtsblatt des Regierungsbezirks Hannover Nr. 19, S. 557 ff.

Sachverständigenrat zur Begutachtung der gesamtwirtschaftlichen Entwicklung, Jahresgutachten 1968, Bundestags-Drucksache V/3550

Statistisches Jahrbuch 1976 für die Bundesrepublik Deutschland

Verordnung über das Verfahren zur Aufstellung und Abstimmung der Regionalen Raumordnungsprogramme, Entwurf mit Begründung vom 30. 5. 1978 / 26. 5. 1978

Verwaltungs- und Gebietsreform in Niedersachsen, Gutachten der Sachverständigenkommission für die Verwaltungs- und Gebietsreform,

— Bd. 1, Hannover 1969,

— Bd. 2: Vorschläge zur Aufgabenverteilung, Hannover 1969
(zit.: Nds. Sachverständigenkommission zur Gebietsreform)

Wirtschaftlicher und sozialer Wandel in der Bundesrepublik Deutschland, Gutachten der Kommission für wirtschaftlichen und sozialen Wandel, Göttingen 1977

FSC
www.fsc.org
MIX
Papier | Fördert gute Waldnutzung
FSC® C083411

Kolibri 360 GmbH
Ferdinand-Jühlke-Straße 7
99095 Erfurt, Deutschland
produktsicherheit@kolibri360.de

Druck:
CPI Druckdienstleistungen GmbH
im Auftrag der
Kolibri 360 GmbH
Ferdinand-Jühlke-Str. 7
99095 Erfurt